Bolaño en sus cuentos

Bolaño en sus cuentos

Paula Aguilar
Teresa Basile (eds.)

CONSEJO EDITORIAL

Luisa Campuzano Francisco Morán
Adriana Churampi Waldo Pérez Cino
Stephanie Decante José Ramón Ruisánchez
Gabriel Giorgi Nanne Timmer
Gustavo Guerrero Jasper Vervaeke

© los autores, 2015
© de esta edición: Almenara, 2015

www.almenarapress.com
info@almenarapress.com

ISBN 978-90-822404-6-7

Imagen de cubierta: Gautier d'Agoty & Jacques Fabien, 1748 (detalle). Wellcome Library, London

All rights reserved. Without limiting the rights under copyright reserved above, no part of this book may be reproduced, stored in or introduced into a retrieval system, or transmitted, in any form or by any means (electronic, mechanical, photocopying, recording or otherwise) without the written permission of both the copyright owner and the author of the book.

Índice

Paula Aguilar | Teresa Basile
Bolaño en sus cuentos: pistas y despistes 7

Bolaño en su fábrica de relatos

Felipe Adrián Ríos Baeza
Fuera de aquí: la literatura más allá de lo literario
en la cuentística de Roberto Bolaño 13

Chris Andrews
Epifanías e inminencia en los cuentos de Roberto Bolaño 27

María Eugenia Fernández
Bolaño breve y el cine entre paréntesis: una lectura disléxica del arte..... 43

Teresa Basile
La *ficción traumática* en los cuentos de Roberto Bolaño:
el secreto y la violencia 57

Bolaño en sus relatos

Nanne Timmer
Identidad sin rostro o rostro sin identidad
en «Llamadas telefónicas» de Roberto Bolaño 91

Laura Fandiño
Hacia una complejización de la figura del escritor: mecanismos
consagratorios e imprevisibilidad en «Una aventura literaria» 101

Alejandro Gortázar
Autoficción en «Encuentro con Enrique Lihn» de Roberto Bolaño.... 113

Paula Aguilar
Fantasma, memoria y poesía *desde*
«Últimos atardeceres en la tierra» de Roberto Bolaño 125

Benjamin Loy
Fantasmas de la periferia o la República Mundial
de los Plagios: «El viaje de Álvaro Rousselot» de Roberto Bolaño 137

Dianna C. Niebylski
Los gauchos de verdad no leen a Borges: masculinidades
antinómicas y economía política en «El gaucho insufrible» 159

Autores 193

Bolaño en sus cuentos:
pistas y despistes

Paula Aguilar
Teresa Basile

En 2013, a diez años de la muerte de Roberto Bolaño, hemos propuesto una convocatoria de artículos que aborden sólo sus cuentos como un modo de ingresar a su obra desde un eje no tan transitado por la crítica. Muchos de sus cuentos han sido poco estudiados, ya sea desde la lectura de los contarios como desde algún relato en particular, aun cuando constituyen un engranaje fundamental de su obra narrativa.

Los cuentos del escritor chileno requieren, en principio, una doble perspectiva desde la cual abordarlos: como piezas particulares y autónomas −con sus temas, motivos y arquitectura− o como parte y pieza del engranaje monumental del hipertexto bolañano, como puede verse en la transformación de Lalo Cura desde el cuento «Prefiguración de Lalo Cura» (en *Putas asesinas*) hasta su reaparición en *2666*, o en el personaje de Joanna Silvestri, quien apenas aparece en *Estrella distante* y su perfil se completa en el cuento de *Llamadas telefónicas*. De este modo, sus cuentos adquieren un valor particular, ya que, lejos de funcionar como «ensayos» de sus novelas, instauran un diálogo de igual a igual, un vínculo complejo hilado por múltiples intercambios a través de los cuales hallamos en sus cuentos pistas y claves, antecedentes y nudos centrales que reaparecen *in medias res* en sus novelas.

A su vez, los cuentos se insertan en contarios −*Llamadas telefónicas*, *Putas asesinas*, *El gaucho insufrible* o *El secreto del mal*− que diseñan sus propios recorridos internos, y entonces pueden leerse como «textos integrados». Desde los aportes de la crítica anglosajona, Pablo Brescia y Evelia Romano proponen en su libro *El ojo en el caleidoscopio* (2006) leer el cuento en la tradición literaria latinoamericana a partir de «ciertos patrones de relación» que diseñan una unidad integrada y presentan una particular visión de mundo. El análisis que el crítico británico Forrest Ingram publica en 1971 sobre los «ciclos cuentísticos» (*Representative Short Story Cycles of the Twentieth Century: Studies in a Literary Genre*) sienta las bases teóricas de dicha propuesta, para leer como un todo aquellos cuentos cuyos vínculos inciden en la experiencia de lectura y tensionan la relación entre unidad y conjunto: «Cada ciclo cuentístico muestra una doble tendencia que, por un lado, afirma la individualidad de sus componentes, y por el otro resalta los vínculos de la unidad que conforma lo múltiple en un todo único». Enrique Anderson Imbert (en «Abriendo camino: una primera definición de los ciclos cuentísticos», 1979) ya aportaba la versión latinoamericana a los ciclos cuentísticos de Ingram al referirse y clasificar los «cuentos agrupados» según enlaces propuestos por el autor (o el editor) y reconocidos por «el buen lector». La recurrencia de motivos, temas, tipos de narrador, personajes y espacios entre un cuento y otro conforman una idea de unidad que en Bolaño, sabemos, no se circunscribe a los cuentos reunidos en un mismo volumen sino que se abre a otros libros (cuentos, novelas, poesía).

En esta línea, Chris Andrews propone un recorrido por diversos relatos a partir del papel estructurador de las epifanías. Desde las versiones joyceanas, Andrews caracteriza el modo en que los momentos epifánicos, su inminencia, configuran un rasgo bolañano: ponen en funcionamiento la tensión narrativa y revelan algo que se nos escapa. En cambio, Eugenia Fernández se centra en los modos de leer diversos materiales marginales (como el cine clase B o independiente) que Bolaño propone en su «poética de la reinvención». El concepto de *dislexia* permite a la autora explorar el carácter de *anomalía* en el modo provocativo de leer fuera de la convención. Felipe Ríos Baeza, por su parte, se pregunta por el lugar de la creación literaria en la cuentística de Bolaño a través del tópico de la cancelación de la escritura y de su transposición en otros discursos estéticos. Rastrea en diversos relatos cómo, antes que ficcionalizar, Bolaño postula la posibilidad de salir del ejercicio literario sin dejar de *hacer* literatura.

A grandes rasgos, los cuentos de Bolaño, además de insistir en Edgar Allan Poe –«hay que pensarlo de rodillas», exhorta el autor (2004: 324)–, mantienen la intensidad y el efecto que el escritor estadounidense defendía. En «Filosofía de la composición» Poe desglosa todo el proceso constructivo del poema «El cuervo» y sus reflexiones se hacen extensivas a los modos de construir el relato breve. Siguiendo una lógica rigurosa, el escritor debe tener como horizonte el efecto que el texto causará en el lector, de modo que el final es la parte fundamental de su arquitectura. Bolaño juega con esa premisa e inyecta dosis de tensión que luego se van diluyendo en una trama que decepciona al lector acostumbrado al cuento clásico y moderno. La tesis de las dos historias que Ricardo Piglia sistematiza y tiene como epígono a Jorge Luis Borges se actualiza en los cuentos de Bolaño en diversos sentidos, pero el giro desestabilizador aparece cuando lo oculto permanece secreto, cuando la decepción sobreviene ante el vacío etéreo de la resolución. Este modo particular de construir el relato se manifiesta en diferentes versiones, a partir del trabajo particular con matrices genéricas o desde el impulso narrativo para dar cuenta de los vacíos que cifran los horrores de la historia reciente, por ejemplo, evidenciando la magistral articulación entre forma y contenido. En este sentido, Teresa Basile plantea un itinerario por la cuentística de Bolaño para recalar en dos tópicos clave de la estética del autor: el secreto y la violencia. La lectura de Basile propone leerlos como principios constructivos de un relato atravesado por el trauma del mal radical. La forma cuento no solo está atravesada por las metáforas, los tópicos y figuras de la violencia sino que está construida a partir de ella, dando lugar a una «ficción traumática». Paula Aguilar también se detiene en los pliegues del relato para leer el modo en que la historia reciente emerge en «Últimos atardeceres en la tierra» y genera una estética de la memoria que conjura el pasado a partir de dos figuras: el fantasma y el poeta.

Tal como Alejandro Gortázar analiza en el cuento «Encuentro con Enrique Lihn», Bolaño puede entrar y salir de los códigos y convenciones literarias a partir de los diversos usos de formas y géneros. Desde la categoría de «autoficción» el autor lee el modo en que Bolaño transita cómodamente las fronteras genéricas, lo que vuelve difícil instalar su obra en un catálogo único. Esta perspectiva es compartida por Nanne Timmer, quien elige abordar el cuento «Llamadas telefónicas» desde la fórmula del relato policial. Los desplazamientos que Bolaño imprime provocan que la convención genérica se quiebre y que, a partir del uso de la ironía, el lector ingrese a una zona dudosa. La ironía es también el vector de la lectura que Dianna Niebylski ofrece de «El gaucho insufrible». Atento al análisis de las fuentes literarias y de la historia política nacional argentina, el artículo parte de la figura del gaucho para rastrear cómo Bolaño parodia el modelo de hombría nacional que cierta parte de la literatura argentina ha fraguado en diferentes momentos.

La institución literaria atraviesa gran parte de la narrativa bolañana. Laura Fandiño la pone en perspectiva a partir de «Una aventura literaria», cuento que constituye una «línea de fuga» dentro de *Llamadas telefónicas*. Fandiño regresa a la categoría bourdieana de campo literario para explorar las distintas imágenes de escritor que los textos de Bolaño ofrecen y cómo, en este relato en particular, lo heroico se diluye en los engranajes del sistema literario.

Benjamin Loy ingresa en una zona polémica dentro de los debates recientes en torno a la denominada «literatura mundial» y sus efectos en la recepción crítica de Bolaño. A partir de «El viaje de Álvaro Rousselot», Loy argumenta cómo Bolaño se corre de las convenciones críticas y sus cartografías para cuestionar las condiciones de la circulación global de la literatura latinoamericana.

En «Consejos sobre el arte de escribir cuentos», Bolaño parodia los mandamientos que listan las reglas de la composición narrativa y privilegia la lectura frente a la escritura. Fiel a la tradición inaugurada por Edgar Allan Poe en torno a las preceptivas de la narración breve, que siguieron Horacio Quiroga (en su «Decálogo del perfecto cuentista») y Augusto Monterroso («Decálogo del escritor»), las doce sugerencias bolañanas se concentran sobre todo en ofrecer lecturas antes que en dar consejos sobre cómo escribir. Contra la indicación del título, las sugerencias se diluyen en el tono que manifiesta la forma del mandato: «hay que leer». A partir del imperativo se configura la imagen del *buen* lector (voraz, borgeano) y se evita la descripción de alguna técnica o fórmula mágica. Comparte con Monterroso, además del tono burlón y la carcajada socarrona, la incontenible y apabullante necesidad de escribirlo todo, en cantidades generosas. Mientras Monterroso exagera «Cuando tengas algo que decir, dilo; cuando no, también. Escribe siempre», Bolaño insiste abusivo: «Si se ve con energía suficiente escríbalos de nueve en nueve o de quince en quince». Pero así como el guatemalteco aconseja no perder de vista a quien lee, Bolaño prefiere ser el mejor lector de todos, como si con eso bastara.

Con este juego tramposo en el que el *foco* es desplazado desde la escritura hacia la lectura, desde sus propios cuentos hacia sus cuentistas preferidos, Bolaño despista al lector una vez más, prometiendo *consejos sobre el arte de escribir cuentos* que nada revelan. Los artículos críticos aquí reunidos asumen el riesgo interpretativo de lidiar con los secretos, las claves, las pistas, las trampas y los juegos desde la certeza de moverse en terrenos arenosos.

Bolaño en su fábrica de relatos

Fuera de aquí: la literatura más allá de lo literario en la cuentística de Roberto Bolaño

Felipe Adrián Ríos Baeza
Benemérita Universidad Autónoma de Puebla

> Se escribe siempre para dar vida, para liberar la vida allí donde esté presa, para trazar líneas de fuga.
>
> Gilles Deleuze

> La literatura no tiene ninguna relación con la realidad. [...]. La realidad es una palabra que encubre una intimidación moral del lenguaje.
>
> Enrique Vila-Matas

1. Un relato *wieder*

En sus reconocidos «Consejos sobre el arte de escribir cuentos», Roberto Bolaño (1953-2003) dejaba caer, como al pasar, un exhorto que bien puede englobar un aspecto fundamental de su cuentística: «Honestamente», señalaba, «uno puede estar escribiendo el mismo cuento hasta el día de su muerte» (2004: 324). Escoger una sola matriz desde la cual expandir diversas variaciones –es decir, plantear un eje donde gire, reiterando aspectos, la totalidad de una poética– resulta de una puerilidad y una extrañeza meridianas.

El caso es que no son pocos los que han secundado para la obra de Bolaño una idea semejante. Ya decía Patricia Espinosa que el placer de leer a Bolaño «deviene de la multiplicación *ad infinitum* de una especie de súper conectividad; es decir de una conectividad llevada al límite, extremada hasta el absurdo» (2006: 72); y Rodrigo Fresán agregaba que su obra parece «una especie de organismo multicelular respondiendo a un único súper-cerebro» (en Haasnoot 2008). A su vez, el propio autor comentaba poco antes de morir: «La estructura de mi narrativa está trazada desde hace más de veinte años y allí no entra nada que no se sepa la contraseña» (Pinto 2006: 84). Todas estas opiniones parecen confirmarse si se atienden de cerca determinados derroteros de personajes y líneas argumentales en su narrativa: de *Estrella distante* a «Joanna Silvestri», por ejemplo; de «Prefiguración de Lalo Cura» a «La parte de los crímenes» (*2666*); de «Otro cuento ruso» a «La parte de Archimboldi» (*2666*); o de *Los detectives salvajes* a «Fotos», por no mencionar a Arturo Belano o a B, aquí, allá y en todas partes.

En un ensayo iluminador sobre el tema, Alberto del Pozo apuntó un asunto esencial en torno a estas vueltas de tuerca: «Estas repeticiones nos prueban que la problemática de la creación en Bolaño parece estar por encima de los géneros y hasta de las historias que trata, por más duras o importantes que éstas nos parezcan, y su poética aparece entonces como una serie de piezas que se ensamblan, se desmontan, y se vuelven a ensamblar, buscando una salida al dilema de lo literario que no aparece por ningún lado y que premedita, por tanto, su propia reelaboración» (2014: 201).

El cuento en Bolaño, por tanto, sería un tipo de relato *wieder*: «Wieder, según Bibiano nos contó, quería decir "otra vez", "de nuevo", "nuevamente", "por segunda vez", "de vuelta", en algunos contextos "una y otra vez", "la próxima vez" en frases que apuntan al futuro» (Bolaño 2003a: 50). Relato que se recicla, que se amplía, que se reitera, que se ensimisma. Todo esto es sencillo de detectar. Pero en estricto sentido, ¿estaría Bolaño contando el *mismo cuento* en los 51 relatos hasta ahora publicados, considerando los incluidos en *Llamadas telefónicas*, *Putas asesinas*, *El gaucho insufrible* y *El secreto del mal*? Y si es así, ¿de qué cuento se trata?

Podría aventurarse una primera premisa: Bolaño está contando el mismo cuento, pero, como afirma Alberto del Pozo, éste trasciende cualquiera de los géneros que ocupa para ello (poesía, novela, cuento, ensayo, crónica, entrevista) porque el mensaje está cifrado en un código aún más complejo que el ficcional. Los cuentos de Bolaño, profundamente pulsionales, insisten y regresan sobre sus pasos con el fin desesperado de enunciar lo único que se les escapa: la posibilidad de revelar, metaficcionalmente, sus propios mecanismos de funcionamiento.

2. Un poeta escribiendo cuentos

En *Los detectives salvajes*, Ernesto San Epifanio le comenta socarronamente a García Madero una cuestión que no puede pasarse por alto: «–[S]ólo soy poeta –dijo San Epifanio haciéndome un hueco–. Con la poesía tengo de sobras, aunque un año de éstos *voy a cometer la vulgaridad de ponerme a escribir cuentos* (Bolaño 2005: 56; énfasis mío). ¿Qué dice y qué quiere decir San Epifanio? ¿Supone esta afirmación una simple preferencia de un personaje en el contexto de una *novela sobre poetas* o puede extrapolarse para reflexionar sobre la condición misma de los cuentos de Bolaño? Decía Will Corral: «Desde ya manifiesto que el chileno es un cuentista nato, condición que según el novelista argentino Juan Forn no le permite acceder al crescendo dramático de sus novelas, pero sí internarse en *otro tipo de convergencia*» (2012: 217; énfasis mío).

Por tanto, un poeta escribiendo narrativa breve bien podría compararse con un francotirador practicando con latas de cerveza. O, de manera más acertada, con el rifle invertido. Al contrario de lo que sucede en su poesía o en sus novelas, en los relatos de Bolaño *parece* no haber epifanías, pero sí la certeza de que se trata del único lugar posible donde probar ejercicios de estilo. Por antonomasia, un poeta que escribe cuentos es alguien que *ensimisma* (y *se ensimisma en*) el espacio literario.

El texto narrativo aprende de la poesía que resulta imposible contar el mundo, y solamente es capaz de contarse a sí mismo lo que está tratando de representar. Alejandro Zambra acuñó una idea acertada en torno a este asunto: la obra de Bolaño busca configurar la historia de «un poeta que desciende a la prosa para escribir poesía» (2009: 100). Se diría, entonces, que existe una constante temática en los cuentos del autor, y es la de hacer salir a la superficie, mediante un ejercicio autorreflexivo más propio de la poesía que del cuento, sus particulares procedimientos de enunciación literaria. En otras palabras, el cuento que Bolaño contó toda su vida, en la mayoría de los 51 casos, es el destino trágico, y cómico, de toda vocación literaria.

Desde una perspectiva hegeliana, el cuento asume en la obra de Bolaño una buscada posición de *negatividad* dialéctica, no porque se minorice ante la *positividad* de la poesía sino porque en él se han vertido los riesgos que supone mostrar el reverso de la creación literaria. Sus piezas breves son, en este sentido, campo privilegiado para interrogarse sobre los pormenores escriturales y sus posibles consecuencias vitales.

Para Alberto del Pozo, «Esta imagen sinceramente problemática de lo literario es tan potente que prácticamente obliga a toda obra posterior –crítica o literaria– a entrar en diálogo con ella» (2014: 216). Esta afirmación es pertinente ya que a la hora de examinar el derrotero de algunos de sus personajes se halla la evidencia de que varios abandonan una alta empresa literaria, como Rimbaud, o bien la conducen hacia lenguajes alternativos, como el cine, la música o la plástica. Al lado de Enrique Martín, que pasa de la poesía a discursos colindantes con la ciencia ficción («Enrique Martín», *Llamadas telefónicas*), o Álvaro Rousselot, que comprueba de golpe cómo sus novelas han sido mejor entendidas por otro sujeto que las usurpa para hacer cine («El viaje de Álvaro Rousselot», *El gaucho insufrible*), se tienen los casos ejemplares de Arturo Belano, uno de los realvisceralistas más avezados, quien trastoca la escritura poética por la contemplación de un álbum de fotografías («Fotos», *Putas asesinas*); y de Ulises Lima, quien, tal y como se dice en *Los detectives salvajes*, «[era] capaz de hacer cualquier cosa por la poesía» (Bolaño 2005: 31), pero que acaba teniendo como cultores póstumos a los jóvenes de El Ojete de Morelos, una banda musical *under* que ha tensado el arco de la poesía para llevarla a una manifestación masiva, anticanónica y, acaso, más comprometida («Muerte de Ulises», *El secreto del mal*).

«Fuera de aquí, esa es mi meta», dice Vila-Matas que decía Kafka. En los cuentos de Bolaño, por tanto, no se ficcionaliza tanto el ejercicio literario como la posibilidad de salir de él de algún modo, ya sea recurriendo al tópico de la cancelación de la escritura o bien al de su transposición en otros discursos estéticos.

3. Narradores que narran el narrar

En «"Algo va a pasar": los cuentos de Roberto Bolaño», Chris Andrews afirmaba que se trata de «cuentos que parecen burlarse de las leyes del género y dan la impresión de ser productos de una improvisación o una deriva continua» (2005: 33). Iríamos más allá: ese reconocimiento de sus piezas breves como *work in progress* se detecta no sólo a nivel del relato, sino también en la narración e incluso en la propia diégesis.

El tipo de enunciación literaria que articula Bolaño en sus cuentos es plástico y diferido. Es decir, aunque el material no sea del todo confiable y ponga en problemas el proceso de narración, lo que importa es narrar *precisamente* dicha dificultad. Como afirmaba bien Lorin Stein en una nota sobre *El gaucho insufrible*, en sus relatos «alguien está contando una historia que no entiende, y sin embargo necesita comprender» (en Corral 2012: 217).

«En cierta ocasión, después de discutir con un amigo acerca de la identidad peregrina del arte, Amalfitano le refirió una historia que a él le contaron en Barcelona» (Bolaño 1997: 101), puede leerse en el relato «Otro cuento ruso», de *Llamadas telefónicas*. Así mismo, en el cuento que le sucede, «William Burns», se encuentra la siguiente advertencia: «William Burns, de Ventura, California del Sur, le contó esta historia a mi amigo Pancho Monge, policía de Santa Teresa, Sonora, que a su vez me la refirió a mí» (105). En ambos casos se juega con el aplazamiento de la fuente directa, lo que provoca otorgarle una escasa fiabilidad a lo relatado. ¿Quién le cuenta a Amalfitano dicha historia?, ¿a quién la refiere luego Amalfitano? ¿quién es ese *yo* que en «William Burns» es depositario de la historia de un policía que es amigo de otro policía que acaba asesinado? Éste es uno de los juegos metaficcionales más evidentes de Bolaño, en donde la construcción de cualquier circuito de *emisión* y *recepción* de un mensaje está interrumpida, fracturada, interceptada. Si igualmente se narra es en el entendido de que poco importa el argumento frente a su posibilidad de ser enunciado fragmentaria e interferidamente, a pesar de las circunstancias.

Por ejemplo, en el relato «Laberinto», incluido de *El secreto del mal*, el proceso de enunciación se sabotea cuando el narrador comenta, como si se tratara de un asunto irrelevante –y esta es la clave del procedimiento–, que no dispone de otros materiales que una fotografía y su engañosa memoria para intentar representar la reunión, en un mismo instante, de figuras como Philippe Sollers, Jean Ricardou, Jacques Henric, Pierre Guyotat, Jean-Joseph Goux, Jean-Edern Hallier y Julia Kristeva. Aunque el relato los mencione, y con ello Bolaño adelante cierta expectativa de debatir cuestiones teóricas propias de *Tel Quel* o al menos dar cuenta de una impresión peyorativa o exaltante del momento, el mismo narrador de «Laberinto» se muestra negligente, contándole a un posible narratario no un relato, sino sus particulares estrategias de relatar lo que puede (y quiere):

> Están sentados. Miran a la cámara. Ellos son, de izquierda a derecha, J. Henric, J.-J. Goux, Ph. Sollers, J. Kristeva, M.-Th. Réveillé, P. Guyotat, C. Devade y M. Devade [...]. De J.-J. Goux *no sabemos nada*. Probablemente se llama Jean-Jacques, *pero en nuestro relato, y por comodidad*, lo seguiremos llamando por sus iniciales [...]. Junto a Guyotat tenemos a C. Devade. ¿Caroline, Carole, Carla, Colette, Claudine? *No lo sabremos nunca. Digamos, por comodidad*, que se llama Carla Devade. (Bolaño, 2007: 65-69; énfasis mío)

«Laberinto» es un relato sintomático de estas estrategias metaficcionales. Lo que se espera que aparezca –la autorreflexión del texto artístico, puntal de toda la teoría del *telquelismo*– no aparece. La escasez de elementos adicionales a la fotografía y, ante todo, la negligencia voluntaria de no contrastar los escasos datos que posee instan al narrador a negarse a hablar de lo que correspondería (la herencia teórico-literaria) para perderse en los accidentes de la narración: los detalles de sus vestimentas, los gestos congelados al momento del disparo fotográfico, y luego en las circunstancias triviales y hogareñas sobre las cuales especula: «Carla y Marc Devade salen de un cine (han ido a ver una película de Rivette), sin hablar entre ellos [...], y J.-J. Goux está preparando su cena, una cena frugal consistente en pan, paté, queso y un vaso de vino, y Guyotat desnuda a Marie Thérèse Réviellé y con un gesto violento la arroja sobre el sofá» (76).

Como ocurre en «Una aventura literaria», de *Llamadas telefónicas* (cuento en donde al comienzo, A, un escritor y crítico complaciente con el sistema, reseña a B, otro escritor que no tiene ni su difusión ni suerte y que busca a A para enfrentarlo), en «Laberinto» también se adelanta el tema de la crítica literaria y sus alrededores como línea argumental primaria. Pero luego los narradores de ambos cuentos coartan esa alternativa y los personajes acaban avanzando erráticamente en las historias, sin posibilidad de alcanzar ningún objetivo de los inicialmente propuestos.

La presencia y el estatuto de lo literario en Bolaño, entonces, implican trascender no sólo el nivel de la referencialidad (comentar autores, libros, campos de acción literaria), sino también el de la narración (en los casos de narradores que desfocalizan o diluyen los temas aventurados).

4. Lo literario-oscilatorio

Ahora bien: si hay una constante de los personajes mayormente influidos por lo literario en Bolaño es su capacidad de transmutación. El paradigma de sus novelas responde a esta cuestión: los poetas realvisceralistas transmutan en *dealers* que acaban traficando marihuana (*Los detectives salvajes*); los críticos archimboldianos le pierden la pista al escritor que los convocaba y transmutan en amantes despechados («La parte de los críticos», *2666*); una poeta uruguaya ayudante de grandes vates transmuta en una profeta literaria que, a su modo, se suma a la resistencia durante la ocupación universitaria (*Amuleto*), etcétera. Si lo literario parece no constituirse como un hábitat cómodo y natural para sus personajes, ¿qué sucederá con lo literario cuando estos busquen salir de allí (tal es su meta)?

El cuento «Enrique Martín», explicita esta situación. Al comienzo, Martín se descubre como un mal poeta. Escribe versos a la usanza de Blas de Otero, de León Felipe y Miguel Hernández, pero dichos versos se ocultan. Sabiendo que la poesía no le permitirá el acceso al campo literario tal como lo desea, el protagonista comienza a colaborar en una revista peculiar, llevando a cabo investigaciones que, aparentemente, se alejan de lo literario: «Resultó ser una de las tantas que por entonces se vendían en los kioscos de periódicos y cuyos temas iban desde ovnis hasta los fantasmas, pasando por las apariciones marianas, las culturas precolombinas desconocidas, los sucesos paranormales. Se llamaba *Preguntas & Respuestas* y creo que aún se vende» (Bolaño 1997: 42). Parece cuando menos extravagante que quien se piensa en un comienzo como heredero de la más contundente tradición lírica española desplace sus intereses hacia el avistamiento de objetos voladores. Al asumirse como una limitación, entonces, el ejercicio poético se abandona para expresar mensajes en otro discurso, según Martín, de mayor exactitud:

> Poco después recibí una carta de éste [Enrique Martín], firmada, en donde me decía que había estado en Madrid (creo que la carta la escribió desde Madrid, ya no estoy seguro) en el famoso Congreso Mundial de Escritores de Ciencia Ficción. No, él no escribía ciencia ficción (creo que empleó el término *s-f*), sino que estaba allí como enviado de *Preguntas & Respuestas*. El resto de la carta era confuso. Hablaba de un escritor francés cuyo nombre no me sonaba de nada que afirmaba que los extraterrestres éramos todos, es decir todos los seres vivientes del planeta Tierra, unos exiliados, decía Enrique, o unos desterrados. Después hablaba del camino seguido por el escritor francés para llegar a tan descabellada conclusión. Esta parte era ininteligible. Mencionaba a la *policía de la mente*, hacía conjeturas acerca de *túneles dimensionales*, se enredaba como si estuviera, otra vez, escribiendo un poema. La carta terminaba con una frase enigmática: *todos los que saben se salvan*. Después venían los saludos y recuerdos de rigor. Fue la última vez que me escribió. (47-48; énfasis del original)

Lo verdaderamente interesante de dicha carta es aquella mención, en medio de la maraña de los «túneles dimensionales» y «policías de la mente», al hecho de que, al hablar de sucesos supranaturales, Martín se enreda «como si estuviera, *otra vez, escribiendo un poema*» (48; énfasis mío). ¿Qué media entre la poesía, el más canónico de los géneros, y la ciencia ficción, un discurso considerado menor y hasta improcedente como literatura? En este cuento Bolaño parece indicar que en el ejercicio indistinto de uno u otro es posible ingresar a los albores de un misterio insondable. Es decir, el mensaje poético tendría que transmutarse en mensaje paranormal con el fin de no arriesgar el sentido último de la literatura: su posibilidad de seguir siendo críptica a pesar de los intentos de volverla legible –de ahí el cambio de lenguaje para hacer literatura, cuestión que Bolaño desarrollará más a fondo en el poema «Sión» de Cesárea Tinajero, y la aparición de los llamativos mensajes cifrados: «3860 + 429777 – 469993?», etcétera.

Un detalle más: al final, víctima de su propia paranoia, Martín acaba suicidándose. Su legado será una carpeta con unos manuscritos que el narrador recibe como herencia. Al contrario de lo que puede esperarse, la carpeta no contiene los apuntes de un trastornado, sino poemas escritos con apego estricto a las normas estilísticas de la poesía española: «Eran unas cincuenta hojas tamaño folio, debidamente encuadernadas. Y en ninguna encontré planos ni mensajes cifrados, sólo poemas escritos a la manera de Miguel Hernández, algunos a la manera de León Felpe, a la manera de Blas de Otero y de Gabriel Celaya. Aquella noche no pude dormir. Ahora era a mí al que le tocaba huir» (51). Se trata, pues, de un movimiento ondulatorio: lo literario en Bolaño sale de los moldes canónicos, explora géneros alternativos al no poder expresar con tensión lo requerido, y luego regresa a los acostumbrados canales de enunciación con el fin de ver –ahora sí, sin un autor que medie y pueda hacerse responsable de la escritura– si el mensaje ha logrado edificarse de manera más justa.

Otra vez se actualiza la opinión de Zambra, en la evidencia de que se trata de «un poeta que desciende a la prosa para escribir poesía».

5. La disolución de lo literario, la emergencia de lo existencial

Hay casos más radicales, donde lo literario no cambia de modulación o de género, sino de soporte. «El viaje de Álvaro Rousselot», presenta la historia de un escritor argentino que viaja a Francia movido por la curiosa adaptación de sus libros que el cineasta Guy Morini está haciendo sin permiso. Rousselot decide tomar justicia por mano propia y viajar para encararlo. El argentino se percibe como un hombre y un prosista formal. No obstante, en algunas ocasiones cree vislumbrar el chispazo o «la conciencia de que su trabajo, es decir de su escritura, *se ubicaba o llegaba hasta una frontera o hasta un borde del que ignoraba casi todo*» (Bolaño 2003b: 89; énfasis mío).

Esa conciencia parcial es la que mueve al personaje a traspasar un límite que el ejercicio escritural sólo le había permitido entrever. Otra vez, la expectativa se interpone entre texto y lector: *tiene*, por fuerza, que ser el cine (las adaptaciones de Morini) quien exponga lo que Rousselot alcanza apenas a atisbar con lo literario. Pero una vez en Francia Rousselot entra en contacto con Riquelme, un viejo conocido de los círculos literarios bonaerenses. La modosidad de Rousselot comienza a contrariarse cuando el camino de búsqueda hacia Guy Morini se vuelve opaco, y las veras del trayecto le presenten situaciones en las que intuye que algo muy suyo se transformará.

Aunque con un registro menos vehemente, la lógica de este relato es similar a la exhibida en «El gaucho insufrible», cuando el abogado Héctor Pereda testifica cómo poco a poco su propio carácter se va modificando debido a la cercanía con la pampa, es decir, con la periferia rural mitificada desde el centro (desde un centro martinfierrista) pero tan distinta del acontecer cotidiano. Rousselot, por su parte, ve alterados sus lineamientos de vida, una vida *alrededor* de la literatura, por ciertos espacios de recreación:

> Visitaron varios bares y centros nocturnos. En algún momento de la noche Rousselot se dio cuenta de que tanto Riquelme como él se estaban comportando como adolescentes. Al principio este descubrimiento lo abochornó, luego se entregó a él sin reservas, con la felicidad de saber que al final de la noche estaba su hotel, la habitación de su hotel y la palabra hotel, que en ese momento parecía encarnar milagrosamente (es decir de forma instantánea) la libertad y la precariedad.
> Bebió mucho. Al despertarse descubrió a una mujer a su lado. La mujer se llamaba Simone y era puta. (100)

La transmutación de lenguajes de la literatura al cine hubiese sido lo obvio. Pero el soporte que conllevará ahora lo literario será el propio derrotero del sujeto. Por eso esta suerte de regresión hacia la adolescencia funciona, a su vez, como actualización: Rousselot, como Pelletier y Espinoza, necesita acceder a ese tipo de fronteras para darle sentido a una búsqueda que, primero, ha comenzado como intuición literaria, pero que se vuelve, para su fortuna, existencial.

«Sé que el secreto de la vida no está en los libros» (Bolaño 2005: 519), declara María Teresa Solsona Robot, la amiga de Arturo en *Los detectives salvajes*. Así, varios de los personajes de Bolaño, entre ellos Lima y Belano, los críticos de *2666*, la esposa de Amalfitano y el receloso B de «Una aventura literaria», comparten esta constante: el sentido de la búsqueda de un referente artístico, aureolado subjetivamente por el perseguidor, irá manifestándose no tanto en el objetivo final sino en las *pausas* que tienen lugar a un costado del camino. La búsqueda de Rousselot, como las demás, resulta infructuosa en términos prácticos (el propósito inicial de encontrar al cineasta plagiador se disemina ante los atractivos deslices del margen), pero permite configurar de una manera diversa, diríase opuesta a la vida estrictamente literaria, un patrón de comportamiento en estos y otros personajes.

Este es un caso más radical que «Enrique Martín», en el que al menos se visibilizaba, materialmente, en qué se había convertido la poesía (en criptograma). Aquí, lo literario se anuncia al comienzo convertido en una película, pero dicho lenguaje se evapora por completo del cuento. Valga la redundancia, ya que se ha hablado de un tipo de relato-*wieder*: el secreto de la vida no está en los libros. El refunfuñante destino literario de Rousselot se verá cruzado por una vida libre y precaria en Europa, acaso más feliz al haber apartado de sí toda consigna literaria.

6. Preferiría no haberlo hecho

Pero no siempre en sus cuentos las renuncias literarias son tan suaves y espontáneas. El relato «Henri Simon Leprince» es ilustrador de estos casos. Es más: Leprince, quien «por supuesto es un escritor fracasado» (Bolaño 1997: 30), podría tomarse como el prototipo de esta categoría. A principios de los años 40, Leprince sobrevive en la Francia ocupada por el nazismo realizando pequeñas colaboraciones y ayudando a reconocidos escritores. La posición que ocupan en el campo literario tanto los escritores que huyen como los que resisten es elocuente: «Los que antes de la capitulación gozaban de cierta fama y para quienes Leprince no existía, asiduamente comienzan a encontrárselo en todas partes y, lo que es peor, a depender de él para su cobertura o sus planes de fuga» (32). Más que la represión alemana, es esto lo que provoca un quiebre: como se comenta en el relato, junto a las revanchas políticas sobrevienen las revanchas literarias.

A pesar de la ayuda que les brinda, su presencia sigue generando un rechazo que él no logra entender. En las desoladoras noches de espera, los mismos escritores que antes denostaban sus poemas o que simplemente lo ignoraban desean saber dónde ha publicado. «Leprince menciona revistas y periódicos pútridos, cuya sola mención despierta la náusea o la tristeza del oyente» (32). El fracasado cavila, una y otra vez, acerca de las posibilidades del rechazo. ¿Será su educación, sus lecturas, el aura opaca que lo rodea? Finalmente, en 1943, mientras escapa de la policía, se refugia en la casa de una joven novelista a quien le revela su frustración por esta suerte de estigma. La conclusión de la joven es tan dura como acertada: «Hay algo en él, dice, en su cara, en su manera de hablar, en su mirada, que provoca el rechazo de la mayoría de los hombres. La solución es evidente: debe desaparecer, ser un escritor secreto, tratar de que su literatura no reproduzca su rostro. La solución es tan sencilla y pueril que sólo puede ser cierta» (35).

Como Benno von Archimboldi y Enrique Martín, Ulises Lima y Álvaro Rousselot, Ángel Ros y el «joven envejecido» de *Nocturno de Chile*, Leprince optará por la invisibilidad voluntaria. Se trata de una necesaria desaparición con el propósito, primero, de probarse a sí mismo si es capaz de crear una obra; y segundo, de renunciar a ella una vez descubierta:

> Durante tres meses, en los ratos libres que le deja el periódico y su labor clandestina escribe un poema de más de 600 versos en donde se sumerge en el misterio y en el martirio de los poetas menores. Terminado el poema (que le ha costado dolor e ímprobos esfuerzos) *comprende con estupor que él no es un poeta menor*. Otro hubiera seguido investigando, pero Leprince *carece de curiosidad sobre sí mismo y quema el poema* […]. En su corazón, Leprince ha aceptado por fin su condición de mal escritor pero también ha comprendido y aceptado que los buenos escritores necesitan a los malos escritores aunque sólo sea como lectores o como escuderos. (34-35; énfasis míos)

Ninguno de los 600 versos se dan a leer, y como los poemas de Enrique Martín o las novelas de Rousselot, se ocultan primero para que el sujeto se oculte después. El propio Leprince aparta de sí ese cáliz: pudo haberse convertido en un poeta mayor, pero opta por la clandestinidad, primero por circunstancias políticas, después por una elección personal (trabajar como profesor en la Picardía). Lo literario, pues, parece menos vocacional y más circunstancial, sobre todo si el cuento termina con la certeza de que los poetas franceses llegarán a reconocerlo, no por su condición de poeta, sino por una *idea*, un acicate, un recordatorio que se suscita metonímicamente por su apellido. Descubrirse como un buen poeta implica, si acaso, una revelación privada que es mejor no publicitar. Aquello supondría comenzar a vivir con la carga de ser señalado como tal e impedir la inefabilidad de encarnar un *Leprince*, una idea inasible que imanta todo un campo literario.

Entonces —y luego de tantos gestos recursivos, luego de tantos pliegues en todos los niveles del texto narrativo, la pregunta sale desesperada—: ¿con qué fin los personajes de Bolaño instalan el quehacer literario en el centro de sus vidas el quehacer literario? Una de las posibles respuestas la articula el narrador de «Gómez Palacio», uno de los cuentos más amargos de *Putas asesinas*. El personaje se traslada desde la capital hasta dicha ciudad de Durango para impartir un taller de creación literaria. Sus alumnos son meseros, obreros de fábricas de jabones o estudiantes de preparatoria, todos ansiosos por descifrar el misterio del fenómeno literario. Hasta que:

> Una tarde en el taller de literatura de Gómez Palacio, un muchacho me preguntó *por qué escribía poesía y hasta cuándo lo pensaba hacer* [...]. Hubiera podido responderle cualquier cosa. Opté por la más sencilla: no lo sé, dije. ¿Y tú? Yo empecé a escribir porque la poesía me hace más libre, maestro, y nunca la voy a dejar, dijo con una sonrisa que apenas ocultaba su orgullo y su determinación. La respuesta estaba viciada por la vaguedad, por un afán declamatorio. Detrás de esa respuesta, sin embargo, vi al obrero del jabón, no como era ahora sino como había sido cuando tenía quince años o tal vez doce, lo vi corriendo o caminando por las calles suburbiales de Gómez Palacio bajo un cielo que se asemejaba a un alud de piedras. (2001: 31; énfasis mío)

Por qué y *hasta cuándo*. Ese «no lo sé», esa ambigüedad y suspensión sincera en la respuesta abre el género cuento como espacio único en el que Bolaño interroga a sus propios personajes-escritores sobre la salvación o futilidad del acto de escribir. La visión regresiva que tiene el narrador acerca del obrero, corriendo a sus doce o quince años, parece significar que el ejercicio de la poesía se liga estrechamente, y en el menos favorable de los sentidos, a una puerilidad y una fragilidad propias de la adolescencia. Si adolescencia viene de «adolecer» (es decir, «padecer»), en la narrativa breve de Bolaño los personajes *letraheridos* se curarán con el desengaño que la vida misma irá presentándoles. La continuidad de un destino poético pasados los veinte años, a la usanza de Gaspar Heredia en *La pista de hielo* o del narrador de «Encuentro con Enrique Lihn», lleva a pensar en la terquedad y en el delirio.

En ese delirio se encuentra, precisamente, Belano al inicio del cuento «Fotos». Como en «Enrique Martín», aquí lo literario no está mediado por palabras, sino por manifestaciones gráficas. En este caso, por un álbum de fotografías, *La poésie contemporaine de langue française depuis 1945*, de Serge Brindeau. Belano lo hojea sin prisas, metido en una choza de una aldea africana. Pasa revista a una y a otra foto. Especula. Comenta. Disiente. Es Arturo, y como en el viaje de otro Arturo que renunció también a escribir en África, sabe que hay dos posibilidades: o dejarse morir por la poesía o dejarse salvar con la poesía: «entonces Belano cierra el libro y se levanta, sin soltar el libro, agradecido, y comienza a caminar hacia el oeste, hacia la costa, con el libro de los poetas de lengua francesa bajo el brazo, agradecido, y su pensamiento va más rápido que sus pasos por la selva» (2001: 205). La apuesta de «Fotos» es radical. Lo literario no sólo ha desaparecido del gesto escritural de Belano –ese Belano-autor que protagonizaba con su pluma *Los detectives salvajes*, *Estrella distante* e incluso «La colonia Lindavista» (*El secreto del mal*)–, sino también, y esto es lo más impactante, del Belano-lector.

Finalmente, ¿dónde podría instalarse lo literario si ya no está en la literatura –es decir, en palabras de Wolfgang Iser, si ya no está ni en el *polo artístico* ni en *el polo estético*? ¿Dónde está lo literario, si a nivel diegético no parece haberse transmutado de modo fehaciente en otro lenguaje (en el cine de Guy Morini, en la música de la banda El Ojete de Morelos) y a nivel narrativo sólo se enuncia la imposibilidad de un proceso fiable de narración?

Otra frase-*wieder*: «Honestamente, uno puede estar escribiendo el mismo cuento hasta el día de su muerte» (Bolaño 2004: 324). Y «Sensini», todo este tiempo, no estuvo más que confirmando la máxima:

> Insistía en que participara en el mayor número posible de premios, aunque sugería que como medida de precaución les cambiara el título a los cuentos si con uno solo, por ejemplo, acudía a tres concursos cuyos fallos coincidían por las mismas fechas […]. [Q]uien sabe si Los gauchos y Sin remordimientos no sean dos relatos distintos cuya singularidad resida precisamente en el título. (19)

Última premisa: en sus cuentos, Bolaño da una lección potentísima sobre lo literario, de la que incluso podría llevarse a cabo toda una tipología: sabotea el género a todos sus niveles sin dejar de ser un incisivo contructor de paratextos.

BIBLIOGRAFÍA

ANDREWS, Chris (2005): «"Algo va a pasar": los cuentos de Roberto Bolaño». En Moreno, Fernando (coord.): *Roberto Bolaño. Una literatura infinita*. Poitiers: Université de Poitiers-Centre de Recherches Latino-américaines/Archivos, 33-40.
BOLAÑO, Roberto (1993): *La pista de hielo*. Barcelona: Seix Barral.
— (1997): *Llamadas telefónicas*. Barcelona: Anagrama.
— (2001): *Putas asesinas*. Barcelona: Anagrama.
— (2003a): *Estrella distante*. Barcelona: Anagrama.
— (2003b): *El gaucho insufrible*. Barcelona: Anagrama.

— (2004): *Entre paréntesis. Ensayos, artículos y discursos (1998-2003)*. Barcelona: Anagrama.
— (2005): *Los detectives salvajes*. Barcelona: Anagrama.
— (2007): *El secreto del mal*. Barcelona: Anagrama.
CORRAL, Will (2012): «No todos los cuentos. Una recepción anglosajona y "mundial" de Bolaño». En Rodríguez Freire, Raúl (ed.): *Fuera de quicio. Bolaño en el tiempo de sus espectros*. Santiago de Chile: Ripio ediciones, 217-248.
ESPINOSA, Patricia (2006): «Secreto y simulacro en *2666* de Roberto Bolaño». En *Estudios filológicos* 41: 71-79.
HAASNOOT, Erik (2008): *Bolaño cercano* [documental]. Barcelona: Candaya.
PINTO, Rodrigo (2006): «Nunca creí que llegaría a ser tan viejo». En Braithwaite, Andrés (ed.): *Bolaño por sí mismo. Entrevistas escogidas*. Santiago de Chile: Universidad Diego Portales, 82-86.
POZO, Alberto del (2014): «Lo "literario" como problema en la obra y la crítica sobre Roberto Bolaño: notas para un debate». En *A contracorriente. Revista de historia social y literatura de América Latina* 11 (2): 195-220.
ZAMBRA, Alejandro (2009): *No leer*. Santiago de Chile: Universidad Diego Portales.

Epifanías e inminencia en los cuentos de Roberto Bolaño

Chris Andrews
University of Western Sydney

Entre 1900 y 1903, el joven James Joyce escribió una serie de textos cortos que llamó «epifanías» (Ellman 1983: 83). No los publicó, pero los mostraba a algunos amigos y los valoraba mucho. Dijo a su hermano Stanislaus que en el caso de su muerte prematura, habría que enviarlas, junto con sus versos, a todas las grandes bibliotecas del mundo, incluso la del Vaticano (109). En *Stephen el héroe*, la novela autobiográfica inacabada que sirvió de borrador para *Retrato del artista adolescente*, el protagonista define la epifanía como «una manifestación espiritual repentina, ya sea en la vulgaridad del habla, de un gesto o en una fase memorable de la propia mente. [Stephen] creía que le tocaba al hombre de letras registrar esas epifanías con extremo cuidado, puesto que ellas mismas son los momentos más delicados y evanescentes» (Joyce 1978: 211). Las epifanías de Joyce han proporcionado materiales a la crítica genética, y David Hayman ha rastreado sus apariciones ulteriores en el *Retrato...* y en *Ulises*, sosteniendo que son los componentes básicos (*original building blocks*) de su sistema creativo (Hayman 1998: 635). No obstante, algunos especialistas aminoran el papel de la epifanía, relegándola a una etapa inmadura de la escritura de Joyce, dominada por la influencia de Walter Pater (Riquelme 1993: 103); para Franco Moretti y Liesl Olson, lo verdaderamente moderno en Joyce es precisamente la atención al cotidiano *no transfigurado* (Moretti 1996: 153; Olson 2009: 45).

Más allá de los debates internos de la crítica joyceana, el término de epifanía, que Joyce tomó prestado del vocabulario litúrgico, ha cobrado una importancia duradera en los estudios literarios –no sólo en el mundo anglófono–, particularmente en el análisis de los cuentos (véase, por ejemplo, Aguilera 2001 y

Zavala 2006). Como muchos términos manejados por la crítica, éste no tiene un sentido estrictamente delimitado sobre el cual todos estén de acuerdo. En sus usos más generales quiere decir simplemente una revelación súbita. Buscando una precisión mayor, Morris Beja agregó una condición de «insignificancia» a la frase de Joyce citada más arriba: la manifestación debe ser «desproporcionada en relación a la significancia o relevancia estrictamente lógica de lo que la produce» (Beja 1971: 18). Para Ashton Nichols, la epifanía moderna, a diferencia de los momentos de inspiración divina que se registran en la literatura anterior, no tiene un sentido definido o limitado; aun así, es una ruptura en el tiempo cronológico que permite vislumbrar la eternidad (Nichols 1987: 4, 21, 28-29).

Siguiendo a Nichols y a Beja, Wim Tigges y Günter Leypoldt han propuesto tipologías de la epifanía basadas en lo que les sirve de disparador –un lugar, una persona, un objeto, unas palabras, o la inminencia de la muerte (Tigges 1999: 28-34)– o en sus efectos retóricos: epifanía realista, «interrumpida», irónica, o cómica (Leypoldt 2001: 532-542). Volveré más adelante sobre algunos de estos tipos para describir las epifanías en los cuentos de Bolaño, pero entraré en su obra por la puerta de un texto juguetón y sin embargo muy sugerente: sus «Consejos sobre el arte de escribir cuentos».

El último consejo reza así: «Lean estos libros y lean también a Chéjov y a Raymond Carver, uno de los dos es el mejor cuentista que ha dado este siglo» (Bolaño 2004: 325). Chéjov murió en 1904, así que Carver parece ganar el título por eliminación, a menos que Bolaño haya querido sugerir, con alguna malicia, que los dos últimos cuentos de Chéjov, escritos en Yalta –«El obispo» y «La esposa» (Pritchett 1990: 106)– pesan más que toda la ficción de su epígono estadounidense. En cualquier caso, ambos son cuentistas «epifánicos». En «Sobre la escritura», Raymond Carver señala su deuda para con el autor ruso, contando que al lado de su escritorio hay una ficha pegada al muro en la cual ha copiado el fragmento siguiente de una frase de Chéjov: «... y súbitamente todo se aclaró para él». «Estas palabras me parecen llenas de asombro y de posibilidades», comenta Carver. «Me encantan su simple claridad y la señal de una revelación que implican» (Carver 1986: 23).

En los cuentos de Bolaño también hay algunos personajes para quienes todo se aclara súbitamente, o que creen estar al borde de una revelación. No todos sus cuentos contienen epifanías, por supuesto, y las que hay no siempre juegan un papel primordial. Bolaño sabía que la epifanía es un recurso narrativo que puede desgastarse, pero sabía también que es el reflejo de una realidad psíquica: hay saltos en el entendimiento, y –más frecuentes, quizá– momentos que no pasan de ser la inminencia de un salto. Veremos que este sentimiento de inminencia puede ser la proyección intelectual de un estado emocional, pero no por eso deja de ser «una fase memorable de la mente», en palabras de Joyce.

Algunas de las epifanías en los cuentos de Bolaño tienen que ver con la identidad profunda de un personaje, pero son epifanías negativas: revelan lo que el personaje *no* es. Aquí Bolaño se distingue claramente de Jorge Luis Borges, en cuya narrativa se multiplican las epifanías que descubren y afirman una identidad. Según propone Ricardo Piglia en sus «Tesis sobre el cuento», «un cuento siempre cuenta dos historias» (2000: 105), y en Borges la segunda historia, la secreta, siempre es la misma: «la condensación de la vida de un hombre en una escena o acto único que define su destino» (110). En muchos casos, la escena definitoria es una pelea o un duelo. Borges da la formulación más clara y explícita de su concepción de la pelea como epifanía en «Biografía de Tadeo Isidoro Cruz»: «Lo esperaba, secreta en el porvenir, una lúcida noche fundamental: la noche en que por fin vio su propia cara, la noche en que por fin oyó su nombre […] Cualquier destino, por largo y complicado que sea, consta en realidad de un solo momento: el momento en que el hombre sabe quién es» (Borges 1996a: 562).

Pese a la gran influencia de Borges en la obra de Bolaño, las peleas narradas por este último no cumplen, en general, una función epifánica (Andrews 2014: 135). La excepción más notable se encuentra en *Estrella distante*, cuando el poeta y universitario Diego Soto se enfrenta a unos jóvenes neonazis para proteger a una vagabunda: «Tal vez a Soto se le llenan los ojos de lágrimas, lágrimas de autocompasión, pues intuye que ha hallado su destino. Entre Tel Quel et OULIPO la vida ha decidido y ha escogido la página de sucesos» (Bolaño 1996: 80). Lo que su muerte inminente le revela es, tal vez, que a pesar de su exilio holgado no ha escapado de la «maldición» (78), y que sigue sometido a la ley enunciada al comienzo de «El Ojo Silva» (*Putas asesinas*), a pesar de pertenecer a una generación anterior a la del protagonista del cuento: «pero de la violencia, de la verdadera violencia, no se puede escapar, al menos no nosotros, los nacidos en Latinoamérica en la década de los cincuenta, los que rondábamos los veinte años cuando murió Salvador Allende» (Bolaño 2001: 11).

Esta epifanía borgeana, presentada de manera provisional («Tal vez…»), contrasta con la que experimenta otro escritor ejemplar, el héroe de «Henri Simon Leprince» (*Llamadas telefónicas*), que a pesar de ocupar una posición que parece predisponerlo a colaborar con los nazis escoge la resistencia:

> escribe un poema de más de 600 versos en donde se sumerge en el misterio y el martirio de los poetas menores. Terminado el poema (que le ha costado dolor

e ímprobos esfuerzos) comprende con estupor que él no es un poeta menor. Otro hubiera seguido investigando, pero Leprince carece de curiosidad sobre sí mismo y quema el poema. (Bolaño 1997: 34)

En tanto lector ¿cómo no querer seguir investigando? Si Leprince no es un poeta menor debe ser algo más o algo menos. ¿Es un poeta mayor y verdaderamente maldito o un falso poeta? Al final del cuento, el narrador nos dice que «Leprince ha aceptado su condición de mal escritor» (35), pero ¿es una condición social u ontológica? El mal escritor desempeña un papel social indispensable –«los buenos escritores necesitan a los malos escritores aunque sólo sea como lectores o como escuderos» (35)– pero el reparto, la división del trabajo literario, no refleja necesariamente la calidad de lo que escriben los unos y los otros. La epifanía de Leprince pertenece a una categoría propuesta por Günter Leypoldt: la de las «epifanías interrumpidas» (Leypoldt 2001: 535-537). El movimiento hacia la revelación se detiene, en este caso porque el protagonista lo decide: ya sabe lo que no es –un arribista, un colaborador, un poeta menor (Bolaño 1997: 31, 34)– pero no le interesa indagar en lo que es. La ambigüedad se mantiene hasta el final: «Leprince, modesto y repugnante, sobrevive a la guerra y en 1946 se retira a un pequeño pueblo de la Picardía en donde ejerce de maestro» (35). Sigue escribiendo y publicando sus textos de manera casi confidencial. De vez en cuando ve a los escritores de Paris y «su presencia, su fragilidad, su espantosa soberanía, a algunos les sirve de acicate o de recordatorio» (36). Se diría que para algunos Leprince representa un destino posible: la casi inexistencia literaria en la que podrían caer algún día o de la que hubieran podido no salir nunca. Si fuera un escritor sin ningún talento ¿cómo suscitaría esas identificaciones? Pero si tuviera un gran talento (ya sabemos que no es un poeta menor) ¿cómo es posible que haya permanecido tan ignoto, que sus textos se publiquen en «dos, tal vez tres» revistas (36), como los de un poeta menor, sin encontrar siquiera un eco discreto entre los literatos? Henri Simon Leprince es un fracasado social, de eso no queda la menor duda, pero en cuanto a su ser, Bolaño no nos ha dejado las llaves para cerrar el relato.

Una epifanía negativa y la idea de un destino posible se asocian también en el cuento «Detectives» (*Llamadas telefónicas*). Cuando Arturo Belano, que ha caído preso después del golpe de estado en Chile, se mira en el espejo, no se reconoce y cree que está mirando a otra persona (Bolaño 1997: 109). No es sólo que las condiciones del encarcelamiento han transformado su apariencia hasta dificultar el reconocimiento; sinceramente cree que la imagen no es suya. Va al espejo con el detective Contreras, que había sido su compañero de liceo, para comprobar el fenómeno, y otra vez la cara que ve es la de otro (109), pero esta vez pregunta a Contreras si hay una habitación detrás de la pared. «No, le dije, que yo sepa detrás sólo está el patio», dice Contreras contando el episodio a su compañero Arancibia. «¿El patio donde están los calabozos?, me preguntó. Sí, le dije, donde están los presos comunes. Y entonces el muy hijo de puta dijo: ya lo entiendo» (132). Contreras le pregunta qué entiende, pero tan bajo que el preso no lo oye. Aquí se interrumpe la epifanía de Belano. No obstante, podemos proponer una respuesta a la pregunta de Contreras: Belano entiende que ha visto la imagen del hombre en que se hubiera convertido de no haber encontrado en la comisaría a los detectives Contreras y Arancibia, sus compañeros de liceo, que lo van a sacar de allí. Se ha visto a sí mismo en otro mundo posible, como diría el filósofo David Lewis, salvo que Lewis agregaría que no es, precisamente hablando, él mismo, sino otro individuo, cuya historia anterior, en el otro mundo, coincidió con la de Belano en éste (Lewis 1986: 210-220). La convicción de Belano concuerda con la argumentación de Lewis: «es otro, compadre, no hay remedio» (Bolaño 1997: 131).

Bolaño revisita este destino posible en «No sé leer» (*El secreto del mal*), que contiene una epifanía onírica que da la clave del texto. Un sueño revela al narrador el sentido de una escena protagonizada por su hijo Lautaro, a la que no asistió y que inicialmente lo dejó perplejo: durante una visita a Chile, su mujer Carolina había llevado a Lautaro a una piscina en las faldas de la cordillera; al llegar, Lautaro le preguntó si podía orinar, y cuando Carolina le respondió que sí, se acercó al borde de la piscina y meó en su interior (Bolaño 2007: 114). Después de escuchar el relato de esta escena, el narrador la reconstruye en un sueño, y así comprende «algo» de la «actitud» de su hijo y de la carga simbólica de su acto:

> Si a mí me hubieran matado en Chile, a finales de 1973 o a principios de 1974, él no habría nacido, me dije, y orinar desde el borde de la piscina, como si estuviera dormido o como si de pronto se hubiera puesto a soñar, era como reconocer gestualmente el hecho y su sombra: haber nacido y la posibilidad de no haber nacido, estar en el mundo y la posibilidad de no estar. Comprendí en el sueño que Lautaro, al mearse en la piscina, también estaba soñando, y comprendí que yo jamás podría acercarme a su sueño pero que siempre iba a estar a su lado. (Bolaño 2007: 116-117)

La comprensión que va de un sueño a otro ilumina también otras partes del texto y las relaciona, consolidando el conjunto. A pesar de estar «con toda seguridad inacabado» y de tener un contenido «estrictamente autobiográfico», según las palabras de Ignacio Echevarría en el prólogo a *El secreto del mal* (10), «No sé leer» es una composición literaria y no un puñado de recuerdos hilvanados al azar. El texto funciona en dos planos, como dice el primer párrafo: «Este cuento trata sobre cuatro personas. [...] También trata de Chile y de alguna manera de Latinoamérica» (113). En el primer plano, es una historia de encuentros y de amistades: el escritor y su familia pasan unas semanas agradables en Chile, calurosamente acogidos por sus nuevos amigos. Pero hay un trasfondo de sombra: la represión y las desapariciones. Este segundo plano aflora cuando el narrador comprende el acto de su hijo Lautaro, e influye en la lectura que podemos hacer de dos episodios contados posteriormente. En primer lugar, las hazañas de Lautaro, que ha desarrollado un sistema para burlar los sensores de las puertas automáticas. Al leer la explicación de cómo juega a ser «un niño invisible» (118), afantasmándose no para pasar a través de los muros sino para no abrir puertas, podemos tener la impresión de que se está haciendo acompañar y ayudar por un Lautaro inexistente, venido del mundo posible en que hubieran matado a su padre en 1973 o 1974. Luego, cuando el narrador ve un halcón desde el balcón de su apart hotel en Providencia –el barrio elegante de Santiago en el que Carlos Wieder hace su horrorosa exposición en *Estrella distante* (Bolaño 1996: 92)–, y el ave se le acerca y lo mira hasta que el narrador no puede más y vuelve adentro (Bolaño 2007: 120), una lectura alegórica del episodio casi se impone, como en el «capítulo de los halcones» de *Nocturno de Chile* (Bolaño 2000: 83-94), donde la campaña de los curas halconeros en contra de las palomas prefigura claramente la represión militar en Chile.

A pesar del título del cuento, el narrador lee el sueño de su hijo en su propio sueño. Su epifanía onírica tiene un sentido explícito y bastante claro, y por eso pertenece a la categoría de lo que Leypoldt llama las epifanías realistas, que tienen algo de la anagnórisis clásica: un personaje «supera a su ignorancia inicial y llega al punto en que puede vislumbrar la realidad debajo de la superficie de su existencia», como al final de «La muerte de Ivan Ilich» de Tolstoy (Leypoldt 2001: 534). También es realista en este sentido la epifanía experimentada por Contreras en «Detectives» (*Llamadas telefónicas*). Cuando Belano le cuenta lo que le pasó frente al espejo, el detective tiene un primer amago de comprensión: «de repente me di cuenta que todo era verdad, él, yo, nuestra conversación» (Bolaño 1997: 130). Pero la revelación de verdad se produce cuando él también se mira en el espejo:

Así que volví a mirar el espejo y vi a dos antiguos condiscípulos, uno con el nudo de la corbata aflojado, un tira de veinte años, y el otro sucio, con el pelo largo, barbudo, en los huesos, y me dije: joder, ya la hemos cagado, Contreras, ya la hemos cagado. (133)

Al ver el abismo que se ha abierto entre él y su antiguo condiscípulo, se da cuenta de que el Chile donde crecieron ya se ha fracturado irremediablemente, y que a pesar de haber dicho a Belano que él no tiene nada que ver con «toda la mierda» que está pasando (129), está colaborando con un régimen asesino, que terminará por matar a «los gallos de verdad de la patria», según sus propias palabras (121). Hasta hablar con Belano y mirarse en el espejo parece no haber tomado la medida de lo que está sucediendo a su alrededor. Para Contreras, como para Urrutia Lacroix al final de *Nocturno de Chile*, el reconocimiento tardío de su complicidad desata una «tormenta de mierda» (Bolaño 2000: 150). Estas epifanías llevan a la formulación, en términos escatológicos, de la autoconciencia de los personajes (Leypoldt 2001: 535). Pero la epifanía de Urrutia es terminal, provocada por la inminencia de la muerte (véase Tigges 1999: 30), mientras que Contreras ha tenido que vivir con las secuelas de la suya durante años. No sólo es el más pesimista y amargo de los dos detectives; las reiteradas advertencias de Arancibia —«mejor no aceleres tanto» (Bolaño 1997: 121), «cuidado con esa curva» (126), «conduzca con calma» (132), etcétera— indican que está conduciendo de manera temeraria, quizá llevado por un impulso autodestructivo.

El sueño en «No sé leer» y el espejo en «Detectives» revelan, al narrador y a Contreras respectivamente, unas verdades decibles. Si ellos experimentan epifanías que Leypoldt llamaría «realistas», para Henri Simon Leprince, y para Belano en «Detectives», llega un momento en que saben quiénes *no* son. Estas revelaciones son negativas, y tal vez no del todo seguras, pero tienen lo que los filósofos analíticos llaman un contenido proposicional. Son epifanías interrumpidas según la tipología de Leypoldt. Yendo hacia la indefinición del contenido, en «Dentista» (*Putas asesinas*) encontramos una epifanía inasible, provocada, como en «Henri Simon Leprince», por la lectura de textos literarios.

El dentista amigo del narrador lo lleva a la casa de su joven amigo José Ramírez y le da a leer unos cuentos de éste. El narrador, suponiendo que los cuentos son malos, trata de eludir la obligación de comentarlos de manera educada en presencia del autor: «Le dije que me parecía más indicado llevarnos los textos y leerlos en el confort de su casa» (Bolaño 2001: 193). Su suposición es razonable: Ramírez tiene diecisiete años, vive muy pobremente en las afueras de Irapuato, tiene que trabajar duro para apoyar a su familia campesina, y toda su formación literaria consiste en haber participado en un taller de poesía, para el cual no escribió ni un solo poema (190). No es imposible que sea un buen escritor, pero es altamente improbable: su situación difícilmente podría ser más desventajosa. Además, los elogios del dentista son sospechosamente encendidos: «Superior a todos, dijo. Los narradores mexicanos parecían niños de pecho comparados con este adolescente más bien gordo e inexpresivo» (191). Por la cabeza del narrador ya ha pasado la posibilidad de que su amigo sea homosexual (180), y aunque el dentista lo ha negado (188), a este punto del relato la explicación más verosímil de su entusiasmo por los cuentos de Ramírez pareciera ser que el amor le haya cegado. Sin embargo, cuando el narrador obedece a la orden del dentista y lee un cuento, el argumento da un giro:

> Bajé los ojos avergonzado y escogí un cuento y me puse a leer. El cuento tenía cuatro páginas, tal vez lo escogí por eso, por su brevedad, pero cuando lo acabé tenía la impresión de haber leído una novela. […] Yo también había sentido ramalazos de sueño, pero ahora me sentía completamente despierto, completamente sobrio. (194)

Debe de haber algo muy potente en esta escritura para disolver de manera tan rápida y completa el escepticismo y el cansancio del narrador ¿Pero qué? Cuando el narrador y el dentista se van de la casa de Ramírez al amanecer, saben que lo que les ha pasado es importante, y se sienten felices, pero la experiencia les parece estrictamente inefable: «supimos sin asomo de duda –y sin necesidad de decírnoslo– que no éramos capaces de reflexionar o de discernir sobre la naturaleza de lo que habíamos vivido» (195). Vuelve a la casa del dentista y se van a dormir. A partir de un sueño el narrador logra tocar lo que la reflexión y el discernimiento no habían podido alcanzar: «comprendí durante un segundo escaso el misterio del arte, su naturaleza secreta» (195). Pero esta epifanía onírica se interrumpe cuando aparece en el sueño el cadáver de una vieja india que había acudido a la cooperativa médica en la que trabaja el dentista (196). Lo único que queda es la convicción de haber comprendido fugazmente el misterio; el contenido de la comprensión se esfuma totalmente.

Quizá «el misterio del arte» es lo que le permite a un adolescente campesino sin estudios ser un gran escritor, mientras que un letrado que se formó en un ambiente culto y refinado y lo tuvo todo a su favor, como Salvador Elizondo, no es para el narrador más que el síntoma de las aspiraciones eurocéntricas de una clase social: «Los jóvenes mexicanos de clase media alta estamos condenados a imitar a Salvador Elizondo que a su vez imita a un inimitable Klossowski […] Entre Elizondo, cuya obra ya no releía, y el pintor Cavernas, se consumía nuestra hambre inagotable, y con cada bocado que dábamos éramos más pobres, más flacos, más feos, más ridículos» (187). Pero si, por el misterio del arte, Ramírez había recibido lo que le fue negado a Elizondo ¿cómo entender la primera frase del cuento: «No era Rimbaud, sólo era un niño indio»? ¿Qué representa Rimbaud aquí? ¿El niño prodigio? ¿El rebelde? ¿El vagabundo? José Ramírez no da señas de rebeldía, ni parece tener deseos de viajar. En esos sentidos no es Rimbaud. Pero no está claro, una vez leído el cuento, que la frase inicial deba entenderse también como una negación del talento de Ramírez. El joven no deslumbra por su brillantez o su presencia –aunque tiene ojos «potentes» y una mano «que surge de un lugar desconocido, como el tentáculo de una tormenta» (180-181)–, pero es posible que la relativa normalidad de su persona sea precisamente lo que hace más extraordinario aún el fenómeno de su talento. Las frases que siguen –«Lo conocí en 1986. En aquel año…»– sugieren que el encuentro con el escritor fue un acontecimiento memorable para el narrador e interesante para los destinatarios de su discurso, que habrán quizá oído hablar de Ramírez o leído sus textos. La primera frase pone en duda la epifanía que marca el punto culminante del cuento, pero no muestra su vaciedad de manera concluyente y, si leemos entre líneas, deja subsistir la posibilidad de su plenitud inefable.

En «Gómez Palacio» (*Putas asesinas*) hay una epifanía que supera un escepticismo previo, como en «Dentista», pero sus efectos son más evanescentes y lo que revela es aún más impalpable. La directora del taller de Bellas Artes en Gómez Palacio lleva al narrador a ver «un sitio muy especial» en el desierto (Bolaño 2001: 34). «Quería que vieras eso», dice la directora, «a mi es lo que más me gusta de mi tierra» (34). Van a un espacio para estacionar camiones desde donde se puede ver un tramo de carretera a unos cinco kilómetros. Al comienzo, el narrador sólo ve unas formas verdes y los haces de luz de algunos automóviles. Hasta aquí, tiene buenas razones para dudar de la fiabilidad de su anfitriona. Ella ya le ha gastado una broma, diciendo que el hombre en el coche que frenó unos metros más adelante del suyo en la carretera, y esperó allí de manera inquietante, era su marido. Quizá la visita al «sitio muy especial» sea otra broma. Pero el narrador sigue mirando y entonces ve o cree ver algo realmente extraordinario:

> Y después vi cómo la luz, segundos después de que el coche o el camión de transporte hubiera pasado por aquel lugar, se volvía sobre sí misma y quedaba

suspendida, una luz verde que parecía respirar, por una fracción de segundo viva y reflexiva en medio del desierto, sueltas todas las ataduras, una luz que se asemejaba al mar y que se movía como el mar, pero que conservaba toda la fragilidad de la tierra, una ondulación verde, portentosa, solitaria, que algo en aquella curva, un letrero, el techo de un galpón abandonado, unos plásticos extendidos en la tierra, debían de producir, pero que ante nosotros, a una distancia considerable, aparecía como un sueño o un milagro, que son, a fin de cuentas, la misma cosa. (35)

Hasta la explicación del fenómeno («que algo en aquella curva [...]»), el lirismo de la descripción apunta a algo maravilloso, y aunque la luz verde parece respirar sólo por una fracción de segundo, el halo portentoso creado por el lenguaje no se desvanece de inmediato, en parte porque la explicación es conjetural (si se trata de una ilusión óptica, no sabemos cuál es su causa) y en parte porque la ecuación final relativiza la importancia de los hechos físicos: si los sueños son milagros, ¿por qué no las alucinaciones e ilusiones también? Sin embargo, el portento no lleva a ninguna parte, y el narrador rompe el vuelo lírico con unas frases secas y pedestres: «Después la directora puso el motor en marcha, dio la vuelta y volvimos al motel. Al día siguiente yo debía marcharme al DF» (35).

La visión en el desierto permanece ambigua. Si a la directora lo que más le gusta de su tierra es una ilusión óptica producida por unos plásticos, ella y el lugar salen empequeñecidos, y el efecto de la escena es cómico o patético. Pero una lectura tal es reductora, y no tiene en cuenta la elaboración estilística de la frase citada más arriba. Además, la evocación del fenómeno luminoso viene después de dos pasajes en los que los efectos de la luz en el desierto parecen estar cargados de sentido:

¿De qué color es el desierto de noche?, me había preguntado días atrás en el motel. Era una pregunta retórica y estúpida en la que cifraba mi futuro, o tal vez no mi futuro sino mi capacidad para aguantar el dolor que sentía [...]

Las tierras a mi alrededor, los montes en los que se perdía la carretera, eran de un color amarillo oscuro tan intenso como no he visto nunca. Como si esa luz (pero no era luz, sólo era un color) estuviera grávida de algo que no sabía qué era pero que muy bien hubiera podido ser la eternidad. Me dio vergüenza pensar algo semejante. (30-32)

La grandilocuencia de la que se avergüenza en ambos casos no es hueca o gratuita. Es una tentativa burda para responder a algo que el desierto, de noche o al anochecer, parece estar diciéndole, algo que desborda el tiempo presente para abarcar el futuro o incluso la eternidad. La ondulación verde vista en compañía de la directora intensifica esa impresión sin entregar un significado. Según Ashton Nichols, resistir así a la interpretación es típico de las epifanías modernas que arrancan con la poesía romántica: se localizan en el tiempo y el espacio de manera absoluta y precisa, pero lo que significan es relativo e indeterminado (Nichols 1987: 4, 21).

En «Gómez Palacio», como en «Detectives» y «Dentista», la epifanía tiene una función estructural: marca el punto culminante de la trama; lo que viene después tiene el carácter de un epílogo. Pero sería un error tratar de comprender estos momentos de manera puramente formal, o suponer que la epifanía «interrumpida» o enigmática es un truco del oficio que permite construir un arco argumental a bajo costo. Las epifanías se producen también en la experiencia, y muchas veces no ceden su significado. Además, esta manera de hablar, como si el significado de una epifanía fuera algo preexistente en el mundo, es sin duda engañosa, porque las epifanías dependen en gran medida del estado emocional del sujeto que las experimenta y son por lo tanto profundamente subjetivas.

Para Joyce, en *Stephen el héroe*, la epifanía paradigmática es la manifestación del alma de un objeto exterior:

> Primero reconocemos que el objeto es una cosa integral, luego reconocemos que es una estructura compuesta, organizada; finalmente, cuando la relación de sus partes es exquisita, cuando las partes se ajustan al punto especial, reconocemos *qué es* esa cosa que es. Su alma, su quididad, salta hasta nosotros desde la vestidura de su apariencia. (Joyce 1978: 212)

Pero al leer las epifanías sueltas que recogió en los años 1900-1903, no podemos evitar preguntarnos: ¿por qué *este* diálogo u objeto en particular? (véase Olson 2009: 39). Si tuvieron ese carácter tiene que ser porque el escritor estaba en un estado de receptividad excepcional. Como dice Wim Tigges: «lo que provoca una epifanía en un individuo permanece "ordinario" o incluso pasa desapercibido para otros» (Tigges 1999: 32). Sin embargo, la subjetividad del fenómeno no quiere decir que sea solipsista o limitado a un individuo único. De hecho, en «Detectives», «Dentista» y «Gómez Palacio» las epifanías están, en alguna medida, compartidas (de manera similar, la mayoría de las peleas en la ficción de Bolaño no oponen dos individuos, sino dos pequeños grupos de contrincantes). Mirando en el espejo, Arturo Belano y el detective Contreras ven la verdad de la situación que los ha juntado: uno comprende que se ha salvado de la desaparición por los pelos; el otro, que ha colaborado con la represión. En «Dentista» el narrador y su amigo comparten un viaje al final de la noche que les permite vislumbrar «el misterio del arte». Y en «Gómez Palacio» el narrador y la directora visitan un «lugar muy especial» y miran juntos algo que parece ser un milagro o un sueño.

La subjetividad de la epifanía tiene que ver no con una sensibilidad única y estable, sino con los flujos y reflujos emocionales que pueden sintonizarse en dos o más individuos, como se ve al final de «Sensini» (*Llamadas telefónicas*) cuando el narrador recibe la visita de Miranda, la hija del escritor epónimo. Mirando la ciudad de Gerona iluminada por la luna, el anfitrión y la huésped experimentan un apaciguamiento paradójico:

> De pronto me di cuenta que ya estábamos en paz, que por alguna razón misteriosa habíamos llegado juntos a estar en paz y que de ahí en adelante las cosas imperceptiblemente comenzarían a cambiar. Como si el mundo, de verdad, se moviera. (Bolaño 1997: 29)

Desde un punto de vista puramente objetivo, no hay nada en la situación para fundamentar este sentimiento de paz: Sensini no llegó a saber a ciencia cierta cómo desapareció su hijo y murió sin el reconocimiento público que merecía. Si hay consuelo para el narrador y Miranda, éste debe provenir del futuro, de los cambios imperceptibles que se harán «de ahí en adelante». Pero el sentimiento no es el efecto de un saber; del futuro, el narrador no sabe nada con certeza. Al contrario, su convicción de que las cosas comenzarán a cambiar parece ser el efecto de un estado emocional, provocado quizá por la presencia de Miranda, objeto de sus fantasías anteriores y representante de una nueva generación que se enfrenta a la vida con sus esperanzas intactas, con «ganas de comerse el mundo» (20), como dijo Sensini hablando de su hija.

Respondiendo a una pregunta del narrador, Miranda confirma que su hermano desaparecido tuvo un nombre literario: «Díme una cosa, le dije, ¿por qué le puso tu padre Gregorio a Gregorio? Por Kafka, claro, dijo Miranda. ¿Por Gregorio Samsa? Claro, dijo Miranda» (27). No habla, en cambio, de su propio nombre, que podría tener resonancias literarias también y remitir a *La Tempestad* de Shakespeare. Cuando la Miranda de Shakespeare ve a Alonso, el rey de Nápoles, y a su hermano Sebastián (así se llama, quizá no por coincidencia, el compañero de Miranda en «Sensini»), lanza unas exclamaciones célebres:

> ¡Qué maravilla! ¡Cuántas criaturas hermosas!
> ¡Qué bella es la humanidad! ¡Magnífico mundo nuevo
> que tiene tales habitantes! (Shakespeare 2000: 134; V.1: 203-206)

La Miranda de Bolaño es sin duda menos ingenua, pero la promesa de felicidad y de paz que encarna, en vísperas de salir a explorar, con Sebastián, el «magnífico mundo nuevo» –que para ellos es el viejo mundo: «Iban de viaje a Italia, y luego pensaban cruzar el Adriático rumbo a Grecia» (Bolaño 1997: 26)– asemeja el final del cuento al último acto de *La Tempestad*, en que las bodas de la joven princesa sellan la paz recobrada.

La vaguedad del componente «cognitivo» en la epifanía que clausura «Sensini» –«las cosas imperceptiblemente comenzarían a cambiar. Como si el mundo, de verdad, se moviera»– parece indicar que el componente emocional tiene una prioridad causal. Lo que el narrador sabe, realmente, es que está en paz, y este sentimiento le infunde esperanzas y confianza. Muchas epifanías vividas son tal vez de este tipo: no tanto una reacción a algo que ya se ha manifestado en el mundo como un cambio de estado emocional que sensibiliza al individuo ante ciertos aspectos de su entorno y parece prometer una revelación.

La no llegada de la revelación o su eventual inefabilidad no tienen que invalidar la epifanía. Al contrario, si seguimos a Borges, la «inminencia de una revelación, que no se produce, es, quizá, el hecho estético» (Borges 1996b: 13). Esta conocida frase se ha prestado a diversas utilizaciones, por ejemplo en las reflexiones recientes de Néstor García Canclini sobre las potencias políticas del arte (2013: 13), o en la vindicación de la belleza elaborada por Alexander Nehamas, apoyada en una afirmación del carácter siempre inacabado de la relación estética (2010: 205). Pero me gustaría reponer la cita en su contexto original, al final de «La muralla y los libros», porque todo el texto puede iluminar las epifanías de Bolaño. La revelación que no se produce en la «inquisición» de Borges es la de una relación lógica entre dos actos del emperador chino, Shih Huang Ti: ordenar la edificación de la gran muralla y la quema de todos los libros anteriores a él. Aprender que esas operaciones procedieron de la misma persona le produjo a Borges satisfacción e inquietud. «Indagar las razones de esa emoción», escribe, «es el fin de esta nota» (Borges 1996b: 11).

La indagación consiste en proponer varias conjeturas que se suceden en una serie que se acelera, puntuada por la palabra *acaso*. Borges no desecha explícitamente sus proposiciones, pero la multiplicación deja entender que ninguna le satisface. Finalmente, admite que la «virtud» de la propuesta puede residir en algo mucho más simple que las ideas que ha venido barajando: una simple simetría, «la oposición de construir y destruir, en enorme escala» (12). Sin embargo, esta explicación formal, que Borges asocia con las ideas de Benedetto Croce y Walter Pater, también es conjetural. Lo único cierto es que algunos elementos de nuestro entorno están dotados de una elocuencia especial aunque siempre diferida: «La música, los estados de felicidad, la mitología, las caras trabajadas por el tiempo, ciertos crepúsculos y ciertos lugares, quieren decirnos algo, o algo dijeron que no hubiéramos debido perder, o están por decir algo» (13). Una idea similar, aunque menos restrictiva en cuanto a nuestro entendimiento de lo dicho, se expresa al final del cuento «El Fin»: «Hay una hora de la tarde en que la llanura está por decir algo; nunca lo dice o tal vez lo dice infinitamente y no lo entendemos, o lo entendemos pero es intraducible como una música» (Borges 1996a: 520).

En vez de establecer las razones de la emoción provocada por la historia de Shih Huang Ti, la indagación de Borges termina por saltar a un nivel de abstracción más alto y sacar una hipótesis general de este fracaso particular: una emoción que promete revelar sus razones y no cumple la promesa es una emoción estética. Si admitimos esta hipótesis, no todas la epifanías que he examinado aquí son hechos estéticos: como ya dije, las epifanías «realistas» (la de Contreras en «Detectives» y del narrador en «No sé leer») y las «interrumpidas» (la de Belano en «Detectives» y de Henri Simon Leprince) dicen algo que no se pierde y por lo tanto no quedan en la inminencia. Las epifanías en «Gómez Palacio» y «Dentista» se ajustan más a la frase de Borges, porque lo que dicen los cuentos de Ramírez y la luz verde en el desierto, si no permanece totalmente «intraducible como una música», puede traducirse solamente en parte y mediante una intensificación súbita de la musicalidad de las palabras.

Que el hecho estético sea la inminencia de una revelación que no se produce no implica que la estética sea ajena a las revelaciones en general. La sensibilidad a la inminencia es, quizá, la condición previa de las pequeñas y grandes revelaciones que sí se producen, a menudo sin dejarse anticipar, en la medida en que tal sensibilidad sostiene el esfuerzo de buscar. Según una teoría propuesta por D. T. Campbell y defendida recientemente por Dean Simonton (Simonton 2010), la creatividad funciona mediante la variación ciega y la retención selectiva de las ideas. Dado que la variación se hace secuencialmente (y no simultáneamente, como la variación biológica en la evolución), la secuencia debe prolongarse para maximizar las probabilidades de dar con una nueva combinación que «funcione». ¿Cómo seguir generando variaciones, como Borges en «La muralla y los libros», si no se siente, tal vez candorosamente, que *la* solución está a punto de revelarse? Y más allá de la especulación intelectual, acaso no haya manera de contribuir al imperceptible cambio de las cosas que evoca el narrador al final de «Sensini» sin confiar, con algún grado de ingenuidad, en su comienzo inminente.

Bibliografía

Aguilera Garramuño, Marco Tulio (2001): «Poética del cuento. El pájaro que cruza por el cielo del cuento». En *Texto crítico* 8: 15-23.
Andrews, Chris (2014): *Roberto Bolaño's fiction: an expanding universe*. New York: Columbia University Press.
Beja, Morris (1971): *Epiphany in the Modern Novel*. London: Peter Owen.
Bolaño, Roberto (1996): *Estrella distante*. Barcelona: Anagrama.
— (1997): *Llamadas telefónicas*. Barcelona: Anagrama.
— (2000): *Nocturno de Chile*. Barcelona: Anagrama.
— (2001): *Putas asesinas*. Barcelona: Anagrama.
— (2004): *Entre paréntesis*. Barcelona: Anagrama.
— (2007): *El secreto del mal*. Barcelona: Anagrama.
Borges, Jorge Luis (1996a): *Obras completas I*. Buenos Aires: Emecé.
— (1996b): *Obras completas II*. Buenos Aires: Emecé.
Carver, Raymond (1986): *Fires*. London: Picador.
Ellmann, Richard (1983): *James Joyce*. Oxford: Oxford University Press.
García Canclini, Néstor (2013): «¿De qué hablamos cuando hablamos de resistencia?» En *Revista de la Escuela de Arquitectura de la Universidad de Costa Rica* 2 (3): 1-23.
Hayman, David (1998): «The purpose and permanence of the Joycean epiphany». En *James Joyce Quarterly* 35 (4): 633-656.
Joyce, James (1978): *Stephen el héroe*. Barcelona: Lumen.
Lewis, David (1986): *On the plurality of worlds*. Oxford: Blackwell.
Leypoldt, Günter (2001): «Raymond Carver's "epiphanic moments"». En *Style* 35 (3): 531-547.
Moretti, Franco (1996): *Modern epic: the world system from Goethe to García Márquez*. London: Verso.
Nehamas, Alexander (2010): «Reply to Korsmeyer and Gaut». En *British Journal of Aesthetics* 50 (2): 205-207.
Nichols, Ashton (1987): *The poetics of epiphany: nineteenth century origins of the modern literary moment*. Tuscaloosa: University of Alabama Press.
Olson, Liesl (2009): *Modernism and the ordinary*. Oxford: Oxford University Press.
Piglia, Ricardo (2000): *Formas breves*. Barcelona: Anagrama.
Pritchett, Victor Sawdon (1990): *Chekhov: a biography*. London: Penguin.
Riquelme, John Paul (1993): «*Stephen hero*, *Dubliners*, and *A portrait of the artist as a young man*: styles of realism and fantasy». En *The Cambridge companion to James Joyce*. Cambridge: Cambridge University Press, 103-130.
Shakespeare, William (2000): *La tempestad*. Buenos Aires: Norma.
Simonton, Dean (2010): «Creative thought as blind-variation and selective-retention: combinatorial models of exceptional creativity». En *Physics of Life Reviews* 7: 156-179.

TIGGES, Wim (1999): «Towards a typology of literary epiphanies». En *Moments of moment: aspects of the literary epiphany*. Amsterdam / Atlanta, GA: Rodopi, 11-35.

ZAVALA, Lauro (2006): «Un modelo para el estudio del cuento». En *Revista Casa del Tiempo* 90-91: 26-31.

Bolaño breve y el cine entre paréntesis: una lectura disléxica del arte

María Eugenia Fernández
Universidad Nacional de Mar del Plata-CELEHIS

> un lector criminal, que usa los textos en su beneficio y hace de ellos un uso desviado, funciona como un hermeneuta salvaje
>
> Ricardo Piglia

La audacia de la escritura de Roberto Bolaño (1953-2003) revela una total sumisión a la ley de la palabra; sin embargo, el rechazo de toda convención perteneciente al sistema del arte constituiría el núcleo y la clave de su poética. Sus textos, con apariencia de relatos realistas y policiales la mayoría de las veces, o fantásticos las menos, son búsquedas incesantes de escribir de un modo nuevo que nos incitan a salir de la lectura convencional.

1. BOLAÑO Y LO BREVE

La bibliografía crítica sobre Bolaño editada hasta el momento ha demostrado, posteriormente a su muerte, un paulatino interés por su producción. En los comienzos, una de las maneras más frecuentes de acercamiento a la obra del escritor chileno tuvo como objetivo introducir al chileno en el circuito académico. El enfoque común era temático y se observaba el esfuerzo por situar la obra de Bolaño y generar una corriente de reflexión desde la perspectiva de un grupo de críticos y escritores convocados para debatir sobre la obra de una nueva figura de autor.

Algunos escritores de ficción, amigos y lectores de Bolaño, también aportaron ensayos con puntos de vista muy personales (Juan Villoro, Rodrigo Fresán, Roberto Brodsky, Alan Pauls, Horacio Castellanos Moya, Rodrigo Rey Rosa y Enrique Vila-Matas, entre otros). Así, surgió la intención de abarcar la totalidad de la producción bolañana y de indagar qué tipo de escritor fue Bolaño y cómo es leído por sus contemporáneos. Luego, fueron varias las formas de aproximación a Bolaño: por ejemplo, el estudio del tópico del mal se convirtió en el favorito para abordar aquella parte de la narrativa que intenta representar el horror. Por otro lado, apareció una crítica que pretendía relevar el proceso de traducción de los libros de Bolaño, su recepción y su impacto en el contexto de la llamada nueva literatura mundial.

En general, puede observarse que aún la mayor preocupación de la crítica es la figura de autor. En estrecha vinculación, algunos volúmenes contribuyen a la constitución del «mito Bolaño»; por ejemplo, Jorge Herralde (2005), su editor, reunió en un pequeño libro un conjunto de textos que brinda información acerca de su vida editorial, otros escritos a modo de homenaje y algunas entrevistas en las que habla sobre su vínculo con el escritor; asimismo, Andrés Braithwaite (2011) recopiló las entrevistas a Bolaño en diarios y revistas chilenas y españolas, y agregó un apartado con «frases célebres» del escritor que pretenden subrayar aspectos de su personalidad excéntrica.

Esta breve referencia a la bibliografía crítica pretende poner en evidencia que si bien Bolaño es un autor estudiado en la actualidad, todavía abundan los análisis temáticos o biográficos en los que el lenguaje literario parece subsumido por lo anecdótico, a veces por una transposición de lo que le ocurriera al autor durante su vida, postulándose una relación directa entre biografía y escritura. Afortunadamente, la crítica académica sobre Bolaño está abriendo un interesante debate sobre aquellas zonas no demasiado exploradas de su producción donde se trazan claves de su poética. Con frecuencia, los ensayos sobre Bolaño reconocen el gesto renovador de su narrativa y la calidad transformadora de su producción; se trata de una línea de lectura que puede proponer recorridos posibles por diversos «territorios» aún «salvajes», un uso que por muchas razones, incluso ésta, da título a su novela consagratoria (*Los detectives salvajes*). Esa zona no explorada de la producción bolañana y que aún queda silenciada es la de sus textos breves, a menudo considerados como «laboratorio» de los más extensos. Por el contrario, pienso que en la extensión breve se pueden visualizar marcas poderosas retomadas en las novelas mayores. *2666*, su novela más extensa, fue concebida como cinco «novelas» breves (y escribo novela entre comillas porque el texto bolañano excede este término) que pueden leerse en forma independiente o ser leídas como una sola, lo que nos permitiría pensarla como ejemplo cabal de que la escritura de Bolaño constituye un universo que se retroalimenta de sí mismo, donde cada capítulo, apartado, cuento, relato o poema es un nudo de un entramado mayor.

2. Reinventando la literatura

Los textos breves de Bolaño constituyen zonas de alta ambigüedad, *viajes* de sentido siempre abiertos, tanto a través de la propia escritura, que de continuo refiere a sí misma para ser transformada, como del arte en general, que es así «pensado» y transformado de modo particular. Si bien la intertextualidad es marca de toda escritura, en este caso resulta un camino apropiado para indagar las *contravenciones* de Bolaño, siguiendo la tendencia de su producción, que es un universo donde cada efectuación constituye, junto con las demás, un sistema que tiende lazos hacia afuera para alimentarse del arte de modo sistemático, desde una apropiación expuesta y fuera de lo convencional.

La escritura de Bolaño se funda en una poética de la «reinvención desde una lectura disléxica» (lectura-escritura fuera de las convenciones), una poética que atrae y juega con zonas de la literatura y el arte de las que parte. El gesto de «reinventar» la literatura se patentiza en la narrativa de Bolaño como un motor configurativo desde el que se propone, de modo diverso cada vez, volver a un momento previo para inventar «de nuevo», como si se tratara del regreso a un origen para recuperar un impulso (a mi criterio, vanguardista) de seguir haciendo literatura cuando ésta ya ha sido hecha. Dicho gesto es en algún sentido análogo al de César Aira según Sandra Contreras (quien en *Las vueltas de César Aira* describe en los textos del argentino una vuelta a las vanguardias desde un reconocimiento del mismo Aira): el pasado no puede ser destruido y lo único que resta es revisitarlo, situarse históricamente como si se fuera un vanguardista en los orígenes de la vanguardia. Pienso que esta reinvención del arte se patentiza en los textos de Bolaño, es configurativa de dichos textos. En consecuencia, es necesario ahondar en este aspecto, tanto respecto de un regreso al archivo previo que propuso «lo nuevo», como de una disolución en esa instancia, o un volverse parte suya, aunque a través de ejercicios contemporáneos: por ejemplo, un ejercicio personal que tiene como centro el concepto de «dislexia» (Nieto Herrera 1995), cuya marca clínica resulta operadora en mi lectura, pues su carácter de *anomalía* en el modo de producir literatura, que induce a procesar fuera de la convención, se torna un carácter ajeno al prejuicio de la deficiencia y sintetiza el modo provocador de la escritura bolañana. Al modo de los vanguardistas, Bolaño inventa un nuevo procedimiento para crear obras que rompan con las reglas. Si bien en el dominio de la psicopedagogía una anomalía es una dificultad o déficit, en su significado estricto y primero enuncia una «discrepancia de una regla o un uso[1]». No pienso la dislexia como «enfermedad» o «discapacidad», entonces, ya que el mismo Bolaño la presenta como característica de su oficio de escritor y justificación de su posición siempre «fuera de lugar», que le permite hallar «un método semiótico bastardo o grafológico o metasintáctico o fonemático o simplemente un método poético» (así lo expresa en su «Discurso de Caracas» publicado en *Entre paréntesis*). Por lo tanto, y sin afán de cotejo biográfico, me interesa cómo Bolaño lee y escribe salido de un lugar de «normalidad», en aras de acceder a ese motor de su escritura que mencionamos, la búsqueda ambiciosa de la «reinvención» a partir del arte mismo.

3. El cine «entre paréntesis»

César Aira, en su ensayo «La nueva escritura», advierte que las vanguardias «siguen vigentes» pues han inventado procedimientos para que «las obras se hicieran solas» sin la restricción de la práctica del arte a «un minúsculo sector social de especialistas» (2000: 165). Los nuevos grandes artistas no son los que crean obras sino los que inventan procedimientos para hacerlas (166); Bolaño inventa el suyo: hace de la dislexia un procedimiento que no consiste simplemente en una relación intertextual diversa sino en una apropiación «disléxica» de textos, una lectura que los disloca y a partir de ello crea un texto nuevo. Al modo de los vanguardistas, Bolaño «repone el proceso allí donde se había entronizado el resultado» y establece una comunicación entre las artes que, como dice Aira, es la «huella de un sistema edénico de las artes, en el que todas formaban una sola y el artista era el hombre sin cualidades profesionales especiales» (166). En *Entre paréntesis* (2004) encontramos textos ficcionales, discursos y conferencias, columnas periodísticas y crónicas variadas, entretejidos por Bolaño sin establecer fronteras genéricas de ningún tipo; circulan por sus textos, con el mismo estatuto artístico, experiencias personales, la fotografía, actores y personajes de cine de Hollywood o, por el

---

[1] La definición de la palabra «anomalía», según la RAE, reza: (Del lat. *anomalĭa*, y este del gr. ἀνωμαλία). 1. f. Discrepancia de una regla o de un uso.

contrario, cine comercial o de bajo presupuesto, personajes reales pero marginados de la sociedad, vida y obra de escritores de la alta literatura o fracasados, etc. En el texto «El último lugar del mapa», el modo de leer sin distinción y en sesgo le permite a Bolaño retomar un tópico harto escrito en la literatura argentina, «el viaje a la Patagonia», y leerlo (olvidando a Domingo Faustino Sarmiento y a Esteban Echeverría) a partir de una película, cuyo título finge no saber, protagonizada por Daniel Day Lewis, «que cuenta la historia de un dentista –no sé si inglés o canadiense– que viaja por la Patagonia en moto en una cruzada personal contra las caries» (255). Otro ejemplo se observa en la breve columna sobre «La literatura chilena» (115), cuya lectura produce los síntomas de la narcolepsia: leer la literatura chilena o escribir sobre ella produce «ataques repentinos de sueño» (115). El paralelismo sarcástico entre literatura chilena y somnolencia se profundiza cuando la define como «una pesadilla sin vuelta atrás» (116); sin embargo, lo más irreverente de la comparación es que se desprende de una reflexión surgida de una referencia a la película independiente «My own private Idaho», clásico del cine gay, protagonizada por River Phoenix y Keanu Reeves:

> Estoy impartiendo un curso de nueva literatura chilena. El que da el curso soy yo y el único que asiste al curso soy yo. Aunque a veces mi flojera como alumno me eriza los pelos y mi torpeza como conferenciante me provoca repentinos ataques de sueño. Estos ataques se llaman narcolepsia y los sufrió River Phoenix en aquella película de Gus Van Sant. Pero River Phoenix tenía a Keanu Reeves, o dicho de otra manera: Phoenix tenía donde apoyar su cabeza dormida y yo solo puedo apoyarla en los libros. (115)

En su «Discurso de Caracas», leído originalmente con motivo de haber obtenido el Premio Rómulo Gallegos 1999 por su novela *Los detectives salvajes* y publicado posteriormente en *Entre paréntesis*, Bolaño expone su dislexia como impronta autobiográfica y señala los problemas que le ocasionara, tanto en su niñez como en su vida profesional:

> [...] fui un jugador entusiasta, pero bastante malo, [...] desentonaba casi siempre, [...] Yo chutaba con la izquierda pero escribía con la derecha. [...] Y ahí estaba el problema. Por ejemplo, cuando el entrenador decía: pásale al de tu derecha, Bolaño, yo no sabía a qué lado tenía que pasar la pelota. E incluso a veces, jugando por la banda izquierda, ante la voz desgañitada de mi entrenador yo me paraba y tenía que pensar: izquierda-derecha. Y fue entonces cuando tuve el primer atisbo consciente de mi dislexia. (2004: 32)

Sin embargo me interesa la «dislexia» como procedimiento vanguardista asentado en una nueva forma de lectura, una lectura fuera de las convenciones. En dicho Discurso, Bolaño propone este guiño cuando describe un «problema de índole verbal/ geográfica» (32) y lo compara con las soluciones imaginarias de la Patafísica de Alfred Jarry. Vale la pena citarlo:

> Siempre tuve un problema con Venezuela. [...] Para mí lo más lógico era que la capital de Venezuela fuera Bogotá. Y la capital de Colombia, Caracas. ¿Por qué? Pues por una lógica verbal o una lógica de letras. La v del nombre Venezuela es similar, por no decir familiar, a la b de Bogotá. Y la c de Colombia es prima hermana de la c de Caracas. [...] incluso *Doña Bárbara*, con b, me suena a Venezuela y a Bogotá, y también Bolívar suena a Venezuela y a doña Bárbara, Bolívar y Bárbara, que buena pareja hubieran hecho, aunque las otras dos novelas de don Rómulo, Cantaclaro y Canaima, podrían perfectamente ser colombianas, lo que me lleva a pensar que tal vez lo sean, y que bajo mi dislexia acaso se esconda *un método, un método semiótico bastardo o grafológico o metasintáctico o fonemático o simplemente un método poético*, y que la verdad de la verdad es que Caracas es la capital de Colombia así como Bogotá es la capital de Venezuela, de la misma manera que Bolívar, que es venezolano, muere en Colombia, que también es Venezuela y México, y Chile. La academia Patafísica enseña la ciencia de las soluciones imaginarias que es, como saben, aquella que estudia las leyes que regulan las excepciones. Y este sobresalto de letras, de alguna manera, es una solución imaginaria que exige una solución imaginaria. (32; énfasis mío)

Pienso que la dislexia deviene método de lectura y escritura, método bastardo que desfigura, distorsiona, reinventa textos de diversas tradiciones de la literatura universal, y se instaura por tanto como procedimiento productor que permite a Bolaño seguir escribiendo cuando parece que toda la literatura ya ha sido hecha. Aira, en el ensayo ya mencionado, advierte que «las vanguardias aparecieron cuando se hubo consumado la profesionalización de los artistas, y se hizo necesario empezar de nuevo» (2000: 167), y destaca el procedimiento como herramienta de las vanguardias y «único modo de reconstruir la radicalidad constitutiva del arte». El vanguardista «crea un procedimiento propio, un canon propio, un modo individual de recomenzar desde cero el trabajo del arte» (170). Ésta es la reflexión que más importa pues, según pienso, la dislexia definida como un «método semiótico bastardo» o «poético» sería un procedimiento propio o modo individual de Bolaño de recomenzar desde cero la escritura literaria.

Bolaño breve y el cine entre paréntesis: una lectura disléxica del arte

Si bien la dislexia es considerada, en el ámbito de la psicopedagogía, una discapacidad o déficit en el aprendizaje de la lectura –y quizás ciertamente Bolaño lo haya padecido en su niñez y juventud, cuestión que aquí importa poco–, es un concepto que me interesa porque el mismo Bolaño lo utiliza en términos literarios, no biográficos únicamente, para describir su manera especial de leer y escribir. No la define como enfermedad, sino como «método semiótico bastardo o grafológico o metasintáctico o fonemático o simplemente un método poético» (32) que implica niveles y posibilidades del lenguaje (semántica, sintaxis, morfología, semiosis).

Conviene a mi hipótesis otra fuente, el Diccionario de la RAE, que diferencia en la palabra el prefijo «dis» (contrariedad, discordancia, disconformidad) y «lexia» (*lexis*, lectura). Desde este dominio, una «lectura disléxica» sería el procedimiento (la operatoria) que desfigura, distorsiona y establece una apropiación de otros textos, fuera de las convenciones y en búsqueda de escribir «lo nuevo». En *El último lector*, Ricardo Piglia recupera, como César Aira, la idea borgeana de que todo está escrito que y, por tanto, resta solamente «releer, leer de otro modo». La clave para seguir escribiendo sería «la libertad en el uso de los textos, la disposición a leer según su interés y su necesidad. Cierta arbitrariedad, cierta inclinación deliberada a leer mal, a leer fuera de lugar, a relacionar series imposibles» (Piglia 2005: 28). Surge así, según Piglia, un lector criminal, que «usa los textos en su beneficio y hace de ellos un uso desviado, funciona como un hermeneuta salvaje» (35) –lector que nos evoca el título de la novela consagratoria de Bolaño, *Los detectives salvajes*. Y desde la reflexión de Aira, Bolaño también reinventa la literatura, desfigura los materiales que lee y reescribe, los bastardea, leyendo intencionalmente con irreverencia, de un modo disléxico.

Entonces, lejos de pensar la dislexia como rasgo autobiográfico, lo considero un concepto doblemente operativo: un modo de escritura irreverente, anómala, precedida por un modo de lectura que distorsiona, desfigura (la lectura funda la escritura). Siguiendo a Aira, creo que Bolaño no se queda en la literatura, sino que la «lectura disléxica» pretende una «comunicación entre las artes» (Aira 2000: 167), pues «al compartir todas las artes el procedimiento, se comunican entre ellas: se comunican por su origen o su generación» y «el juego empieza de nuevo» (170).

En este sentido, de los juegos de Bolaño me interesa su «lectura disléxica» del cine: «El retorno» y «El hijo del coronel» son cuentos producidos a partir de la desfiguración de películas de orígenes diversos –«*Ghost* la sombra del amor» y «El regreso de los muertos vivos 3», respectivamente. No es mi intención realizar aquí un análisis cinematográfico de los cuentos ni mucho menos de los films que mencioné, sino abordar el modo de Bolaño de leerlos, el «uso desviado» que realiza de los relatos de ciertas películas. Pienso en lo que sostiene Piglia en *Crítica y Ficción*: «la clave es el relato, eso es lo que tienen en común el cine y la literatura. Al menos cierto tipo de relato» (2005: 29); el cine es narración y, como lo define el crítico argentino, es «un espejo que se pasea», a veces «está roto o es un espejo deformante» (32). Los dos cuentos seleccionados son relatos que responden justamente a esta definición respecto de las películas que «reescriben». Si el cine, en palabras de Piglia, es un modo particular de ver la realidad, los textos de Bolaño evidencian la misma operación pero respecto del cine, son «espejos rotos o deformantes» que se pasean por la imaginación cinematográfica y la transforman para convertirla en imaginación literaria.

«El hijo del coronel», relato publicado en *El secreto del mal* (2010), sería el producto, en términos de Piglia, de una «lectura criminal» que usa la película de clase B «El regreso de los muertos vivos 3» en su beneficio, y hace de ella un uso desviado. El relato de Bolaño consiste en la narración de dicha película de terror y ciencia ficción filtrada por la memoria de la primera persona que narra:

> No os lo vais a creer, pero ayer por la noche, a eso de las cuatro de la mañana, vi en la tele una película que era mi biografía o mi autobiografía o un resumen de mis días en el puto planeta Tierra. Me cago en la hostia santa, el susto que me dio casi hizo que me cayera del sillón. (2010: 31)

A partir de esta situación inicial, el relato se torna «lectura distorsionada» de «El regreso de los muertos vivos 3», película de clase B, formalmente pobre, cuyo único objetivo es entretener al espectador. El narrador del cuento de Bolaño no atraviesa ningún conflicto ni es protagonista o testigo de ningún hecho sino que encarna únicamente la función de narrar: todo el cuento es el relato del argumento de la película de terror desde la perspectiva del narrador que confiesa sentirse identificado con la historia y que, luego, le encuentra un significado literario, social, político, filosófico, etc. a cada fotograma del film, a pesar de que trata de zombies[2]. «El hijo del coronel» pone en evidencia la operación de lectura fuera de lo normal que Bolaño lleva a cabo cuando lee, y

---

[2] «[…] os prometo que hacía tiempo que no veía una peli verdaderamente democrática, es decir verdaderamente revolucionaria, no lo digo porque la película en sí revolucionara nada, ni de lejos, más bien estaba pobrecita, llena de tics, llena de lugares comunes, de prejuicios y personajes caricaturescos, pero al mismo tiempo cada fotograma respiraba y exhalaba un aire de revolución, digamos un aire en el que se intuía la revolución […] ¿De qué iba la peli?

si en este caso puede tomarse el cine como un relato es porque para el chileno es un soporte de lectura más.

El título del cuento de Bolaño obedece también a la «lectura disléxica» de la película, se sale de la convención del terror, «regreso de los muertos vivos», y privilegia el centro de su atención, «el hijo del coronel», pues él encarna su biografía, y donde debiera leerse Norteamérica, Bolaño «lee» Latinoamérica y una generación condenada al fracaso; el escritor chileno despoja a la película de todas sus características particulares, anula la presencia de los zombies (esencial para el objetivo principal del director del film) y se queda con el significado universal del joven rebelde que lucha por un ideal y fracasa en un mundo degradado[3].

«El retorno», del volumen *Putas asesinas* (2001), retoma el argumento de *Ghost*, el *thriller* dramático protagonizado por Patrick Swayze y Demi Moore, y lo distorsiona produciendo un texto cuyo protagonista narra con tristeza irónica el momento de su muerte y la desilusión de los momentos posteriores, despojado del tinte dramático de la película. En *Ghost*, a través de la puesta en escena del pasaje de la vida a la muerte a partir de la duplicación de la imagen del personaje se genera un pacto gradual con el espectador, a quien el desarrollo visual lleva de la mano; en cambio, en el cuento de Bolaño el uso de una primera persona al principio que refiere la propia muerte y describe dicho estado provoca en el lector un desconcierto del cual debe salir por sí mismo: «Me sobrevino la muerte en una discoteca de París a las cuatro de la mañana [...] después todo siguió tal como lo explican en algunas películas [...]» (129). La desviación respecto del relato cinematográfico también radica en que el mismo personaje de ficción se «lee» a sí mismo como personaje de la película: «Me quedé de piedra. En primer lugar, por haberme muerto [...] y después por estar interpretando involuntariamente una de las peores escenas de *Ghost*» (130).

A diferencia del protagonista del film, que busca hacer justicia, descubrir los planes del criminal que lo asesinó y proteger a su novia, el personaje de Bolaño sufre la vejación de su cuerpo muerto por un modisto necrófilo cuyo acto no

---

Bueno, no os pongáis a reír, iba de zombis. [...] el trasfondo político de la película de anoche era Arthur Rimbaud y Alfred Jarry. Pura locura francesa» (Bolaño 2010: 31-32).

[3] «Pero, atención, no hay que fiarse de las apariencias. El hijo parece un joven tonto, un joven alocado, un joven temerario y poco reflexivo, como fuimos nosotros, sólo que él habla en inglés y vive su particular desierto en un barrio destrozado de una megaurbe norteamericana y nosotros hablamos en español (o algo parecido) y vivimos y nos ahogamos en las avenidas desoladas de las ciudades latinoamericanas» (Bolaño 2010: 35).

resulta criminal ni condenable, sino de efecto penoso y casi cómico[4]. Bolaño «lee mal» la tradición de los guiones de películas de fantasmas, en los cuales, una vez que se hace justicia, el espíritu puede descansar en paz y finalmente desaparece del mundo de los vivos; así, su personaje ha muerto y permanecerá así, como fantasma, el resto de sus días, en compañía de un modisto necrófilo que hizo traer su cuerpo a su mansión para satisfacer su deseo sexual: «Me senté en una silla junto a él, una silla de madera labrada y respaldo de terciopelo, de cara a la ventana y al jardín y a la hermosa luz de la mañana, y lo dejé seguir hablando todo lo que quisiera» (145). Nada más tradicional en el cine que la glorificación del final: una buena película busca sorprender al espectador con el cierre del relato, el final es tanto o más importante que todo el desarrollo; sin embargo, en el párrafo final del cuento de Bolaño, el protagonista, despojado del heroísmo que sí adquiere el personaje de Patrick Swayze en la película, resulta un fantasma sin propósito que decide quedarse con su violador, dejando el relato totalmente abierto, inconcluso.

Antes de publicar «El retorno» en *Putas asesinas*, Bolaño se lo había entregado a Javier Calvo, quien le había pedido un cuento para la revista-libro española *Almanaque* cuya compilación tenía a cargo. En su edición de invierno del año 2000, dicha revista lleva el título «Invasores de Marte» y consta de cuentos de horror- fantásticos y relatos de ciencia ficción. *Almanaque* no es una revista académica y su contenido es diverso: reúne ensays, como en los números «Franquismo Pop» o «Cuba y el día después», o recopila relatos en torno a una temática como en «*After hours*, una muestra de *cult* ficción» y la aquí mencionada, «Invasores de Marte». La propuesta de la revista en este volumen, dedicado a lo fantástico y la ciencia ficción, es la exploración de lo que está al margen de la llamada alta literatura, el lugar más bajo en la jerarquía de la ficción occidental, «las cloacas donde se acumulan los desechos de la imaginación» según el prologuista (Calvo 2000: 7). En la columna «Un narrador en la intimidad», publicada en *Clarín* (Buenos Aires) el 25 de marzo de 2001, Bolaño imagina el momento de la propia escritura como una actividad agotadora cuyos resultados se vinculan más con lo residual que con lo finalmente logrado: «los ataques de optimismo se acaban y con ellos se acaba

---

[4] «Villeneuve se despojó de los pantalones y de los calzoncillos y se tumbó junto a mi cuerpo. [...] Lo que sucedió a continuación cualquiera puede imaginárselo pero tampoco fue una bacanal [...] Debería darle vergüenza, dije. Desde que había muerto, era la primera vez que hablaba. [...] ¿Quién está allí?, dijo Villeneuve. Soy yo, dije, el fantasma del cuerpo al que usted acaba de violar [...] No hay problema, dije conciliador, está perdonado» (Bolaño 2001: 19).

la cocina literaria, y sólo quedo yo, convaleciente, y un ligerísimo aroma de ollas sucias, platos mal rebañados, salsas podridas» (2004: 321).

El título del prólogo de *Almanaque* es «Invasores de Marte: Las mutaciones del horror y la ciencia ficción» y fue escrito también por J. Calvo; allí sostiene que los géneros del horror y la ciencia ficción siempre han tendido a la autorreferencialidad ya que el género se vuelve siempre sobre sí mismo. Calvo explica las dinámicas del género a partir del cine, por ejemplo, donde un mecanismo clásico de autoalusión es el remake, de modo que «la serie B clava sus colmillos en el cuello de la serie A y ensalza la estética del parasitismo y la apropiación sistemática» (2000: 9), activando conexiones entre archivos a fin de descomponer, mezclar y recomponer. La metáfora perfecta, piensa Calvo, «es el monstruo de Frankenstein: cortar, coser y activar (11). El monstruo como alegoría de la mutación textual; surgen así textos marginales, mutaciones del género y de la alta literatura cuya operatoria principal es entonces la intertextualidad. Esto se debe, según Calvo, a que los temas se han agotado y el género de horror «ya solamente puede evolucionar en silencio hacia la autorreferencialidad» (2000: 13): su tema es su propia forma (14). Lo planteado por Calvo para el género de horror puede extenderse a toda la literatura en un sentido planteado por Bolaño en la columna «Un narrador en la intimidad»: todo ya ha sido escrito, «la literatura es una larga lucha de redundancia en redundancia, hasta la redundancia final» (Bolaño 2004: 322). En esa lucha Bolaño recurre a «todos[5]» los materiales para escribir «de nuevo»: en «Déjenlo todo, nuevamente. Primer Manifiesto del Movimiento Infrarrealista», escrito de Bolaño publicado en *Correspondencia Infra, Revista Menstrual del Movimiento Infrarrealista*, de 1977, el programa estético consiste en la liquidación del pasado y la búsqueda de lo nuevo. Pero no se trata de la simple réplica de las propuestas vanguardistas de los años veinte: Bolaño y los infrarrealistas eran conscientes de que sin pasado, sin tradición, no hay ruptura, y de que lo nuevo radica en la inversión de lo preexistente. Por su parte, el escritor chileno siguió ese programa pero lo profundizó no sólo rompiendo las tradiciones del pasado sino también las convenciones del presente, por ejemplo el cine de terror.

---

[5] En este trabajo me he aproximado brevemente a la reescritura que hace Bolaño del cine; sin embargo, el autor incluye en su literatura otros materiales como la fotografía, las crónicas, los juegos de estrategia, etc.

4. Una lectura disléxica

Si bien es sabido que la intertextualidad es una marca propia de la literatura, creo que en la producción de Bolaño se constituye en una operatoria, pues, además de un procedimiento, es una estrategia que se sostiene a lo largo de todos los textos y cuyo gesto es el de reinventar (al modo de Aira). Podría decirse, entonces, que Bolaño reinventa la literatura y el arte en general desde una lectura disléxica: desfigurándolos, bastardeándolos, distorsionándolos. Sin embargo, dichas acciones también pueden atribuirse al gesto paródico que se vincula estrechamente a la apropiación intertextual –pienso aquí en la definición que da Noé Jitrik en su ensayo «Rehabilitación de la parodia» (1993), según la cual lo esencial de este procedimiento es la renovación que formula considerándola un «artefacto o aparato productor de textos». Entonces, se podría cuestionar por qué hablar de «lectura disléxica» y no de «lectura paródica»; si bien la «dislexia» y la «parodia» pueden dialogar y ambas son modos de leer un texto previo, torsionándolo y distorsionándolo, prefiero «lectura disléxica» puesto que la parodia parece ser más un procedimiento voluntario (que Bolaño usa solamente en algunos de sus textos, no en todos) y tiene que ver directamente con la producción, con la escritura; en cambio, la «dislexia» se encuentra en el estadio previo de la lectura y tiene que ver con cómo piensa Bolaño cuando se lee.

Esta línea de análisis muestra una escritura cuyo motor configurativo podría ser una torsión del gesto airiano de la reinvención: la búsqueda de lo nuevo a partir de operaciones que permitan seguir escribiendo cuando toda la literatura ya ha sido hecha.

Bibliografía

Aira, César (2000): «La nueva escritura». En *Boletín del Centro de Estudios de Teoría y Crítica Literaria* 8: 165-170.
Calvo, Javier (ed.) (2000): *Almanaque Invasores de Marte*. Barcelona: Mondadori.
Bolaño, Roberto (1997): *Llamadas telefónicas*. Barcelona: Anagrama.
— (2001): *Putas asesinas*. Barcelona: Anagrama.
— (2004): *Entre paréntesis*. Barcelona: Anagrama.
— (2010): *El secreto del mal*. Barcelona: Anagrama.
Braithwaite, Andrés (ed.) (2011): *Bolaño por sí mismo. Entrevistas escogidas*. Santiago de Chile: Ediciones Universidad Diego Portales.
Contreras, Sandra (2001): «César Aira: relato y supervivencia». En *Boletín del Centro de Estudios de Teoría y Crítica Literaria* 9: 119-133.

HERRALDE, Jorge (2005): *Para Roberto Bolaño*. Buenos Aires: Adriana Hidalgo.
JITRIK, Noé (1993): «Rehabilitación de la parodia». En Ferro, Roberto (ed.): *La parodia en la literatura latinoamericana*. Buenos Aires: Instituto de Literatura Hispanoamericana UBA.
NIETO HERRERA, Margarita E. (1995): *El niño disléxico*. México D. F.: Méndez Editores.
PIGLIA, Ricardo (2001): *Crítica y ficción*. Barcelona: Anagrama.
— (2005): *El último lector*. Barcelona: Anagrama.

La *ficción traumática* en los cuentos de Roberto Bolaño: el secreto y la violencia

Teresa Basile
Universidad Nacional de La Plata

> las aguas fecales del pasado
>
> Roberto Bolaño («Detectives»)
>
> me explicó la historia. Era simple, era incomprensible
>
> Roberto Bolaño («Compañeros de celda»)

1. El secreto y la violencia

El «secreto» y la «violencia» aparecen como dos principios constructivos en un número considerable de cuentos de Roberto Bolaño[1]. En «Dentista» (PA) el «secreto» es una de las claves del arte. El narrador va a la ciudad mexicana de Irapuato a visitar a su amigo dentista, quien a su vez le presenta a José Ramírez, un adolescente indio de dieciséis años que escribe cuentos. En varias ocasiones se establecen diálogos y debates sobre el estatuto del arte, y en una de ellas el dentista afirma dos cuestiones: primero, que el arte es la historia particular, vinculada a la vida misma del artista; y luego que la historia particular es la historia «secreta».

---

[1] Citaremos los volúmenes de cuentos de Roberto Bolaño con las siguientes abreviaturas: LLT para *Llamadas telefónicas* (1997), PA para *Putas asesinas* (2001), GI para *El gaucho insufrible* (2003), SM para *El secreto del mal* (2013).

El arte, dijo, es parte de la historia particular mucho antes que de la historia del arte propiamente dicha. El arte, dijo, es la historia particular. Es la única historia particular posible. Es la historia particular y es al mismo tiempo la matriz de la historia particular. ¿Y qué es la matriz de la historia particular?, dije. Acto seguido pensé que me respondería: el arte. Y también pensé, y ése fue un pensamiento afable, que ya estábamos borrachos y que era hora de volver a casa. Pero mi amigo dijo: la matriz de la historia particular es la historia secreta. (2001: 179)

De este modo se vincula el arte a la vida del artista, pero no a la vida visible sino a la secreta. Varios personajes del cuento parecen tener una vida «secreta»: el dentista atiende en una clínica dental privada que le «producía sustanciosos dividendos» (175), pero también hacía horas extras en una «especie de cooperativa médica abierta a los pobres y a los indigentes» (176); el pintor Cavernas es, por un lado, un respetable artista bien cotizado, pero por el otro se comporta como un ser ruin, burlón y violento (su vida secreta es una caverna); finalmente, el niño indio José Ramírez, quien ha nacido en los andurriales miserables de Irapuato, escribe cuentos estupendos. Sin embargo, la vida secreta es, *stricto senso*, aquella que no puede conocerse ni decirse en su totalidad, aquella de la cual sólo alcanzamos algunos atisbos. De allí que ninguno de los dos amigos pueda explicar la experiencia del arte ni su secreto, suscitados por los relatos de Ramírez:

Al abandonar esos andurriales comprendí, sin embargo, que poco era lo que podíamos decir sobre nuestra experiencia de aquella noche. Ambos nos sentíamos felices, pero supimos sin asomo de duda –y sin necesidad de decírnoslo– que no éramos capaces de reflexionar o de discernir sobre la naturaleza de lo que habíamos vivido [...] Salimos a cenar y tratamos de hablar de lo que nos había pasado el día anterior. Fue en vano. (195-196)

Por un lado, la estrecha relación del arte con la vida del artista –sostenida por el dentista– permite fundamentar el vínculo, señalado por todos los críticos, entre ciertos personajes desparramados por toda la obra de Bolaño (B, Arturo Belano, Arturo B.) y el autor mismo a través de un pacto autoficcional. Por el otro, la segunda afirmación en torno al «secreto» nos va a servir para introducirnos en los vericuetos que sostienen la arquitectura del cuento bolañano, como enseguida veremos.

En otro de los cuentos, «Jim» (GI), el narrador se encuentra casualmente con un amigo, un norteamericano, ex marine y antiguo combatiente de Vietnam, que ahora procura alejarse de su pasado violento y se ha convertido en poeta: «No más peleas, decía Jim. Ahora soy poeta y busco lo extraordinario para decirlo con palabras comunes y corrientes» (2003: 11). Pero Jim se queda hechizado, empapado en sudor y afiebrado, contemplando cómo un tragafuegos de las calles del DF lanza sus lenguas de fuego, como si en esas llamas descubriera «la cara de un antiguo amigo o de alguien que había matado» (13), como si enfrentara a los fantasmas de su pasado en Vietnam: «Chingado y hechizado parecía Jim. El embrujo de México lo había atrapado y ahora miraba directamente a la cara a sus fantasmas» (13).

Este breve relato se configura a partir de una serie de tensiones entre la poesía y la guerra, entre el pasado y el presente, entre la memoria y el olvido. El deseo de ser poeta y dejar atrás la experiencia de la violencia (o *tramitarla* a través de la escritura) vehiculiza de un modo particular uno de los nudos conflictivos que atañe al mismo Bolaño y que se disemina por toda su obra. La imposibilidad del olvido de la experiencia radical de la violencia y la reemergencia de ese pasado a través de los «fantasmas» –tal como le acontece a Jim– constituyen el fundamento de gran parte de la obra de Bolaño en cuya médula habita el «secreto».

Mientras en «Dentista» se afirma que el arte versa sobre el secreto de la historia particular, «Jim» se centra en la historia –siempre en acecho– de la violencia radical que envía sus fantasmas desde el pasado. Estos dos ejes, el del secreto y el de la violencia radical, se conjugarán en «El secreto del mal» (SM) ya desde su título. Como algunos críticos ya han señalado, este relato se propone indagar el «secreto del mal» para finalmente descubrir la imposibilidad de penetrar en él o de comunicarlo. Mientras para Chris Andrews «el secreto del mal es un secreto» (2011: 44), Ignacio Echevarría explora en la narrativa de Bolaño lo que denomina «la poética de la inconclusión» (2013: 8). Sin embargo, el cuento va diseñando algunos recorridos y colocando algunas claves (todo secreto tiene presuntamente una clave).

La escena matriz –el acto fallido de comunicar el «secreto del mal»– ocurre cuando Sacha Pinsky (quien ha estado en la cárcel o en una institución para enfermos mentales) intenta infructuosamente «transmitirle una información» al periodista norteamericano Joe A. Kelso. Una serie de pequeños fracasos va socavando la comunicación: la voz de Sacha, que en la llamada telefónica promete transmitirle una información al periodista, no adelanta ni aclara de qué se trata, «no suelta prenda» y ni siquiera da una «pista» (desde esta pista negada se anuncia el hermetismo del relato); la cita misma entre ambos en el puente de París está llena de desencuentros, y durante la charla en el bar no se produce la esperada revelación de la información. De hecho, el narrador ya nos había advertido sobre la condición inconclusa del cuento: «es un cuento inconcluso, porque este tipo de historias no tienen un final» (2013: 23).

Desde lo incomunicable hacia lo inconcluso se va a diseñar un relato siempre inacabado, un único relato infinito sobre el mal radical, que se desplaza, muta, se sintetiza, se expande, se transforma a lo largo de los textos de Bolaño para regresar siempre y de nuevo (wieder) porque lo que se procura conocer es incomprensible e indecible. Jorge Semprún elabora la idea de un «texto infinito» que es necesario para dar cuenta de la experiencia de la violencia extrema, para suturar el hiato entre la apuesta a representar y su imposibilidad: «Se necesitarían horas, temporadas enteras, la eternidad del relato para poder dar cuenta de una forma aproximada» (1997: 25).

A nivel de la lengua periodística, explicativa y argumentativa, el cuento nada informa. No obstante, el acto de comunicar es sustituido por una metáfora, una sinécdoque, cuando ambos se encuentran en el bar «Chez Pain»[2]: en el espacio del pan (francés) y del dolor (inglés), en el territorio en el que el alimento de la literatura es el mal radical. Distante de los múltiples bares habitados y visitados por otros escritores[3], este espacio del bar «Chez Pain» está en el barrio de Kelso pero oculto, como también lo está Sacha, quien es «un pesado, un paranoico, un loco que observa sin ser, a su vez, observado» (2013: 25) –el texto despliega, como vemos, un campo semántico de lo secreto, oculto y oscuro: «la voz sale de un zaguán oscuro», 24.

De este modo el secreto apunta a la indecibilidad del mal radical, que solo puede interrogarse en sus desplazamientos metafóricos: se trata de un eje fundamental en los debates sobre el colapso de la integridad de la lengua luego del suceso límite de la «solución final» acontecida en los campos de exterminio nazis[4].

---

[2] Un término caro a Roberto Bolaño, que ya había utilizado en su novela *Monsieur Pain* (1999). Ver el análisis de Paula Aguilar (2014a), quien articula el apellido Pain con la presencia del «dolor».

[3] Resulta significativa la intención de diferenciar y oponer los bares visitados por varios escritores al bar «Chez Pain», como si metaforizaran espacios de enunciación y escritura distintos: «Los establecimientos a los que suele acudir el periodista están, en su mayoría, en Montparnasse y son lugares aureolados con una cierta ambigua leyenda: el bar donde comió alguna vez Scott Fitzgerald, el bar donde Joyce y Beckett bebieron whisky irlandés, el bar de Hemingway y el bar de John Dos Passos y el bar de Truman Capote y Tennessee Williams» (2013: 25).

[4] Existen múltiples análisis que abordan los debates teóricos en torno a los límites y las posibilidades de representar la violencia extrema a través de la literatura y del arte, a la capacidad de la palabra para dar cuenta del mal radical, al intento de testimoniar lo intestimoniable (Levi

2. Territorios y genealogías de la violencia

En el centro de la escritura bolañana se encuentra entonces la violencia, y su narrativa la despliega y varía: desde la violencia de la dictadura chilena (1973-1990), experimentada por Bolaño de un modo personal y que oficia como punto original y primero, hasta todo tipo de violencia –política, criminal, económica, psíquica– que atraviesa el mapa de América Latina para recalar finalmente, en su novela póstuma *2666* (2004), en los femicidios de Ciudad Juárez, y desde allí desplazarse hacia el orbe entero. La violencia de las dictaduras del Cono Sur es el *incipit* del relato pero no su límite (ni histórico, ni geográfico, ni en cuanto a la índole siempre versátil de la violencia).

Bolaño se extiende incluso hasta el examen crítico de la violencia de la izquierda chilena y latinoamericana –y no solo la de los gobiernos militares de las dictaduras del Cono Sur–, como en «Días de 1978» (PA), en donde U, un militante chileno del MIR (Movimiento de Izquierda Revolucionaria) exiliado en Barcelona, queda atrapado en un círculo de violencia que se inicia tanto en aquella padecida como en la ejercida desde la izquierda armada, y que se despliega incesantemente en múltiples direcciones: primero contra B en una discusión acalorada, luego contra su propia mujer a quien procura matar, y finalmente contra sí mismo en sus dos intentos de suicidio.

Bolaño mapea esta lógica *proteica* de la violencia a partir de dos movimientos iniciales, mediante los cuales procura en primer lugar «localizar» para luego «universalizar» la violencia. En este sentido, emprende una reescritura de la figura borgeana de la barbarie como parte del «destino sudamericano» que perseguía al letrado Francisco Laprida en el «Poema conjetural» (Borges 1974: 867-868), y con ello ancla la violencia en la historia de América Latina, en las «guerras floridas» (como también suele llamarlas recuperando el contexto mexicano). Además señala el conflicto entre las «armas y las letras» padecido por muchos de sus personajes escritores, aunque ya no se trata del viejo compromiso que siempre aquejó al intelectual latinoamericano (Ramos 1996)[5], ni del reciente conflicto entre «la pluma y el fusil» (Gilman 2003, Mudrovcic 1997) que –anudado en torno a la Revolución cubana– invitaba al escritor a sumarse a la lucha armada de la izquierda revolucionaria; en cambio, es una

---

2008), de imaginar lo inimaginable (Didi-Huberman 2004), de representar lo irrepresentable (Rancière 2005), de decir lo indecible (Agamben 2000), de nombrar lo innombrable (Reati 1992), entre otros. Véase, por ejemplo: Basile (2015), Amar Sánchez (2010) y De Vivanco (2014).

[5] Julio Ramos (1997) y Arcadio Díaz Quiñones (1997), entre otros, trabajan este conflicto entre las «armas y las letras» en la obra y la vida de José Martí.

nueva versión del vínculo entre la literatura y la violencia que, en el escenario de la derrota de la izquierda armada y en el contexto de las posdictaduras del Cono Sur, coloca a la literatura como el espacio para explorar y tramitar las herencias traumáticas del pasado reciente.

Mauricio Silva, llamado el Ojo («El Ojo Silva», en PA), aparece como un claro ejemplo de alguien que, marcado por la experiencia de la dictadura chilena, no puede escapar a la violencia, aun cuando la rechaza, aun cuando intenta huir de ella viajando a otros países lejanos como la India:

> Lo que son las cosas, Mauricio Silva, llamado el Ojo, siempre intentó escapar de la violencia aun a riesgo de ser considerado un cobarde, pero de la violencia, de la verdadera violencia, no se puede escapar, al menos no nosotros, los nacidos en Latinoamérica en la década del cincuenta, los que rondábamos los veinte años cuando murió Salvador Allende. (2001: 11)

Es en su estancia en la India donde vuelve a toparse con la violencia que lo acecha. Un desplazamiento que la «universaliza», que la desplaza desde Chile hacia el mundo.

Junto a la extensión territorial, los textos de Bolaño despliegan un largo alcance temporal que es posible leer en «Dos cuentos católicos» (GI) a través del paralelismo que ambos narradores-protagonistas instauran con los primeros tiempos —los siglos III y IV después de Cristo— al recuperar la historia de mártires cristianos y gobernantes torturadores (el martirio de San Vicente torturado por el gobernador Daciano, y el de Santa Bárbara encerrada en una torre y decapitada por su padre Dióscoro: ambos sufrieron el mismo tipo de tortura). Se advierte así una búsqueda arqueológica en esta proyección del nudo de la violencia hacia el orbe cristiano y hacia un pasado remoto. Tal como anuncia el título, el relato engarza dos cuentos católicos, no solo a partir de la presencia del imaginario religioso, sino tendiendo un vínculo más complejo entre ambos cuentos. Por un lado, los títulos de cada relato —«La vocación» y «El azar»— instauran un juego de oposición, y por el otro ambos protagonistas se cruzan sin saberlo en un punto de sus itinerarios.

En el primer relato, «La vocación», el protagonista, un adolescente de dieciséis años cuya *vocación* lo inclina al sacerdocio, se siente angustiado, indeciso y a la espera de poder definir su destino. Hacia el final, luego de asistir con su amigo al cine, decide subir al cerro del Moro (casi como un ascenso místico) y a su regreso ve a un monje que camina descalzo sobre la nieve, como una *aparición* que viene a confirmar su vocación por el sacerdocio: interpreta que sus *huellas* «refulgían en la nieve como un mensaje de Dios» (2003: 123) y siente, entonces, deseos de arrodillarse frente al monje y besar aquellas huellas. Pero esta verdad de su vocación, refrendada por una aparición casi divina, es la que se va a quebrar en el segundo relato a través de la agencia del «azar», aunque esta grieta ya se adelante en el final del primer cuento cuando el narrador busca de nuevo las *huellas* (un *leit motiv* de ambos relatos) del monje sobre la nieve pero no las encuentra: «no encontré ni rastro de ellas» (124).

El narrador-protagonista del segundo relato, llamado Vicente, es ese monje con el que se ha topado el adolescente, pero en realidad es un mendigo que acarrea una historia de miseria y violencia: en su adolescencia pedía limosna en las puertas de las iglesias, sintiéndose una «oveja trémula ante su Creador» (128); luego fue encerrado en un manicomio y sometido a «las inyecciones, las sesiones de manguera, las cuerdas con que ataban a muchos por la noche» (125) hasta que logra escapar para convertirse en el objeto de persecución del comisario Damián Valle, un «hijo de puta», un «esbirro». Rechazado por su compañero, lleno de *desconsuelo* y *congoja*, aterido por el frío, el hambre y la pobreza, Vicente intenta buscar ayuda en la casa de una mujer pero termina ingresando en una vivienda desconocida en la que mata a un niño y a un monje con cuyo hábito se viste, baja del cerro del Moro y va descalzo a la estación donde aborda un tren (allí se produce el encuentro con el adolescente). De este modo, las huellas que intenta seguir el adolescente son las de un mendigo disfrazado de cura con el hábito de quien ha sido su víctima, las huellas de un falso monje que se ha descalzado para borrar sus pisadas criminales, las «Huellas de San Vito. Huellas que no iban a ninguna parte» (133): son las huellas ensangrentadas que persiguen los textos de Bolaño. Pero además, esa *vocación* del joven está a punto de frustrarse y de causarle la muerte por obra del *azar*, ya que Vicente percibe que el adolescente lo sigue y observa, y se le cruza por la cabeza la idea de matarlo –«Hubiera podido matar al chaval»–, aunque luego desiste (sin esgrimir demasiadas razones en ninguna de las dos posibilidades) y aborda el tren «sin importar(le) su destino» (134).

Por otro lado, lo que ambos textos ponen en escena es el despliegue de actos de violencia que involucran en principio a mártires y gobernantes (o comisarios o militares). Ambos narradores convocan cada uno la historia de un martirologio. El adolescente del primer relato se siente angustiado, con constantes sensaciones de ahogo, atrapado en un túnel, oyendo ratas correr por las paredes, temiendo la inminencia de «actos nefandos en noches aciagas» (117) y obsesionado con el tremendo martirio al que fue sometido

San Vicente (casi un *antepasado* de su familia, tal como su tía le informa), torturado por el gobernador Daciano en al año 304. Si en el pasado del siglo IV la violencia se desplegó entre el santo y el gobernador, la tía le recuerda la genealogía de sus ancestros a partir de una oposición –que va a regir en ambos cuentos– entre sacerdotes y militares: «Nuestros antepasados fueron gente de bien. No hubo soldados en nuestra familia, pero sí curas» (120). En el contexto que rodea al adolescente aparece el padre de Juanito, quien fue militar y ahora es comisario y que, aun cuando su tía lo considera «honrado», emplea métodos brutales para castigar a las sirvientas –las encierra tres días y no les da ni un mendrugo. Este comisario (sospechamos) es quien en el segundo relato persigue a Vicente –que por su parte recupera el nombre del mártir. Un proceso de paralelismo y de inversión de ciertos elementos del primer relato parece regir este segundo cuento: el mártir San Vicente le presta su nombre al mendigo, que reaparece ahora como víctima del comisario Damián Valle (probablemente el padre de Juanito). Vicente a su vez recobra el martirio de Santa Bárbara, quien sufrió las mismas torturas que San Vicente. El mendigo Vicente es víctima pero también es victimario cuando percibe una escena de desprotección de un monje hacia un niño y termina matando a ambos; aquí se articula una fisura entre los mártires y la Iglesia como institución, de la cual comenta Vicente: «Todo lo que enseñan los curas está frío. Es sopa fría. Infusión fría. Mantas que no calientan durante el frío invierno» (130). Este frío es el que atenaza al niño que está junto al fraile, y es el que siente el mismo Vicente:

> Tendido en la cama vi a un niño. Estaba desnudo y tiritaba. Saqué mi navaja del bolsillo. Sentado a una mesa vi a un fraile. La capucha le velaba el rostro, que tenía inclinado, absorto en la lectura de un misal. ¿Por qué el niño estaba desnudo? ¿Es que no había en aquella habitación ni una manta? ¿Por qué el fraile leía su misal en vez de arrodillarse y pedir perdón? Todo se tuerce en algún momento. El fraile me miró, dijo algo, le respondí. No se me acerque, dije. Después le clavé la navaja. Los dos nos quejamos hasta que él se quedó quieto. Pero yo tenía que asegurarme y se la volví a clavar. Después maté al niño. ¡Rápido, por Dios! Después me senté en la cama y tirité durante un rato. (132)

«Dos cuentos católicos» instaura varios relatos sobre la violencia en los que se evitan las concesiones simplistas o las oposiciones esquemáticas. Y nuevamente nada parece poder escapar a la violencia, ya que la violencia es *católica*: del griego καθολικός, «universal, que comprende todo».

3. Las hipérboles de la violencia y la violación

«Prefiguración de Lalo Cura» y «El retorno» (PA) constituyen dos relatos que exacerban e hiperbolizan el alcance de la violencia hasta trascender la mera existencia y extenderse a un antes y a un después de la vida misma: desde el momento previo al nacimiento hasta el posterior a la muerte, desde el feto hasta el cadáver. Puestos uno al lado del otro (tal como me dispongo a colocarlos), estos cuentos suscitan una gran carcajada macabra e irrumpen con su desmesura en el trazo por momentos minimalista de la escritura de Bolaño.

El tropo que domina «Prefiguración de Lalo Cura» es la hipérbole que desplaza, exaspera y agiganta la experiencia de la violencia sufrida por el narrador, Olegario (Lalo) Cura, al recolocarla en la etapa en la que él era un feto. Su madre, Connie Sánchez, trabajaba como actriz porno en la Productora Cinematográfica Olimpo, bajo la dirección del alemán Helmut Bittrich. Cuando queda embarazada de un «cura renegado» que a los pocos meses desaparece, ella participa en las series «Milch» y «Pregnant Fantasies» en el rol de embarazada que es penetrada sexualmente por el actor Pajarito Gómez. Esta escena primaria, que Lalo sufrió siendo un feto, articula varias cuestiones: se trata de una experiencia de violencia radical «antes de nacer», que se encuentra en el *origen* histórico del sujeto y marca su *destino*. Es entonces una figura del origen violento de América Latina: como afirman varios intelectuales, desde Ernest Renan (1946) hasta Michel Foucault (1979: 7-29), la violencia se encuentra en el origen histórico, en los «inicios bajos» de los Estados nacionales –y en el caso de América Latina comienza con la conquista española.

Este acontecimiento fundante de la violencia en el sujeto latinoamericano se ancla en el cuento en la figura de la *madre*, connotada por las series pornográficas que aluden a la «fijación por la leche materna» –«Milch» y «Pregnant Fantasies» (99)–, que a su vez nos recuerda la serie martiana de «Madre América» y «Nuestra América» (Martí 1991: 2005). El acto sexual al que es sometida la madre embarazada, que Lalo lee como un acto de violencia extrema, como un acto abyecto, como una violación, no puede dejar de vincularse a esa gran figura mexicana de la Malinche, aquella indígena que ofició como intérprete y amante de Hernán Cortés, luego convertida en símbolo de la Madre América violada por los españoles, de la Chingada, que señala metonímicamente –a través de la imagen de la «violación»– el punto mayor de la violencia situada en el mismo origen de la conquista de América Latina (Paz 1959). De este modo, la hipérbole puede ser leída como metáfora de la violencia radical que atraviesa América Latina.

La convergencia entre violencia y violación también se simboliza en el barrio en que Lalo nació, «Los Empalados», en tanto apunta a la práctica medieval del empalamiento, un mecanismo al mismo tiempo de tortura y de ejecución en el cual la víctima era atravesada –penetrada– por una estaca que podía entrar por un costado, por el recto, la vagina o la boca.

Estas dos circunstancias –el barrio «Los Empalados» y la violación del feto– van a condicionar (a «prefigurar», como señala el título) al narrador a «lalocura»: su barrio será «el sendero de llegada o de salida del infierno» (Bolaño 2001: 97) y la penetración sexual de su madre le abrirá «los ojos en la oscuridad» (97). Si la imagen de la violación nos reenvía a los orígenes históricos de América Latina, al «misterio de la vida en Latinoamérica» (100), por otra parte el relato se sitúa en Medellín, en la Colombia del narcotráfico (que financia la producción de las películas pornográficas), uno de los actuales centros de la violencia radical en tiempo presente.

«El retorno» puede considerarse como el cierre de este relato metafórico de la violencia que supone también un arco temporal que va desde la «prefiguración» antes del nacimiento hasta su «retorno» *post mortem*. El narrador protagonista de «El retorno» es un fantasma que ha muerto súbitamente en una discoteca de París, y cuyo cadáver es llevado a la morgue y de allí a la mansión de Jean-Claude Villeneuve, en uno de los barrios más exclusivos de París, para convertirse en objeto sexual del famoso modisto francés. Hay una frase en otro de los cuentos de Bolaño, «El Gusano», que parece resumir esta ecuación: «Y después añadió: pero sólo los muertos están tranquilos. Y al cabo de un rato: ni los muertos, bien pensado» (2001: 82).

En las antípodas estéticas de «Prefiguración de Lalo Cura», este cuento carece de todo dramatismo, evita el tono trágico y se desarrolla casi como una comedia norteamericana con un toque fantástico, al estilo del film *Ghost* recordado en el mismo cuento[6]. Pero en el interior de esta casi comedia va a acontecer un acto de necrofilia. El cuento se abre con un párrafo que parece sintetizar este juego entre el chiste y el evento traumático, dando el tono particular que adquiere esta suerte de humor negro amigable: «Tengo una buena y una mala noticia. La buena es que existe vida (o algo parecido) después de la vida. La mala es que Jean-Claude Villeneuve es necrófilo» (129).

---

[6] Aun cuando implica «Una solución fácil, digna del cine americano, superficial y nada creíble», el protagonista se queda estupefacto al comprobar que está «interpretando involuntariamente una de las peores escenas de *Ghost*» (Bolaño 2001: 130).

El narrador y protagonista, el fantasma en cuestión, es un tanto frívolo (lo que en Argentina llamamos «cholulo»), fascinado por la distinción, los delicados modales y el gusto refinado del modisto; es «ingenuo», «conciliador» y dispuesto a perdonar con prontitud, y tiende siempre a desdramatizar y alivianar lo que le sucede[7]. Pero en este relato de tono liviano y narrado por un yo frívolo e ingenuo se inserta el robo del cadáver de la morgue, su alquiler y su vejación[8]. Este es uno de los relatos bolañanos que extrema la contraposición entre una superficie en la que nada grave parece suceder y un acontecimiento de violencia extrema que la subyace. Es la elección de este narrador tan particular –un narrador que parece no ver la gravedad de lo que le acontece, y que forma parte de la extensa galería de narradores que Bolaño diseña con gran destreza, ironía y sentido lúdico, desde aquellos que comprenden lo que ocurre pero no lo informan al lector hasta aquellos que saben menos que el texto o no entienden lo que les pasa– lo que permite articular la doble instancia del relato.

Establecer un arco entre ambos cuentos permite por un lado medir la radicalidad de la violencia que en la figura de la hipérbole se extrema hasta alcanzar al feto y al cadáver, y por el otro advertir las muy diversas soluciones estéticas ensayadas en ambos relatos para abordar la herida de la violencia desde lo abyecto. En ambos relatos nos enfrentamos con lo *abyecto* tal como lo caracteriza Julia Kristeva en *Poderes de la perversión*: acontecimientos *exorbitantes*, que superan lo *posible*, lo *tolerable*, lo *pensable* y suscitan *repugnancia* y *rechazo* (aunque también están atravesados por la *atracción*, la *fascinación* y la *tentación*), colocando al sujeto *fuera de sí* (1988: 7-9). Lo abyecto es lo que perturba una identidad, un sistema, un orden, es aquello que no respeta los límites, los lugares, las reglas, los tabúes. Desde este marco, la *vejación del cadáver* en «El retorno» y la *abyección de sí* en «Prefiguración de Lalo Cura» corresponden con dos de los acontecimientos de lo abyecto que Kristeva destaca en sus análisis. Si lo abyecto recupera lo sucio, el desecho, lo inmundo

---

[7] «Experimenté sensaciones encontradas: disgusto por lo que veía, agradecimiento por no ser sodomizado, sorpresa por ser Villeneuve quien era, rencor contra los camilleros por haber vendido o alquilado mi cuerpo, incluso vanidad por ser involuntariamente el objeto del deseo de uno de los hombres más famosos de Francia» (140).

[8] El narrador apenas toma nota de la gravedad de lo que le acontece cuando sospecha que puede ser un sueño, y más que un sueño, una «pesadilla» donde acecha el dolor y el terror: «Por un instante se me ocurrió la posibilidad de que todo fuera un sueño. Con el valor de los fantasmas me dije que si era un sueño lo mejor (y lo único) que podía hacer era seguir soñando. Por experiencia sé que intentar despertarse de golpe de una pesadilla es inútil y además añade dolor al dolor o terror al terror» (141).

–es decir, aquello que apunta a lo impuro–, el cadáver (*cadere*, caer) es en esta línea *el más repugnante de los desechos*, es aquello que irremediablemente *ha caído, cloaca y muerte*, es el *colmo de la abyección* (10-11). En Lalo Cura, la vejación sufrida desde su existencia como feto lo contamina y desata en él una *abyección de sí* en tanto experiencia de «reconocimiento de la pérdida inaugural fundante de su propio ser» (12), que va a marcar su existencia y lo va a convertir en un ser errante, en un viajero extraviado y en un criminal al servicio de los carteles de la droga[9].

La representación de la violencia extrema en los textos de Roberto Bolaño está atravesada por la presencia de lo abyecto tanto en la radicalidad del horror como en la fascinación que suscita. En «Jim», el protagonista permanece hipnotizado ante las llamaradas lanzadas por un tragafuegos en las calles mexicanas del DF, que lo reenvían a su pasado como marine en Vietnam, un pasado que desea infructuosamente dejar atrás para dedicarse a la poesía pero que aún lo convoca y hechiza, que lo lleva a unir el horror de la violencia con la fascinación por el fuego, el éxtasis con la destrucción, un doble movimiento característico de lo abyecto (Kristeva 1988: 28-29) que termina por acercar a Jim al borde de la propia autodestrucción bajo las llamas del tragafuegos[10].

4. La ficción traumática

Como ya adelantamos, si bien la experiencia de la violencia es el *axis* del relato bolañano en un número considerable de cuentos, no siempre *está dicha*: generalmente es aquello que está más o menos oculto, es el secreto, lo indecible, lo que se quiere enterrar en el inconsciente para sobrevivir en la superficie de una vida en apariencia «normal». En este sentido, la violencia extrema sufrida por el sujeto da origen a un trauma que el yo procura desplazar, reprimir o negar sepultando el suceso traumático en el olvido. Sin embargo, el acontecimiento

---

[9] «El nombre, con su cuerno, abre un camino en el sueño y el hombre camina por ese sendero. Un sendero tembloroso. Siempre crudo. El sendero de llegada o de salida del infierno. A eso se reduce todo. Acercarse o alejarse del infierno. Yo, por ejemplo, he mandado matar. He hecho los mejores regalos de cumpleaños. He financiado proyectos faraónicos. He abierto los ojos en la oscuridad» (97).

[10] «Asimismo descubrí, con menos asombro con el que ahora lo escribo, que el tragafuegos estaba trabajando exclusivamente para él, como si todos los demás transeúntes de aquella esquina del DF no existiéramos. Las llamaradas, en ocasiones, iban a morir a menos de un metro de donde estábamos. ¿Qué quieres, le dije, que te asen en la calle? Una broma tonta, dicha sin pensar, pero de golpe caí en que eso, precisamente, esperaba Jim» (13).

que se procura olvidar en un primer momento retorna compulsivamente, reaparece a través del *acting out* a lo largo de la vida de la víctima («el retorno de lo reprimido»). De allí la necesidad de «elaborar el trauma» por medio del recuerdo y del reconocimiento del hecho traumático como una vía para superar la compulsión repetitiva y poder establecer una distancia crítica y una acción responsable (LaCapra 2008: 183-237).

La escena traumática supone, entonces, una escisión en el sujeto y en su vida entre una *superficie* en la que se olvida y se reprime la violencia padecida para procurar vivir bajo cierta cotidianidad «normal», y una *profundidad* en la que se oculta el acontecimiento traumático que pugna intermitentemente por salir a la superficie. En varios cuentos de Bolaño encontramos esta arquitectura de dos niveles que se desarrolla a través de dos relatos: en la superficie del texto se desenvuelve la vida cotidiana del personaje, mientras en la profundidad se encripta el «secreto» del trauma, que permite revelar las causas de lo que por momentos ocurre, a veces de un modo inesperado, en la superficie. Se trata de un secreto que funciona como «clave» para la interpretación del lector (aun cuando el lector no logre desentrañarla).

Ciertas teorías sobre el cuento se centran en analizar una estructura doble. En su imagen del iceberg, Ernest Hemingway dio con una de las marcas del cuento como género literario, destacando la eficacia de ocultar, concentrar, encriptar y sugerir en un género caracterizado por la brevedad: «Siempre trato de escribir teniendo en cuenta el principio del iceberg. Los siete octavos de su superficie están debajo del agua por cada pedazo que muestra. Todo lo que uno sabe que puede eliminar solamente refuerza el iceberg. Es la parte que no muestra nada» (en Plimpton 1981)[11]. Ricardo Piglia (1990) parte de estas ideas de Hemingway y las complejiza notablemente: el cuento como forma suele explotar la elisión, convertirla en un dispositivo productivo. En su primera tesis, Piglia sostiene que un cuento siempre cuenta dos historias: una en la superficie y otra oculta. La historia visible –siempre más completa y orgánica– esconde y cifra un relato secreto que suele ser fragmentario y elíptico. Cada una de las historias se cuenta de un modo distinto y se adscribe a dos formas diferentes de causalidad. El arte del cuentista consiste en saber cifrar la historia dos, la secreta, en los intersticios de la historia uno, la visible. Este carácter doble de la forma del cuento suele tener muy diversas realizaciones que se fraguan en el modo de articular, cifrar, elidir la segunda historia.

---

[11] Estas ideas de Hemingway sobre la «Teoría del iceberg» se encuentran también en su novela *Muerte en la tarde*, de 1932 (2005).

Los cuentos de Roberto Bolaño recuperan en muchos casos este diseño de doble nivel porque permite traducir y vehiculizar la estructura del trauma, también basada en una escisión entre la superficie y la profundidad, entre el olvido en que vive el personaje y la memoria de la herida que pide ser reconocida, entre la vida cotidiana a veces normal –aunque atravesada por el «retorno de lo reprimido»– y la vida secreta (de la que nos hablaba el dentista del cuento) en la que se oculta la lesión, entre los síntomas visibles y la enfermedad que los ocasiona.

Esta simetría entre la estructura del trauma y la del cuento es la que nos permite proponer la fragua de una *ficción traumática* o un *relato traumático*[12] como uno de los modelos que caracteriza la *forma*[13] del cuento en Bolaño: un relato en cuya historia visible se oculta, se cifra, se elide, se desplaza el «secreto» de un acontecimiento traumático (es la parte hundida del iceberg). La *forma* del relato traumático traduce el trauma psíquico en narración.

El *relato traumático* bolañano suele desplegarse, en algunos cuentos, en la articulación de una *narrativa de lo cotidiano* (el relato superficial) con la *amenaza del estallido* del nudo traumático (el relato secreto). Me interesa partir del análisis de «Vida de Anne Moore» (LLT) porque en este cuento se exhiben con claridad el inicio del trauma y el mecanismo del trauma (y del relato), con sus dos niveles.

El *incipit* tanto del trauma como del relato es la escena primera de la violencia que atraviesa la niñez de Anne Moore (diez años): Fred, el noviecito de quince años de su hermana Susan, mata a sus padres, y entonces Anne ve por primera vez «el rostro de carbón, el rostro manchado de tierra (así lo define ella, indistintamente), de la realidad» (1997: 175). Esta escena es narrada con gran destreza (por un yo narrador en tercera persona que hacia el final adquiere estatuto de personaje) desde el *foco* de la mirada de esa niña que no logra comprender del todo lo que está sucediendo –no asiste directamente al crimen,

---

[12] Paula Aguilar (2015a) explora la «escritura del trauma» desde los usos del policial en la narrativa de Bolaño, una perspectiva que recupero y redefino para focalizar ahora en el *cuento* como estructura.

[13] Empleo el concepto de *forma* en el sentido en que suele usarlo Theodor Adorno, es decir como un una instancia que significa por sí misma. Véase, por ejemplo, el modo en el que aborda la *forma* del ensayo (Adorno 1962) donde la «forma» fragmentaria, vanguardista, discontinua, no sistemática, inorgánica, incompleta, fracturada, parcial y provisional desarticula la reificación de la razón instrumental, interviene e interrumpe el pensamiento totalizante, y desarma la letra –sistemática, continua, racional, generalizante, exhaustiva, clara y distinta– que sirve al dominio de lo real.

ni Susan responde sus preguntas–, aunque esa experiencia va a contaminar y definir tanto su vida como la de su hermana.

Ambas oponen dos modos de tramitar la violencia sufrida. Susan la somatiza inmediatamente, manifestando los estragos que le ocasiona a lo largo de su vida –«se derrumbó y durante varios años estuvo visitando psicólogos» (177)–: abandona sus estudios de Medicina en la Universidad de Berkeley, cayendo en un «estado deplorable» y convirtiéndose en una alcohólica para finalmente suicidarse. En ella no hay una superficie «normal» que oculte el nudo traumático, sino que la violencia invade y desgarra toda su existencia. En cambio Anne sufre el impacto de la violencia pero procura olvidarlo, y por ello mismo resurgirá sintomáticamente a lo largo de su vida: «Anne, por el contrario, siguió igual que siempre, aunque el incidente o la sombra del incidente resurgiría en el futuro de manera intermitente. Pero por el momento ni siquiera soñó con Fred y si soñó tuvo la cautela de olvidar el sueño ni bien entraba en la vigilia» (177). Esto da lugar a una doble vida y a un doble relato, dando cuenta del nudo traumático tensado entre el olvido y la memoria.

«Vida de Anne Moore» despliega en principio una *narrativa de lo cotidiano* para contarnos la vida de Anne Moore (según promete el título), y al mismo tiempo la *normaliza* a través de un encadenamiento de eventos propios de la existencia de todo sujeto: sus estudios en la Universidad, sus vínculos afectivos con amigos, novios y su familia, sus viajes, sus trabajos. Son sucesos que no exteriorizan la herida de un modo directo (no hay vida disipada, alcoholismo o suicidio como en Susan). Sin embargo, en este relato de la «vida normal» se van a filtrar los efectos de la violencia vivida en diversas formas. Por un lado, la herida ocasionada en su infancia va a contaminar, poco a poco y de un modo *subrepticio*, la vida de Anne en su incapacidad para establecer un vínculo amoroso y sexual pleno[14]; en la dificultad para anclar en un sitio y en un trabajo, lo que la convierte en una eterna desterrada y errante; en el progresivo sometimiento a diversas situaciones de violencia (las bofetadas de Rubén, las «escenas violentas» con Paul, y la prostitución a la que Charles la

---

[14] Si los conflictos sexuales se atribuyen en un primer momento a ciertas disfunciones de Paul –«En la cama tuvieron problemas desde el principio. En verano Paul solía ser impotente, en invierno tenía eyaculación precoz, en otoño y en primavera el sexo no le interesaba» (1997: 179); «En la cama Anne ya no sentía nada y llegó a pensar que tal vez fuera lesbiana» (181)–, luego se hace cada vez más evidente su propia incapacidad para el goce sexual, puesta de manifiesto en su vínculo con Charles, a quien le confiesa que no sintió nada «con todos los hombres que se había acostado» (187).

obliga)[15]; y en la aceleración de los acontecimientos como signo de una vida que no logra inventarse un sentido –«Los años siguientes fueron bastante movidos» (189); «Los años siguientes fueron demasiado rápidos. Hubo demasiados hombres, demasiados trabajos, demasiado de todo» (192).[16] Bolaño explora el *trabajo lento* de la violencia, casi imperceptible, camuflado en lo cotidiano, que va creciendo de a poco.

Por otro lado, de un modo más *espectacular* el anuncio de la crisis detona a través de la *amenaza del estallido* que se sobreimprime a lo cotidiano de apariencia normal: «Aparentemente las cosas iban bien, pero Anne sabía que estaba a punto de estallar» (186); el «estallido que avizoraba agazapado detrás de un día cualquiera» (186); «odió el estallido que se anunciaba pero que nunca venía» (187). La crisis y el estallido se interrumpen, se detienen en la amenaza, en la inminencia y en el anuncio, de allí que, como otros relatos de Bolaño, carezcan de una peripecia o anagnórisis así como de un final resolutivo[17]. No acontece realmente una crisis (toda crisis supone su superación), ni una ruptura (que anuncie algo nuevo) ni un grito catártico[18], sino el paciente desenvolvimiento de los efectos de la violencia que parecen carecer de fin y de cura.

Bolaño prefiere en este caso abordar el trabajo lento y penetrante de la violencia, los modos secretos, inadvertidos, solapados y furtivos en que la expe-

---

[15] Como contrapunto a sus vínculos amorosos atravesados por la violencia aparece el matrimonio con Tony, el coreano, en el cual «la serenidad era posible» (190) pero que ella finaliza rompiendo su relación, lo que lleva a Tony al suicidio. También respecto a Bill, el texto señala que Anne «era incapaz de echarse a su lado y encontrar la paz» (195).

[16] Anne reflexiona –a través del empleo que Bolaño hace de la ironía– sobre la capacidad de su hermana para finalmente encontrar un sentido a la vida, un lugar al que pertenecer, algo de donde agarrarse cuando Susan emprende un tratamiento para curar su alcoholismo: «pensó en ella y le pareció que por fin había encontrado algo en la vida, su club de alcohólicos anónimos particular, algo muy fuerte a lo que se podía agarrar, una rama elevada en donde hacer sus ejercicios, sus malabarismos» (192). En cambio, ella reflexiona sobre su vida «vacía», atravesada por una «trampa sutil» cuando se encuentra en el aeropuerto (un espacio de tránsito que parece definir su vida) sin decidirse a tomar un avión (194).

[17] En varios relatos aparece una amenaza, una señal, la inminencia de una desgracia que muchas veces no termina de definirse ni de desatarse, así por ejemplo en «Vagabundo en Francia y en Bélgica»: «B la observa atravesar la sala semidesnuda o semivestida, y eso más los viejos libros del padre desaparecido le parecen una señal. ¿Una señal de qué? Lo ignora. Una señal terrible, en todo caso» (2001: 89).

[18] Similar a la inminencia del estallido, también aparece la inminencia del grito o del llanto que nunca se efectiviza: «Hubiera deseado llorar, pero no lloró» (1997: 194); «en su interior sintió que se ponía a gritar; es decir, sintió, vio, la separación, la línea que delimitaba el no-gritar con el gritar» (195).

riencia traumática de la violencia extrema termina por contaminar y devastar una vida en apariencia normal. El empleo de una «ficción del trauma», con sus dos niveles del relato, se vuelve una estructura necesaria para explorar esta perspectiva. Las tres postales que Anne envía a su vecino, el «caballero ruso», exponen esta estructura doble del relato del trauma, como si esta escena de escritura fuera una puesta en abismo de la misma. La primera y la tercera postal se mueven en la superficie de una vida «normal», comprensible y decible, mientras que la del medio —atrapada y oculta entre las otras dos— habla sobre el nudo traumático y por ello resulta ininteligible, apunta al relato secreto que desafía la comprensión del lector: «entendí que hablaba de exilios y de crímenes», aunque era «mucho más escueta que la primera y también más ininteligible» (204)[19].

Otro ejemplo en que se tensa una *narrativa de lo cotidiano* y una *amenaza del estallido* se da en el cuento «Últimos atardeceres en la tierra» (PA), basado en el contraste radical e irreconciliable entre el padre de B y B: entre el ex-boxeador y el escritor, entre las *aventuras* en las que el padre de B se sumerge durante las vacaciones en Acapulco (recorriendo bares, entregándose a variadas diversiones, tragos, mujeres y juegos) y las *desventuras* que aquejan a B, quien se dedica a leer (sin dejar de acompañar a su padre) los avatares de la desaparición del poeta surrealista Gui Rosey durante la ocupación nazi en territorio francés (otro desaparecido, sin rastros, sin investigación). Estas vacaciones en Acapulco reenvían al protagonista B al año anterior (1974), en el que arribó a esa ciudad escapando de la dictadura chilena. Sin embargo, la «salvación» alcanzada en las costas mexicanas no ha logrado curar la herida experimentada en su tierra natal y por ello parece volver. La inminencia del peligro, el acecho del «desastre» lo sumerge en una espiral paranoica que se incrusta en sus vacaciones[20] y amenaza con detonar en el local nocturno de

---

[19] La estructura doble del relato del trauma no solo puede leerse en las «tres postales», sino que también en otra de las escenas de escritura, aquella en la que Anne escribe sus diarios (treintaicuatro cuadernos), se explora de un modo sesgado ciertas aristas del relato del trauma: la doble estructura entre los planos ideales y el plano del camino que ella no había seguido, por un lado, y por el otro el efecto que la lectura del diario provoca en el lector, despertando en él las «ganas de gritar» al mismo tiempo que «tenía la virtud de coserte la boca» (201).

[20] Una sucesión de eventos y sensaciones van pautando la inminencia del estallido: el peligro y la alarma de bañarse en el mar (2001: 54), la sensación de que «se está aproximando el desastre» (54), el vuelco del bote y el hundimiento de B en el fondo del mar (55), y el inicio de «un período gélido, un período aparentemente normal pero dominado por unos dioses helados» (56) que culmina con las escenas en el sórdido local nocturno que B percibe ya sumergido en un clima de caos, de irrealidad, y en un estado de ebriedad y de ensueño.

las afueras de Acapulco: no hay escape posible al cerco de la violencia que viene del pasado, no hay salvación, no hay «vacaciones» sino sólo el retorno del terror experimentado en Chile. Algo similar les acontece a Primo Levi (2002) y a Jorge Semprún (1997), cuando llega la liberación a los campos de concentración en los que estaban prisioneros y creen que allí comienza la salvación, que finalmente podrán despertar de la pesadilla del Lager, pero sin embargo terminan por advertir que la vida en libertad es el sueño, es un paréntesis, es una tregua, mientras el Lager es lo real, es el lugar donde van a despertar todas las mañanas, es la verdad[21].

5. Variaciones de la ficción traumática

Si en «Vida de Anne Moore» y en «Últimos atardeceres en la tierra» se articulan ambos relatos –el relato secreto de la experiencia de la violencia y el relato superficial de la vida cotidiana–, otros cuentos de Bolaño tienden a adelgazar, ocultar o invisibilizar el relato secreto. Así en su primer cuento, «Diario de bar», escrito a cuatro manos con A.G. Porta y situado según el título en 1979[22], ensaya otra solución. Se trata de un notable texto de comienzos (*beginning*), según la perspectiva de Edward W. Said (1985), ya que aquí está condensado lo que vendrá y desarrollará en su obra posterior.

En este relato de una aparente simpleza, Mario –el «chileno»– es un asiduo concurrente matutino al bar atendido por Vila; en una de sus visitas, la primera que se nos narra, Vila le cuenta que un chileno vecino se ha suicidado arrojándose de un séptimo piso y le manifiesta el temor de que hubiera sido él –«Pensé que te habías muerto» (173)– ya que hacía algunos días que faltaba a su cita. El *relato visible* se desenvuelve en el acto consuetudinario de ir a tomar el café que, luego de una larga noche de escritura, Mario emprende temprano

---

[21] Dice Primo Levi al final de *La Tregua*: «estoy otra vez en el Lager, y nada de lo que había fuera del Lager era verdad. El resto era una vacación breve, un engaño de los sentidos, un sueño: la familia, la naturaleza, las flores, la casa. Ahora este sueño interior al otro, el sueño de paz se ha terminado, y en el sueño exterior, que prosigue gélido, oigo sonar una voz, muy conocida; una sola palabra, que no es imperiosa sino breve y dicha en voz baja. Es la orden del amanecer en Auschwitz, una palabra extranjera, temida y esperada: a levantarse, *Wstawać*» (2002: 247). Jorge Semprún sostiene en *La escritura o la vida*: «Esta travesía [la de la muerte en el campo] se convertía entonces en la única realidad pensable, en la única experiencia verdadera. Todo lo demás tan solo había sido desde entonces, un sueño» (200).

[22] Ver las reflexiones sobre la fecha de escritura de este cuento en Bolaño y Porta (2008: 13-14).

a la mañana. Esta normalidad se interrumpe con el brutal suicidio de un desconocido compatriota, cuyas causas se ignoran así como su nombre. Acá, la inminencia de la catástrofe se convierte en acto, en un acontecimiento que se reitera cerrando el relato con el suicidio del mismo Mario. En ambos casos se nos elide el hecho traumático (el relato secreto) que causó los dos suicidios y sólo se nos muestra su consecuencia en la superficie. Apenas tenemos unas claves que nos reenvían a la condición de «chilenos» de ambos, al contexto de 1979 que los sitúa como exiliados en Barcelona de la dictadura de Pinochet, y a la reflexión de Mario: «En el fondo era una historia sencilla, pensó el chileno: la guerra de cada día, la de afuera y la de adentro de uno mismo, la lejana y la que corroe las entrañas» (178).

El empleo de un género como el «diario» es curioso, ya que no se trata de un diario escrito por un individuo en primera persona, sino en tercera y bajo el anonimato de «Diario de bar», ni tampoco trasluce la interioridad conflictiva de Mario. Se acerca más a una «crónica», desarrollada entre las dos fechas en que acontecen los suicidios (del jueves 8 al lunes 19 de febrero de 1979) y enfocada al esclarecimiento del caso. De este modo también la reescritura del *diario* como *crónica* exhibe el doble nivel de la ficción traumática, que oculta la expresión de la subjetividad e interioridad características del diario y las reemplaza por la vida cotidiana pautada cronológicamente de la crónica.

El juego entre ambos niveles del relato (el secreto y el visible, el nudo traumático y la vida cotidiana) parece definir la lógica narrativa de Bolaño en varios de sus cuentos, calando en el centro de su preocupación: cómo sobrellevar la cotidianeidad para quien ha experimentado la violencia extrema, o cómo tramitar el nudo traumático en el decurso de la vida. Este juego siempre diverso va a configurar, además, las diversas variantes de sus cuentos: desde la descripción del acontecimiento de la violencia hasta su adelgazamiento, elisión, desplazamiento, encriptamiento o conversión fantasmática.

En «Sensini» (LLT) hay una lenta *dosificación*. El cuento se inicia con las correrías de dos escritores latinoamericanos exiliados en España, ocupados en presentarse a diversos certámenes literarios organizados por Ayuntamientos de pequeñas ciudades de provincia. Aquí se juega con la dilación y el goteo, ya que bajo el relato en clave picaresca va surgiendo lo siniestro: la historia de la desaparición del hijo de Sensini durante la dictadura argentina, que primero se adelanta en su cuento —«en donde el narrador se iba al campo y allí se le moría su hijo o con un cuento en donde el narrador se iba al campo porque en la ciudad se le había muerto su hijo, no quedaba nada claro»

(1997: 14)– y luego, ya avanzado el relato, se comienza a recuperar en toda su complejidad[23].

Otra de las alternativas del relato bolañano del trauma articula la narración de los *síntomas* visibles con la invisibilidad de la *enfermedad* que subyace y explica la sintomatología que deteriora el cuerpo y la psiquis del personaje. El narrador de «Gómez Palacio» (PA) –quien atraviesa por «una de las peores épocas» de su vida– siente alternativamente temblores en su cuerpo, una sensación de desgarramiento, dificultades para conciliar el sueño y pesadillas, pulsiones paranoicas, miedo y temor, y un persistente dolor (los síntomas), pero nunca explicita las causas (la enfermedad) que, en este caso, parece conocer[24]. La clave para vislumbrar la índole de la enfermedad (que no se dice) está dada en el «pacto fantasmático» que vincula al narrador protagonista con Roberto Bolaño. Asimismo, el desarrollo de la peripecia se desenvuelve en la superficie de los acontecimientos sin llegar a interpretarlos; se trata de un *itinerario* más que de un *argumento* que finaliza con una yuxtaposición de imágenes de alto nivel simbólico: en el escenario del desierto (el espacio privilegiado de la violencia extrema en el universo Bolaño) surge «una luz verde» que aparece «como un sueño o un milagro» (2001: 35).

En varios de sus relatos, el trauma de la violencia sufrida durante la dictadura chilena aparece prácticamente elidido y apenas aludido a través del «pacto fantasmático» que permite reconocer en el personaje o en el narrador (B, Arturo Belano, Arturo B.) su vínculo con Roberto Bolaño, o a través de la referencia a ciertos personajes como «chilenos» y la mención de los años en que acaecen las historias (en algunos casos incluso en los títulos, como en «Días de 1978»).

La *elisión* de la experiencia de la violencia es, entonces, otro de los procedimientos que se advierte en los relatos. El narrador de «El gusano» (LLT), Arturo Belano, un adolescente que falta al colegio para ir a ver películas y mirar libros durante las mañanas, entabla una amistad casual con un hombre –parecía un gusano blanco– que acostumbraba sentarse en los bancos de la Alameda sin hacer nada salvo mirar «al vacío» (1997: 71). Apenas intercambian saludos

---

[23] Varios críticos señalan que Luis Antonio Sensini remite al escritor Antonio Di Benedetto, quien estuvo exiliado en España después del encarcelamiento y tortura por parte de la dictadura militar argentina, así como la novela *Ugarte* apunta a *Zama*. Véase la entrevista de Juan Forn a Roberto Bolaño en el Suplemento literario *Radar* del 5 abril de 1998: http://www.pagina12.com.ar/1998/suple/libros/abril/98-04-05/nota.htm

[24] «Todo aquello no tenía sentido, pensaba, pero en el fondo sabía que tenía sentido y ese sentido era el que me desgarraba, para utilizar una expresión un tanto exagerada que yo, sin embargo, no consideraba exagerada» (2001: 28).

y algunas frases banales o comparten una charla en la mesa de un bar –«El Gusano no discutía nunca, tampoco expresaba opiniones» (77). Sin embargo solo en el momento en que el Gusano cae enfermo y padece fiebre logra hablar de aquello que lo aqueja, de su vida dañada, atravesada por el despliegue de la violencia en su ciudad natal, mientras durante el resto de sus días «nunca más me volvió a hablar de Villaviciosa» (82).

Y aun así, el relato no repone cabalmente la experiencia particular de la violencia sino de un modo vago, al describir la vida en su ciudad Villaviciosa: «Dijo que de los patios escapaba un mal olor que a veces resultaba insoportable […] Dijo que el pueblo tenía entre dos mil y tres mil años y que sus naturales trabajaban de asesinos y de vigilantes» (81). Esta ciudad de Villaviciosa en el Estado de Sonora está cerca de Santa Teresa, y forma parte de toda una geografía de ciudades ficcionales en la narrativa de Bolaño que remiten a los femicidios (de un modo más general nos reenvían a la violencia de la frontera, a la violencia de la guerra de los narcos) de Ciudad Juárez, ausentes en el relato de Gusano. Frente a esta elisión, ante este «secreto», el lector ensaya algunas respuestas y repone lo no dicho tanteando sin garantías de alcanzar la verdad. El lector apela al universo bolañano creado a partir de las conexiones entre sus libros, de la red hipertextual configurada por su obra (Aguilar 2015b)[25].

Además, el texto pone en juego otros procedimiento para ir más allá de la elisión: el empleo del *indicio* (Barthes 1970), por ejemplo a través de la mención de *La caída* de Camus (en dos oportunidades), que permite ligar el texto a la tradición literaria del existencialismo y es una alusión oblicua a la experiencia de la violencia radical. Otro *indicio* emergente de la violencia es la presencia de las armas en el Gusano: la pistola que porta y la navaja de Caborca que le regala al narrador. Este procedimiento alude y repone oblicuamente la «herida» sufrida por el Gusano.

6. Las figuras del doble: el fantasma, lo siniestro y el gemelo

El «fantasma», lo «siniestro» y el «gemelo» constituyen figuras (más que relatos) que despliegan, de diverso modo, la doble dimensión del trauma. Mientras lo «ominoso» descubre cómo en la superficie de lo familiar –*heimlich*– se oculta la profundidad soterrada de lo siniestro –*unheimlich*– (Freud 1988), el

---

[25] Véase el empleo del concepto de «hipertexto» para analizar los múltiples vínculos que recorren la obra entera de Bolaño por parte de Paula Aguilar (2015b).

«fantasma» evoca aquello que ya no es, lo que está ausente, desaparecido, olvidado pero pugna por emerger para ser recordado y reconocido, y el «gemelo» convoca la alteridad que se oculta en el yo y que guarda la herida sufrida.

Lo ominoso y el fantasma se cruzan en el cuento «Detectives» (LLT). Mientras conversan durante un viaje en auto sobre el interés de los chilenos por las armas blancas, sobre los asesinados luego del golpe de estado del '73 y sobre sus actividades como policías durante la dictadura de Pinochet, los dos policías-detectives Arancibia y Contreras recuerdan el momento en que un ex compañero del liceo, Arturo Belano, cayó detenido.

Lo siniestro se revela en la conversión de los antiguos condiscípulos de Arturo en policías torturadores que lo tienen como preso político durante la dictadura chilena: «Así que volví a mirar el espejo y vi a dos antiguos condiscípulos, uno con el nudo de la corbata aflojado, un tira de veinte años, y el otro sucio, con el pelo largo, barbudo, en los huesos, y me dije: joder, ya la hemos cagado, Contreras, ya la hemos cagado» (1997: 133). Por otra parte, reaparece en el mismo espejo en que ambos se miran el fantasma de los presos que han habitado en el calabozo: «vi un enjambre de jetas» (132).

La conversión de los compañeros de liceo en torturadores marca el carácter ominoso de la dictadura, que como un cuerpo ajeno y extraño se revela en el interior de la familia chilena, una sociedad en la cual el culto a las armas blancas —que los dos policías comentan— constituye sin embargo un antecedente de la presencia de la violencia en el imaginario cultural. Vale la pena recordar el comentario de Alicia Migdal sobre la dictadura uruguaya, donde también se filtra el sentido de lo siniestro: «Pero ¿cómo se formaron las larvas del terror en el Uruguay de fiesta democrática? ¿De dónde salieron los torturadores que fueron con nosotros a la escuela laica, gratuita y obligatoria, y vivieron en nuestro barrio, y en determinado momento imprevisible pasaron al acto?» (1992: 26). Estas palabras sintetizan una de las percepciones predominantes sobre las dictaduras en el Cono Sur que las concibe como una ajenidad, una otredad absoluta, el punto más extraño y que sin embargo se revela en el seno de lo familiar (del hogar y de la patria).

En «Joanna Silvestri» (LLT) emergen dos fantasmas, y de hecho esta figura domina el relato como una imagen central, casi como una metáfora del clima de fin de siglo en el que se desvanece lo heroico y reemergen los fantasmas dejados por las dictaduras. El relato se abre justamente con un diálogo entre Joanna y un «detective chileno» sobre los fantasmas: «¿A quién busca este hombre? ¿A un fantasma? Yo de fantasmas sé mucho, le dije la segunda tarde, la última que vino a visitarme» (1997: 159).

El relato de la narradora y protagonista, Joanna Silvestri, una actriz porno de 37 años que en su viaje de trabajo a Los Ángeles en 1990 visita a Jack Holmes, una gran estrella porno de California, cuenta con gran ternura y melancolía la decadencia de Jack, su conversión en una sombra de lo que fuera en otra época, su vejez y decrepitud en soledad. Jack Holmes es, entonces, el fantasma de lo que fue, un ídolo porno, un símbolo de la potencia sexual, una figura a su modo heroica y potente que comienza a borrarse, a desaparecer, a afantasmarse. De allí la preferencia de Holmes por las novelas de misterio en «donde al final el héroe muere» (168). Este cuento se asemeja (casi como un homenaje) al cuento «Jacob y el otro» de Juan Carlos Onetti –con quien comparte la similitud del nombre del protagonista, ya que una de las traducciones de Jack es Jacob–, cuyo héroe en declive es leído por el escritor uruguayo Amir Hamed como expresión de «la caducidad de las épicas» (2013: 155).

Si Jack vehiculiza la pérdida de lo heroico en el fin de siglo (cuyo emblema fue el ideal revolucionario de los sesenta), el fantasma que persigue el detective chileno es su contrapartida (y su reemplazo), ya que «R.P. English» (nombre que refiere a uno de los alias de Ramírez-Hoffman/Wieder, el asesino de *Estrella distante*) es quien ha cometido «barbaridades» (173)[26].

En «Compañeros de celda» el personaje de Sofía, encarcelada a los 23 años, sufre los estragos de esta experiencia a lo largo de su existencia: sólo se alimenta de puré en polvo, teme volverse loca, se enferma, consume pastillas, no sale de su casa, vive a oscuras y desnuda en una vieja vivienda deteriorada, se vuelve impenetrable y va sufriendo un deterioro paulatino. El clímax de su *pathos* lo constituye el intento de asesinato de su ex marido Emilio que lleva a cabo junto con su compañero, acto que parece poner en evidencia el proceso de introyección de la violencia experimentada en su juventud. La caída de Sofía en el ejercicio de la violencia es conducida por su compañero, quien aparece como su «hermano gemelo», su otro yo atrapado en la experiencia carcelaria, de quien finalmente parece liberarse. Lo siniestro ya no se oculta en el otro, sino que se esconde en la propia interioridad del sujeto.

Las figuras del fantasma, del doble siniestro o gemelo, del reflejo distorsionado en el espejo, que acechan continuamente a los personajes bolañanos,

---

[26] En «Tres tentativas en torno a un texto de Roberto Bolaño», Ezequiel de Rosso desarrolla tres interesantes «tentativas» de análisis de este cuento que merecen atención. Mi interpretación se acerca a la tentativa III, que establece equivalencias «en las que básicamente el relato de Jack vale por el de Wieder (R.P. English)», pero entiendo que en esta equivalencia hay una inversión, es decir una «contrapartida» y un «reemplazo» tal como argumento arriba.

constituyen emblemas del *retorno de lo reprimido*, son pulsiones de un *acting out* que no cesa de solicitar su reconocimiento y elaboración.

7. La banalidad de la violencia: entre el equívoco y el azar

De ningún modo la «ficción traumática» agota las múltiples y diversas perspectivas sobre la violencia que Bolaño explora en sus textos. Uno de los relatos que podemos situar en las antípodas de la ficción traumática es «William Burns» (LLT), ya que allí el protagonista que da título al cuento parece en principio ajeno a la violencia −«el norteamericano era ajeno a la violencia» (105)− pero acomete un asesinato en medio de un ataque de furia. Repentinamente −como lo anuncia su apellido− William arde, se incendia, combustiona. William se va sumergiendo en un círculo, en un laberinto de confusiones, equivocaciones y suposiciones que lo conducen al crimen: es un protagonista-narrador (de estirpe onettiana) al que le acontecen sucesos que escapan a su entendimiento. El relato flota en un halo de vaguedad desde el inicio, cuando William decide irse a vivir con dos mujeres (no sabe si son madre e hija) en las afueras de un pueblo de montaña, contratado para cuidarlas de un «asesino» que quería hacerles daño pero asimismo involucrado sentimental o sexualmente con ellas −«Salía con dos mujeres» (1997: 105). Cierta incomprensión y ambigüedad ciñe la perspectiva de William frente a las dos mujeres: «a veces parecían dos viejas enfermas y llenas de rencor; y a veces parecían dos niñas a las que solo les gustaba jugar» (105)[27]. Incluso la casa se convierte en un espacio equívoco, «parecía tener tres plantas cuando en realidad eran dos […] la sensación que producía era de mareo, de exaltación, de locura» (106).

Las mujeres, por su parte, lo van envolviendo en un relato de violencia no solo porque le piden protección frente al «asesino» que según ellas las asedia, sino también por las conversaciones que a Williams le resultan insoportables: «hablaron de niños y sus voces hicieron que se me encogiera el corazón. Yo he visto horrores, maldades que harían retroceder a tipos duros, pero aquella noche, al escucharlas, el corazón se me encogió hasta casi desaparecer» (109). A ello se añade un tercer factor que es el azar, ya que William, en su visita a la ciudad, termina por llevarse de un modo casual el perro de Bedloe y este

---

[27] Abundan las citas que muestran la incomprensión y las dudas de William: «La diferencia de edades no era tan grande como para que se las confundiera con madre e hija, pero casi. En fin, ésas son cosas que un hombre solo puede suponer; nunca se sabe» (105); «Y yo nunca supe cuál perro era de cuál mujer» (105).

acto intrascendente va a desatar la búsqueda de Bedloe, su viaje a la casa de las mujeres, para rescatar el perro y su muerte final a manos de William, llevada a cabo también en un clima de confusión, ceguera y alucinación.

Es, entonces, un acto de furia y violencia que acontece sin ninguna necesidad que termine por justificarlo; por el contrario, se trata de la infeliz suma del azar, el absurdo y lo fortuito, junto con la confusión e incomprensión de William, a la que se añade la imperceptible manipulación de las mujeres que lo conducen a una suerte de paranoia y ofuscación –de la cual finalmente despierta para reconocer el equívoco. El texto no enfoca en una causa determinada, como si se tratara de exhibir cierta «banalidad» (recuperando en alguna medida el término de Hannah Arendt) de la violencia, es decir, la posibilidad de que una sumatoria de motivos y actos más o menos intrascendentes desaten la ira en el más tranquilo de los seres en un momento inesperado: nadie parece estar a salvo de la violencia[28].

En «Putas asesinas» (PA) el *azar* juega un papel decisivo en el ejercicio de la violencia por parte de una mujer despechada, quien elige de un modo fortuito a la víctima masculina a quien secuestra, tortura y finalmente asesina. Se trata de un acto de venganza que recae en una víctima completamente ajena a su vida, dejando en claro que «el azar [...] es el mayor criminal que jamás pisó la Tierra» (127)

8. El relato policial: violencia y clave

Una de las marcas características de los cuentos de Bolaño suele darse en el cierre del relato con una muerte –ya sea un suicidio o un asesinato–, lo que impulsa al lector a indagar las causas, los motivos, las claves en la totalidad que antecede al trágico final; así acontece en «Diario de bar», «Enrique Martín», «Llamadas telefónicas», «La nieve», «William Burns», «Joanna Silvestri», «El policía de las ratas», entre otros. La búsqueda de la «clave» que revele el misterio del caso nos reenvía tanto a la factura del policial y su reescritura en Bolaño como al relato de matriz vanguardista que hace del lector un detective con dotes de hermeneuta –tal como es posible leer en los textos de Jorge Luis Borges o en los de Juan Carlos Onetti, dos de los escritores presentes en el chileno. Como suele suceder en las narrativas que apuestan a la imposibilidad

---

[28] Chris Andrews describe lo que considera cuatro caras del mal en la narrativa de Roberto Bolaño, a saber: las figuras del dictador, del administrador, del psicópata y del cómplice (2011: 37).

de descifrar el mundo, a la incapacidad del ser humano para comprenderlo y menos aún transmitir sus complejidades a través de la palabra, el texto, lejos de revelar las claves, las oculta, las borra, las encripta, las multiplica, las atraviesa con la duda, lo incierto o lo ambiguo, instaurando un juego interpretativo a cargo de un lector curioso y de narradores parciales, torpes, de miras cortas, ofuscados y que saben menos que el mismo texto. En muchos casos, como vimos, la clave se encuentra oculta en el «secreto», en la herida traumática.

El intento por comprender el suicidio final del protagonista recoloca el cuento «Enrique Martín» (LLT) en las tramas del policial. En este relato se narran los avatares de Enrique desde que escribe poesía de dudosa calidad hasta su interés por los platos voladores, junto con su sostenida asistencia a las presentaciones de libros de Arturo Belano, compañero de andanzas literarias con quien mantiene una intermitente comunicación. El ciframiento del significado –que suele tematizarse a veces en el mismo cuento– pone en escena el carácter hermético del relato a través de dos procedimientos: la incomprensión del narrador y el encriptamiento de los textos. El narrador en primera persona –«Arturo Belano»– exhibe una mirada parcial, incompleta, sesgada por su «rencor» con su colega Enrique y atravesada por la incomprensión de lo que acontece, tal como se advierte en las siguientes citas: «Esta parte era ininteligible» (1997: 48); «La carta terminaba con una frase enigmática» (48); «cosas de este tipo, incomprensibles» (49), etc. Por otra parte, Enrique le envía a Arturo textos cifrados –criptografías– constituidos por series de números y por dibujos de planos, que se vinculan con su nueva actividad, el avistamiento de «platillos volantes», y con su colaboración en la revista *Preguntas & Respuestas*. Esta dimensión extrema de lo incognoscible y de lo irrepresentable referida a los platos voladores se ofrece en principio como una parodia y una broma de la voluntad por representar la «alteridad» más radical, aunque también se vincula con el carácter de exiliado que ostenta todo ser humano: «[…] un escritor francés […] que afirmaba que los extraterrestres éramos todos, es decir, todos los seres vivientes del Planeta Tierra, unos exiliados, decía Enrique, o unos desterrados» (48)[29].

El texto finaliza con la imposibilidad del narrador de alcanzar algunas claves: nada obtiene cuando habla por teléfono con la ex compañera de Enrique –«A mí también me gustaría saberlo, dije. Bueno, ya es demasiado tarde, ¿no?,

---

[29] El texto cifrado, la escritura con dibujos o cifras, el grafismo, el acto del desciframiento suelen salpicar algunos relatos de Bolaño: por ejemplo, en «Vagabundo en Francia y Bélgica» el narrador B procura «vanamente descifrar los grafismos de Lefebvre» (2001: 83).

dijo ella. Así parece, dije» (51)–, y finalmente, cuando revisa el paquete que Enrique le dejó en custodia y en el cual «esperaba encontrar números y mapas, tal vez la señal que aclarara su muerte», sólo halla las malas poesías de su amigo que lo impulsan a «huir». Este final irónico instaura una ambigüedad en el carácter «hermético», ya que puede aludir a cierta exacerbación –que resulta paródica– del ciframiento por parte de Enrique y a la burla del propio Belano respecto a estos usos del ciframiento, que le permitiría separarse y distinguir el estatuto de su propio ciframiento (sugestivamente, Enrique escribe los criptogramas en el *reverso* de las invitaciones a la presentación de libros del mismo Belano-Bolaño).

En «Llamadas telefónicas» (LLT) también se tematizan los vericuetos del ciframiento y desciframiento suscitado en torno al asesinato de X que cierra el relato. B, quien mantuvo un vínculo amoroso con X, aparece como uno de los principales sospechosos del crimen. El «significado» y la «interpretación» en este cuento se desenvuelven en diversas y complejas dimensiones: por un lado, la escisión entre la vigilia y el sueño en B, y por el otro las diferentes capacidades de comprensión entre el narrador en tercera persona y el protagonista B.

En la vigilia de B domina la incomunicación y la incomprensión, emblematizadas en el título del relato (y del libro), que hacen del teléfono un mediador opaco, confuso, equívoco aunque inevitable ya que todo pasa por sus cables (podríamos compartir el dicho de Marshall Mc Luhan «el medio es el mensaje»): X rompe su primer noviazgo con B por teléfono; luego de varios años vuelven a contactarse por teléfono; a partir de la segunda ruptura B llama en varias oportunidades a X por teléfono, y finalmente X es asesinada por un antiguo enamorado que le hacía llamadas anónimas por teléfono. B se queja de la distancia y de las perturbaciones que ocasiona el teléfono: «la actitud de X cada vez es más fría, como si con cada llamada B se estuviera alejando en el tiempo» (1997: 64); «ya no soporto estas llamadas telefónicas, quiero verte la cara cuando te hablo» (64); «El tiempo –el tiempo que separa a B de X y que B no logra comprender– pasa por la línea telefónica, se comprime, se estira, deja ver una parte de su naturaleza» (65); finalmente, la última llamada anónima en la que no habla va a dar lugar a la confusión sobre el asesino. El teléfono deviene una metáfora de la débil y dudosa capacidad de la escritura para representar e interpretar el mundo –como lo es el vidrio opaco y enjabonado en los textos de Juan Carlos Onetti.

En cambio, los sueños de B parecen contener la clave de lo que acontece, y a través de ellos el protagonista afirma que ha comprendido quién es el asesino de X. Pero, por otro lado, el primer sueño ya contiene una dosis de olvido que

B elige para sobrevivir en la vigilia, para «salvarse»; así percibe que «el camino del mono es limítrofe, abocado probablemente al fracaso. Pero el mono prefiere *no saberlo* y su astucia se convierte en su voluntad» (64; énfasis mío). De este modo, solo durante el sueño B se acerca a la «verdad» –aun cuando en un primer momento se niegue a recodarla en la vigilia–, una verdad metaforizada en la figura del mono de nieve (recordemos que la nieve remite a Chile) que camina perdido por el desierto hacia el fracaso (y el desierto remite en Bolaño a la barbarie y a la violencia latinoamericanas, aquí asociadas al asesinato de X). En el tercer sueño se le revela «quién es el asesino. Ha visto su rostro» (66). Mientras el texto afirma el descubrimiento del asesino primero por parte de B y luego por la policía, lo que supone dar con la clave, sin embargo los lectores no arribamos a ninguna comprensión de lo acontecido. Si B asegura que ha comprendido el suceso del asesinato de X, mientras «el hermano de X, a su parecer, no ha entendido nada» (67), en cambio el narrador no participa de esa comprensión, no accede a las reflexiones últimas de B sino que se detiene en una descripción al ras y casi fotográfica de los movimientos que observa. Como en una variación –en otra vuelta de tuerca– de Onetti, el narrador en tercera persona conserva sus dotes omniscientes pero no logra explicar nada; es un narrador que describe la superficie de los sucesos pero no los interpreta, y focaliza la voz de B, quien parece saber más que el mismo narrador ya que accede finalmente a una interpretación y a una comprensión del asesinato que sin embargo nos es negada en el texto. La última llamada por teléfono del cuento pone en escena –con ironía– esta propuesta, ya que se nos «informa» la identidad del asesino pero no sus causas ni su significado ni su nombre:

> Una semana después el hermano de X lo llama por teléfono para decirle que la policía ha cogido al asesino. El tipo molestaba a X, dice el hermano, con llamadas anónimas. B no responde. Un antiguo enamorado, dice el hermano de X. Me alegra saberlo, dice B, gracias por llamarme. Luego el hermano de X cuelga y B se queda solo. (67)

Estos cuentos de Bolaño recuperan, entonces, los protocolos del género policial para suspender la resolución del caso y mostrar la imposibilidad de descifrar el mundo y sus claves o de transmitir sus sentidos[30]. La frase que oficia

---

[30] En este punto no nos interesa explorar en profundidad los modos del policial en Bolaño (ello llevaría a escribir otro artículo), solo intentamos colocar el policial en la columna vertebral de las diversas formas en que la violencia (y el secreto) ingresa en los cuentos del escritor chileno. Son innumerables los trabajos críticos que han abordado la cuestión del policial en la obra

como locución-emblema del relato «Enrique Martín» es «La vida no solo es vulgar sino también incomprensible» (42).

9. Literatura y violencia

Como vimos en los análisis de los cuentos, la «literatura» aparece allí como un espacio para explorar la proteica condición de la violencia y sus múltiples y disímiles consecuencias; pero también la escritura es un escenario para tramitar el nudo traumático de la violencia sufrida, para revisar y suturar la vida dañada, y finalmente se convierte en un lugar de memoria para los jóvenes latinoamericanos, los escritores y poetas desaparecidos a lo largo de diversos regímenes opresivos[31].

Algunos relatos tematizan el *topos* de la *salvación por el arte*. Los textos de Bolaño apuestan a la «certeza del arte» frente a «la sangre que es irremediable». En «Días de 1978» (PA), mientras U, el militante chileno de la izquierda armada ya exiliado en Barcelona, termina su vida con un suicidio, el narrador B cuenta el argumento de un film (*Andréi Rubliov*, de Andréi Tarkovski) en el que se exploran las posibilidades de tres artistas —el monje pintor, el poeta satírico y el adolescente huérfano— y se apuesta a la validez del arte frente a las experiencias traumáticas, tal como aparece en la siguiente cita: «la certeza del arte, la sangre que es irremediable» (2001: 75). El film se cierra con el logro de una campana perfecta por parte del adolescente y con el regreso a la pintura por parte del monje, una elección en la que B se afirma al tiempo que se distancia del suicidio de U, del suicidio que siempre ronda a ciertos personajes bolañanos.

«Otro cuento ruso» (LLT) exhibe en clave humorística los avatares y confusiones de la lengua, que en definitiva están en la base de lo incomunicable y del malentendido del arte que acechan los textos de Roberto Bolaño, a partir de un doble juego de palabras: el primero entre la palabra «sorche» (recluta) y «chantre» (maestro de coro), y la segunda entre «coño» y *Kunst* («arte» en alemán). Pero a pesar de esta confusión (aunque sin desconocerla), el cuento propone dos instancias en las que el arte provoca un cambio salvador. En la primera ocasión el protagonista, un recluta español que combatió en la Segunda Guerra Mundial y fue a parar a Rusia, era llamado «sorche» (sol-

---

bolañana, considerando tanto los diversos tipos de policial como sus reescrituras en América Latina y en el contexto de las dictaduras del Cono Sur. Véase Aguilar 2015a.

[31] Paula Aguilar (2015b) trabaja el tópico de la *juventud sacrificada*, de la *juventud castrada* en algunos textos de Bolaño.

dado), término que él mismo transformó en la palabra «chantre» (maestro de coro) como una proyección del deseo que finalmente se convierte en realidad: «Pero de alguna manera, y esto es lo notable, a fuerza de pensarse chantre se convirtió en chantre. Durante la terrible navidad del 41 se hizo cargo del coro que cantaba villancicos mientras los rusos machacaban a los del Regimiento 250» (101). En un segundo momento, cuando es capturado por los rusos, que lo torturan introduciéndole tenazas en la boca, logra decir la palabra «coño», que al ser confundida con el término alemán *Kunst* (arte) le permite salvarse. Vale la pena finalizar el artículo con esta metamorfosis de la tortura a la que es sometida la lengua en la salvación que promete el arte, un itinerario que trazan los cuentos de Roberto Bolaño desde el secreto indecible del mal radical hasta la palabra ahogada del soldado prisionero, configurando una escritura a partir de una lengua dañada:

> El ruso que sabía alemán lo miró extrañado. El sevillano gritaba *kunst, kunst*, y lloraba de dolor. La palabra *kunst*, en alemán, quiere decir arte y el soldado bilingüe así lo entendió y dijo que aquel hijo de puta era un artista o algo parecido. Los que torturaban al sevillano retiraron la tenaza con un trocito de lengua y esperaron, momentáneamente hipnotizados por el descubrimiento. La palabra arte. Lo que amansa a las fieras. Y así, como fieras amansadas, los rusos se dieron un respiro y esperaron alguna señal mientras el sorche sangraba por la boca y tragaba su sangre mezclada con grandes dosis de saliva y se ahogaba. La palabra coño, metamorfoseada en la palabra arte, le había salvado la vida. (104)

Bibliografía

Adorno, Theodor (1962): «El ensayo como forma». En *Notas de literatura*. Buenos Aires: Ariel.

Agamben, Giorgio (2000): *Lo que queda de Auschwitz*. Valencia: Pretextos.

Aguilar, Paula (2014): «*Monsieur Pain* o los comienzos de un escritor melancólico». En *Revista Iberoamericana* LXXX (247), abril-junio: 493-510.

— (2015a): «El "policial traumático" en tres novelas de Roberto Bolaño». En *Badebec* 4 (8), marzo: 313-331.

— (2015b): *Libros de arena, desiertos de horror: literatura y memoria en la narrativa de Roberto Bolaño*. Buenos Aires: Corregidor.

Amar Sánchez, Ana María (2010): *Instrucciones para la derrota. Narrativas éticas y políticas de perdedores*. Barcelona: Anthropos.

Andrews, Chris (2011): «El secreto del mal es un secreto». En Moreno, Fernando (ed.): *Roberto Bolaño. La experiencia del abismo*. Santiago de Chile: Lastarria, 37-44.

BARTHES, Roland (1970): «Introducción al análisis estructural de los relatos». En *Análisis estructural del relato*. Buenos Aires: Tiempo Contemporáneo, 9-43.
BASILE, Teresa (2015): «Prefacio». En Basile, Teresa (ed.): *Literatura y violencia en la narrativa latinoamericana reciente*. La Plata: Editorial de la Universidad Nacional de La Plata.
BOLAÑO, Roberto (1997): *Llamadas telefónicas*. Barcelona: Anagrama.
— (1999): *Monsieur Pain*. Barcelona: Anagrama.
— (2001): *Putas asesinas*. Barcelona: Anagrama.
— (2003): *El gaucho insufrible*. Barcelona: Anagrama.
— (2013): *El secreto del mal*. Barcelona: Anagrama.
BOLAÑO, Roberto & PORTA, A. G. (2008): «Diario de bar». En *Consejos de un discípulo de Morrison a un fanático de Joyce* seguido de *Diario de bar*. Barcelona: Acantilado, 171-182.
BORGES, Jorge Luis (1974): «Poema conjetural». En *Obras Completas 1923-1972*. Buenos Aires: Emecé, 867-868.
DE ROSSO, Ezequiel (2002): «Tres tentativas en torno a un texto de Roberto Bolaño». En Manzoni, Celina (ed.): *Roberto Bolaño. La escritura como tauromaquia*. Buenos Aires: Corregidor, 54-61.
DÍAZ QUIÑONES, Arcadio (1997): «La guerra desde las nubes». En *Estudios. Revista de Investigaciones Literarias* 5: 33-56.
DIDI-HUBERMAN, Georges (2004): *Imágenes pese a todo. Memoria visual del Holocausto*. Barcelona: Paidós.
ECHEVARRÍA, Ignacio (2013): «Nota Preliminar». En Bolaño, Roberto. *El secreto del mal*. Barcelona: Anagrama, 7-11.
FOUCAULT, Michel (1979): «Nietzsche, la genealogía, la historia». En *Microfísica del poder*. Madrid: La Piqueta, 7-29.
FREUD, Sigmund (1988): «Lo siniestro». En *Obras Completas Vol. 13*. Buenos Aires: Hyspamérica, 2482-2595.
GILMAN, Claudia (2003): *Entre la pluma y el fusil. Debates y dilemas del escritor revolucionario en América Latina*. Buenos Aires: Fondo de Cultura Económica.
HAMED, Amir (2013): «Adiós, muchachos». En Basile, Teresa & Foffani, Enrique (eds.): *Onetti fuera de sí*. Buenos Aires: Katatay.
HEMINGWAY, Ernest (2005): *Muerte en la tarde*. Madrid: Espasa.
KRISTEVA, Julia (1988): *Poderes de la perversión*. Buenos Aires: Catálogo Editora.
LACAPRA, Dominick (2008): *Representar el Holocausto. Historia, teoría trauma*. Buenos Aires: Prometeo.
LEVI, Primo (2002): *La tregua*. Madrid: Editorial Nacional.
— (2008): *Trilogía de Auschwitz*. España: El Aleph.
MARTÍ, José (1991): «Madre América». En *Obras completas. Volumen 6*. La Habana: Editorial de Ciencias sociales, 132-140.

— (2005): «Nuestra América». En Marinello, Juan & Achugar, Hugo (eds.): *Nuestra América*. Caracas: Biblioteca Ayacucho, 31-39.
MIGDAL, Alicia (1992): «Imágenes simbólicas y realidades históricas». En Achugar, Hugo & Caetano, Gerardo (eds.): *Identidad uruguaya: ¿mito, crisis o afirmación?*. Montevideo: Trilce.
MUDROVCIC, María Eugenia (1997): *Mundo Nuevo. Cultura y Guerra Fría en la década del 60*. Rosario: Beatriz Viterbo.
PAZ, Octavio (1959): *El laberinto de la soledad*. México: Fondo de Cultura Económica.
PIGLIA, Ricardo (1990): «Tesis sobre el cuento». En *Crítica y ficción*. Buenos Aires: Ediciones Siglo veinte, 83-90.
PLIMPTON, George (1981): *Hablan los escritores*. Barcelona: Kairós.
RAMOS, Julio (1996): «El reposo de los héroes». En *Paradojas de la letra*. Caracas: Ediciones eXcultura, 165-175.
RANCIÈRE, Jacques (2005): *El viraje ético de la estética y la política*. Santiago: Palinodia.
REATI, Fernando (1992): *Nombrar lo innombrable*. Buenos Aires: Legasa.
RENAN, Ernest (1946): *¿Qué es una nación?*. Buenos Aires: Elevación.
SAID, Edward (1985): *Beginnings. Intention and Method*. New York: Columbia University Press.
SEMPRÚN, Jorge (1997): *La escritura o la vida*. Barcelona: Tusquets.
VIVANCO, Lucero de (2014): *Memorias en tinta*. Santiago de Chile: Ediciones Universidad Alberto Hurtado.

Bolaño en sus relatos

Identidad sin rostro o rostro sin identidad en «Llamadas telefónicas» de Roberto Bolaño

Nanne Timmer
Universiteit Leiden

> La literatura se parece mucho a la pelea de los samuráis, pero un samurái no pelea contra otro samurái: pelea contra un monstruo. Generalmente sabe, además, que va a ser derrotado. Tener el valor, sabiendo previamente que vas a ser derrotado, y salir a pelear: eso es la literatura.
>
> Roberto Bolaño

1. Irony's Edge

Con la lectura que expongo en las páginas que siguen me propongo salir a pelear, porque si coincidimos con Bolaño, la literatura, tanto para el autor como para el lector, «se parece mucho a la pelea de los samuráis» (2011: 98): se pelea a sabiendas de que uno va a ser derrotado. Nuestra pelea es con el cuento «Llamadas telefónicas», homónimo del libro en el que fue publicado en 1997. Reducimos la batalla a un sólo cuento para detectar, desde ese minúsculo fragmento de toda la monumental obra de Bolaño, procedimientos textuales presentes en buena parte de la obra de su autor –aun cuando la obra de Bolaño sea un un tejido complejo de personajes, historias y nombres que se interconectan y que se duplican, al que tal vez habría que estudiar más en conjunto; leerlos según aquel consejo de Bolaño sobre la escritura: «lo mejor es escribir los cuentos de tres en tres, o de cinco en cinco» (2010: 7). Dos artículos que analizan este cuento en particular siguen de cierta manera ese consejo: Stéphanie Decante (2003) estudia tres pares de cuentos entre los cuales se encuentra «Llamadas telefónicas», y Sonia Stainfeld (1998), por su parte, elabora algunas observaciones estableciendo sus lazos intertextuales con otros textos como «Clara» y el personaje de La andaluza en *Los detectives salvajes*. Aquí, en cambio, me centro en la unidad del cuento separado de otros textos –una pelea con un monstruo menor, con su *plot* y estructura propia–, a partir de la fórmula del cuento policial y de la estrategia de la ironía. A través del movimiento entre lo dicho y lo no dicho, «Llamadas telefónicas» cumple con la definición que da Linda Hutcheon (1994) de la ironía, de modo que resulta imposible quedarse con un significado estable y no ambiguo, provocando un juego de superficie y de profundidad que se resiste a una interpretación única.

A primera vista, sin embargo, lo que narra el texto se muestra en toda su evidencia, tanto que hasta uno se pregunta el porqué del cuento. El argumento es el siguiente: B está enamorado de X, tienen una relación que se agota después de un tiempo. B llama una vez a X y se queda callado. Un día se presentan dos políticas, A y Z, en la puerta de B, para comunicarle que X ha sido asesinada y se llevan a B a comisaría para hacerle algunas preguntas por sospechoso. Un tiempo después, el hermano de X lo llama y le cuenta que la policía ha atrapado al asesino, un ex-amante de X que le hacía llamadas anónimas. B se alegra de saberlo, cuelga y se queda solo.

Resulta difícil no usar las mismas formulaciones del cuento al resumirlo, porque Bolaño precisamente juega a desnudarlas discursivamente. No hay nombres propios, sino que basta con constatar o registrar las acciones junto con los enigmas que aparentan estar resueltos del todo: asesino detenido, imposibilidad amorosa puesta en evidencia: orden y concierto. Ahora bien ¿qué es lo que hace que el cuento no se cierre allí? La sensación de trampa, desconcierto y hasta engaño que queda en el lector, una sensación quizás algo *edgy* (retomando la noción de ironía de Linda Hutcheon) que ocurre en un «espacio engañoso, impredecible entre expresión y comprensión» (1994: 12; mi traducción).

El lector puede aceptar el guiño de una especie de «no-cuento», y reírse de la libertad que se toma Bolaño para salirse fuera de los caminos esperados de la significación, reconociendo su forma irónica sin captar los movimientos entre los posibles cuentos narrados y no narrados que coexisten en ese espacio *engañoso*. La acción desde la negatividad, la acción que consiste en no hacer algo que se espera, está allí, y en ello reconocemos uno de los primeros usos de la ironía ya definido por la retórica clásica.

2. Ruptura del pacto de ficción

Si nos fijamos mejor en la estructura y el tono del cuento, hay muchos indicios que desafían el pacto de ficción, entendiendo por tal el pacto establecido entre autor y lector implícitos que hace que, como lectores, nos decidamos a creer lo inventado presentado por un narrador. Entramos al mundo ficcional identificándonos, sufriendo o alegrándonos con alguno de los personajes, pero esto se complica si el texto deja huellas que muestran que es tan sólo un artefacto, es decir, si encontramos indicios metaficcionales. El lenguaje tan minimalista desafía la narración de un mundo posible y deja en evidencia el esqueleto del cuento. Todos los ingredientes básicos que pudieran convertirlo en un cuento de amor o en un cuento policial se muestran abierta e irónicamente. Como veremos, su texto no pertenece a ninguno de estos dos géneros: es otra cosa bien distinta, como si se tratara de un cuento en proceso, de un esquema narrativo.

La estructura del relato, entonces, deja en evidencia las fisuras de su propia construcción. Luego de una introducción sobre una trágica historia de amor, el narrador dice irónicamente que «hasta aquí la historia es vulgar. Lamentable, pero vulgar» (69), lo cual cómicamente aleja al lector de una posible actitud de identificación con alguno de los personajes y comunica el inicio del *suspense* de la supuesta trama. Es allí cuando se introduce el elemento del asesinato, mediante el cual se inscribe el cuento dentro de la lógica del cuento policial, bajo las coordenadas del realismo del siglo XIX. En este momento, el narrador alude a un pacto de ficción y a un horizonte de expectativas del lector –que debe aceptar ciertas cláusulas, como la solución del enigma–, para romperlo más adelante. El lector queda a la espera de la aparición en escena de los supuestos sospechosos para participar en la revelación del enigma como un verdadero lector-detective:

> En el texto policial, la estrategia generativa es la del desafío. El autor inventa una realidad que encierra un crimen, generalmente un asesinato, plantea como misterio la identidad de la persona que lo ha cometido y por último, crea un personaje que resuelve el misterio al final de la narración: el detective. El misterio de la narración desafía al lector y evoca una estrategia interpretativa contrapuesta a la generativa: el lector modelo es una persona que se deja intrigar por el misterio e intenta llegar a una solución –encontrar al culpable– antes de que el detective se la revele. (Klinting 1998: 145)

Según Todorov (1992), en el relato policial se encuentran dos historias: la del crimen –lo que efectivamente ocurrió– y la de la investigación –cómo el lector o el narrador toman conocimiento de los hechos. En este cuento de Bolaño, en realidad, tanto una como la otra se frustran. No cuenta ni cómo sucedió el crimen ni tampoco cómo B tomó consciencia de quién fue el asesino, ni hay ningún elemento presente que permita al lector tomar consciencia clara de qué ha ocurrido y cómo se percibe. La estructura del relato policial actualiza la lógica del cuento moderno, que juega a ser una revelación y una ocultación de una historia o lógica secreta (Piglia 1999). En su lectura de Borges, por su parte, Klinting señala que

> Invirtiendo la fórmula de Coleridge según la cual toda lectura parte de una suspensión de la incredulidad del lector (Koelb 15-27), Borges le atribuye al lector moderno una forma de lectura que se basa en la suspensión de la credulidad. (Klinting 1998: 146)

El lector-detective no acepta el final tan aparentemente gratuito en el cual un anónimo es culpable del asesinato de X. Es difícil aceptar la verosimilitud de ese final por la lógica a la que apela el pacto ficcional. Como buenos detectives, entonces, retomemos dos frases del resumen: «B llama una vez a X y se queda callado [...] la policía había atrapado al asesino, un ex-amante de X que hacía llamadas anónimas». Según la lógica ficcional, entonces, tenemos en realidad a un solo sospechoso: B. La pregunta sobre quién asesinó a X se convierte, en una mejor lectura, en la pregunta ¿B es culpable o no?

3. El desdoblamiento de B y la voz narrativa

Si tomamos en cuenta la hipótesis de la culpabilidad de B, con no mucha dificultad se encontrarán razones, pistas y argumentos que la avalen. Para empezar, el hecho mismo de que todo el cuento gire alrededor del sentimiento de intranquilidad de B con respecto a su relación con X y con la historia de su asesinato. Es más: en realidad ¿quién nos cuenta toda la historia que llega a confirmar la inocencia de B al oír que la policía cogió el asesino? Un narrador en tercera persona, aparentemente fuera de la escena, heterodiegético, que con tono seco describe los hechos, algo que daría un tono de objetividad a la información:

> Si el lector y el detective son dos «astillas del mismo palo» –y lo mismo puede decirse del autor del texto en relación al autor del crimen– no hay límite entre el crimen perfecto y una trama narrativa perfecta [...] Esto no hace del autor un

asesino, pero sí un sujeto culpable, o por lo menos responsable, de una realidad textual no transparente. (Klinting 1998: 146)

De modo que leyendo «mejor», también podemos tener sospechas de lo fiable que es la información que nos da el narrador del relato. La percepción del narrador en tercera persona se restringe a aquello que percibe, ve, oye y opina B. En realidad parece ser más bien B mismo el que se disfraza de narrador en tercera persona para comentar sobre su relato, en vez de tratarse realmente de un narrador externo. Una especie de doble de la propia voz narrativa (lo cual no nos sorprende si se toma en cuenta que B en otros textos de Bolaño juega a ser una de sus presencias autoficcionales). Es más, ese narrador sólo sabe lo que sabe B conscientemente, por ejemplo:

> Sus cuidados remedan los cuidados de un enamorado verdadero. B no tarda en darse cuenta de esto. Intenta que salga de su depresión, pero sólo consigue llevar a X a un callejón sin salida o que X estima sin salida. A veces, cuando está solo o cuando observa a X dormir, B también piensa que el callejón no tiene salida. (2010: 68)

Dada la disimulada distancia en tercera persona y su real identificación con B, el narrador no parece ser fiable: tal vez no nos muestre todo lo que sabe. Si en el relato policial suele leerse cómo el narrador toma conocimiento de los hechos (Todorov 1992), aquí éste no muestra ningún descubrimiento. Hay, sin embargo, un indicio de toma de conciencia por parte del personaje B, como muestra esa voz narrativa que tiene acceso absoluto a los pensamientos y hasta los sueños de B: «Al cabo de un rato, agotado, cae en un sueño profundo. X, como no podía ser menos, aparece en su sueño. Al despertar cree saber quién es el asesino. Ha visto su rostro» (70).

La anterior es una de las frases más enigmáticas del cuento. ¿Qué rostro ha visto B? Hasta este momento sólo han sido mencionados como personajes el propio B, X (muerta) y el hermano de X (que está en un plano totalmente secundario y tiene poco que ver con relación a la solución del enigma). Según la lógica ficcional el único rostro que puede haber visto es el suyo propio, lo cual nos lleva a otro indicio de la culpabilidad de B. El hecho de que en el último párrafo del cuento el narrador en tercera persona tome distancia, y que precisamente no intervengan allí los pensamientos o sentimientos de B, es también sospechoso. El desenlace, tan abrupto y sin mayor explicación, y sin tampoco dar señales de intrigas e inquietudes explícitas de B, deja más preguntas:

Una semana después el hermano de X lo llama por teléfono para decirle que la policía ha cogido al asesino. El tipo molestaba a X, dice el hermano, con llamadas anónimas. B no responde. Un antiguo enamorado, dice el hermano de X. Me alegra saberlo, dice B, gracias por llamarme. Luego el hermano de X cuelga y B se queda solo. (71)

Que sea precisamente al final cuando no haya focalización interna o delegada de B («B no responde», «Me alegra saberlo») es otra de esas pistas que al lector entrenado le hace verlo como sospechoso. Y es allí cuando todo *en el texto* empieza a encajar y parece llevar hacia la culpabilidad de B. Es B mismo quien nos cuenta tan disimuladamente el asesinato de X: entonces, el lector del cuento policial lentamente recobra la satisfacción de la vuelta a un orden de mundo resuelto, con enigma solucionado. Sin embargo, este lector que participa de un juego irónico y que adopta la posición del detective al buscar una solución, se ve convertido en poco tiempo en cómplice de la velada confesión de un crimen por parte del narrador. «Asesino o detective, no hay otra elección para el hombre», dice Bolaño (2011: 109). Y en otra parte: «Creo que hay deudas y responsabilidades e incluso culpas, en el sentido judeocristiano del término, que determinan no sólo la lectura, sino incluso la escritura» (2011).

4. ¿B CULPABLE O INOCENTE?

Más que detective, para mayor incomodidad ahora el lector está puesto en el lugar del juez. En el cuento policial resuena ese realismo del siglo XIX, contemporáneo a la búsqueda por parte de las sociedades de métodos para definir la identidad de un individuo a partir de mediciones y fotografías, con el fin de identificar a los criminales sin posibilidad de duda (Agamben 2011). Pero poco a poco se empieza a desligar la identidad de la máscara (persona) de la vida social, y la sociedad contemporánea se queda con la identificación biométrica del individuo: una *nuda vida*, algo biológico, unas huellas dactilares a partir de las cuales parece posible establecer una identificación. Es decir: ya no es la máscara, el rostro, la persona ni la personalidad ni el nombre de una persona lo que distingue a un individuo de otro. En este cuento de Bolaño, curiosamente, no existen los nombres propios, sólo las iniciales –algo que recuerda a los informes policiales–, y el enigma del lugar vacío del rostro buscado es la dinámica que pone en juego toda la búsqueda de un culpable. Y en la lectura que he propuesto hasta ahora –y con la que, por supuesto, juega el propio texto–, seguimos precisamente esas pautas del realismo decimonónico.

El único momento en el que se identifica al asesino en el cuento es después del sueño de B, quien, al despertar, «ha visto su rostro». Anteriormente sostuvimos esto como pista para probar la culpabilidad de B, pero podemos hacer aquí exactamente lo contrario. El enigma de cuál es el rostro del asesino, el lugar del asesino, sin nombre, sin rostro, tiene que ser llenado con una identidad. Es ése el drama de B y el nudo del cuento, que gira alrededor de la culpabilidad o inocencia del protagonista. Cuando B ve el rostro del asesino en su sueño, ¿es un sujeto que no reconoce su propio rostro? En otros textos de Bolaño las identidades pueden presentarse cambiantes y sujetas a juegos y sustituciones, como también lo muestra el gesto autoficcional. En el cuento los sueños son momentos de entendimiento de algo por parte de B, y hacen evocar un pasaje de «Un paseo por la literatura» en el poemario *Tres*, donde el sueño ofrece una perspectiva anamórfica: «56. Soñé que un hombre volvía la vista atrás, sobre el paisaje anamórfico de los sueños y que su mirada era dura como el acero pero igual se fragmentaba en múltiples miradas cada vez más inocentes, cada vez más desvalidas» (Bolaño 2000: 105). En «Llamadas telefónicas» también se trata de un sueño donde el sujeto ve lo que ya sabe pero desde otro ángulo, y en ese mirar se multiplica y se expande. Esa ambigüedad de la anamorfosis viene dada también por el mecanismo de la ironía de este cuento, y se condensa en el momento central del sueño cuando el rostro del asesino se ve. ¿Y si lo que B vive es la horrorosa sensación de un desdoblamiento entre su ser y el del asesino?

> B le dice que una vez llamó a X y que no habló. Qué putada, dice el hermano de X. Sólo lo hice una vez, dice B, pero entonces comprendí que X solía recibir ese tipo de llamadas. Y creía que era yo. ¿Lo entiendes? (2010: 71)

B nota en la seca reacción de X que ella solía recibir más llamadas anónimas, y que sospechaba que era B quien las realizaba. Por lo tanto, no sólo los lectores del cuento policial, sino también X lo ha identificado con el hombre que luego resultará ser su asesino. Como hac notar Decante Araya, esto produce en B una «dolorosa perplejidad» y «el terror culpable [...] se filtra por su piel» (2003: 126-127). Es la confusión entre la voz de B y la del asesino la que genera ese desdoblamiento, esa náusea de culpabilidad:

En el ascensor B siente deseos de vomitar. Lo dice: voy a vomitar. [...] Está sudando y le duele el estómago, pero no puede vomitar. El inodoro, con la tapa levantada, le parece una boca toda encías riéndose de él. O riéndose de alguien, en todo caso. Después de lavarse la cara se mira en el espejo: su rostro está blanco como una hoja de papel. (Bolaño 2010: 71)

El rostro que no define a nadie es el que ha visto B y que vuelve a ver aquí en el espejo: un rostro que es él, que puede ser él, un rostro que ocupará el lugar del asesino, del culpable, y que cualquiera puede ocupar. Además, la culpabilidad de un ex-amante que molestaba por teléfono a X es terriblemente cercana a B, al punto de constituirse como una especie de doble. Una cercanía, un doble que da náuseas, entre el movimiento de extrañeza y reconocimiento del yo: es la náusea de un sujeto que por ser juzgado –ya sea por sí mismo o por el lector, o implícitamente por la confusión de su ex-amante– ve el rostro de un doble que hace que ya no pueda asumir su inocencia, porque ésta, irónicamente, sólo existe si ni siquiera se entra en el proceso jurídico. ¿No es acaso más terrible ser inocente y no tener absolutamente ninguna explicación para el orden de las cosas (lo que, además, deja una terrible culpa en el superviviente)?

Decante Araya señala que puede detectarse una «isotopía del rostro» (2003: 127) en el texto; en esta línea, interesa mostrar el paralelismo entre esa isotopía y algunas ideas de Giorgio Agamben acerca de la «Identidad sin persona», tal como son elaboradas en *Nudities*. Porque es alrededor de esa identidad sin rostro que B ve en el espejo, y que jamás verá del asesino, que giran las dinámicas biopolíticas en el mundo moderno.

Agamben (2011) explica que no es tanto la resolución de un juicio lo que prueba la culpabilidad de un individuo, sino el hecho mismo de ser juzgado: el proceso jurídico de cuestionar la culpabilidad o la inocencia de una persona. Sólo se puede ser inocente si ni siquiera se entra en el proceso jurídico. Es así como se somete al individuo a la ley, y es así como todos entramos en la sociedad moderna como *nuda vida* que puede ser condenada y manipulada en un sistema que no ve ni rostro ni persona (persona que, en el texto de Agamben, es la máscara, el papel social, como lo explica etimológicamente) en la definición de la identidad. Es precisamente la respuesta de B a la confusión entre su voz y la del asesino lo que hace que se entre en el proceso que pone en cuestión la culpabilidad o inocencia de B.

El cuento lanza preguntas acerca de la complicidad como lector o como doble del asesino, y activa, por así decir, nuestra pérdida de la inocencia a través de la narración y la lectura. No hay narración y justicia, sólo narración y visibilidad de vidas insignificantes en un anonimato que escapa de la razón. Bolaño hace que nos preguntemos si de verdad contamos con las capacidades para leer nuestro mundo y dar una explicación. Con humor, nos lleva a ver lo más terrible; usando la fórmula del cuento policial, hace que reboten en nosotros preguntas esenciales acerca del orden del mundo, y al final nos deja con las manos vacías. Nos invita así a abandonar aquella posición que busca juicios o denuncias, o que intenta llegar a un juicio final o a un cierre del sentido, para preguntarnos, como sugiere Sánchez Lopera, «si somos capaces de dejarnos atravesar por su clamor ético» (2012: en línea).

Bibliografía

Agamben, Giorgio (2011): *Nudities*. New York: Stanford University Press.
Bolaño, Roberto (2000): *Tres*. Barcelona: Acantilado.
— (2010): *Cuentos*. Barcelona: Anagrama.
— (2011): *Bolaño por sí mismo. Entrevistas escogidas (edición revisada)*. Santiago de Chile: Ediciones Universidad Diego Portales.
Decante Araya, Stéphanie (2003): «Llamadas telefónicas: claves para una escritura paratópica». En Moreno, Fernando (ed.): *Roberto Bolaño, una literatura infinita*. Poitiers: Centre de Recherches Latino-américaines / Archivos, Université de Poitiers, 125-136.
Hutcheon, Linda (1994): *Irony's edge: the theory and politics of irony*. London / New York: Routledge.
Klinting, Hanne (1998): «El detective lector y el lector detective. La estrategia interpretativa de Isidro Parodi en "Las previsiones de Sangiácomo"». En *Variaciones Borges* 6: 144-159.
Piglia, Ricardo (1999): «Tesis sobre el cuento» / «Nuevas tesis sobre el cuento». En *Formas breves*. Buenos Aires: Grupo Editorial Temas, 89-134.
Stainfeld, Sonia (1998): «Relaciones intertextuales en la obra de Roberto Bolaño: huellas dejadas por la andaluza». En *Iberoamerica global* 1 (4): 195-216.
Sánchez Lopera, Alejandro (2012): «Por una ética del desorden en América Latina». En *Nómadas* 37: <http://www.scielo.org.co/scielo.php?pid=S0121-75502012000200008&script=sci_arttext>.
Todorov, Tzvetan (1992): «Tipología del relato policial». En Link, Daniel (ed.): *El juego de los cautos. Literatura policial de Poe al caso Giubileo*. Buenos Aires: La Marca.

Hacia una complejización de la figura del escritor: mecanismos consagratorios e imprevisibilidad en «Una aventura literaria»

Laura Fandiño
Universidad Nacional de Córdoba

Introducción

Un aspecto distintivo de la producción de Roberto Bolaño es la preferencia del autor por el tratamiento de temas vinculados al ámbito de la literatura. Los escritores, su desconocimiento o reconocimiento, los premios literarios, las publicaciones, se dan cita de manera frecuente en sus ficciones. Esta recurrencia temática no es ajena a varios de los textos que constituyen su narrativa breve, como se advierte, por ejemplo, en *Llamadas telefónicas*, publicado por primera vez en 1997. Tres de los cinco relatos que constituyen la primera parte del contario, «Sensini», «Henri Simon Leprince» y «Enrique Martín», tienen como protagonistas a escritores que padecen el anonimato, el fracaso y la derrota –literaria, política, existencial–, que están insertos en contextos hostiles, asediados por la falta de dinero, de reconocimiento o por la locura. Sin embargo, en todos ellos es posible reconocer algo heroico que otorga un sentido épico a la derrota. El último relato, que da nombre al volumen, es una historia de amor que, si bien no involucra al mundo de la literatura, tiene en común con los textos anteriores los avatares de la tragedia humana.

Ateniéndonos a esta parte de *Llamadas telefónicas* y a las recurrencias señaladas –la presencia de escritores fracasados, no reconocidos, y la tragicidad que atraviesa las historias de los personajes–, el cuarto relato, «Una aventura literaria», puede leerse en el conjunto como una línea de fuga puesto que el escritor protagonista logra salir del anonimato y su tragedia, limitada a una acción literaria que atormenta su conciencia, cuenta hacia el final con posibilidades de revertirse. Por ello es el texto menos heroico, en el sentido de que no sigue la línea de la épica de la derrota.

«Una aventura literaria» resulta interesante además ya que complejiza algunas de las imágenes normativas del escritor tramadas desde los discursos literarios, académicos y ensayísticos, entre otros, superando la dicotomía entre escritores consagrados y escritores marginales imperante también en otros textos de Bolaño. La diégesis recrea algunas zonas del campo literario (como posiciones de los escritores y mecanismos de legitimación) y construye el elemento novedoso por medio de la inserción de un acontecimiento imprevisible para el protagonista: tras realizar una sátira de un escritor consagrado en un capítulo de su novela, recibe por toda respuesta una crítica elogiosa de este cuya eficacia se mide «en un discreto éxito de ventas» (53).

Valiéndonos de los aportes de Pierre Bourdieu (1997) en torno al estudio del campo literario y sus vinculaciones más o menos dependientes con el campo de poder, nos interesa detenernos en la distinción que realiza el sociólogo francés entre *principios de jerarquización externa* y *principios de jerarquización interna*. Los primeros aluden a la subordinación que algunos escritores mantienen respecto de los requerimientos del «gran público», lo que se traduce en el triunfo comercial o éxito de ventas de sus productos así como en el reconocimiento que reciben. Los segundos, en cambio, implican el reconocimiento consagratorio que deviene de los pares. En este caso, el prestigio del escritor se instituye incluso por la declarada oposición a seguir las tendencias marcadas por el «gran público». Si tenemos en cuenta la trayectoria de Bolaño, resulta evidente que el autor se mantuvo siempre en la estela de los principios de jerarquización interna: en diversos textos ha manifestado un rotundo rechazo hacia los escritores que se subordinan a la lógica del mercado. En el ensayo «Los mitos de Chtulhu», publicado en *El gaucho insufrible* en 2003, cuestionó a este tipo de escritores así como a los críticos que favorecen la lectura para el consumo. En efecto, la legitimidad de Bolaño proviene de unos mecanismos, si bien no del todo ajenos al mercado –publicó la mayor parte de su obra en Anagrama–, propios del campo literario, como el reconocimiento de sus pares (inicialmente de Rodrigo Fresán, Jorge Luis Volpi, Juan Villoro, entre otros), de críticos especializados (Ignacio Echevarría, Patricia Espinosa, Celina Manzoni), y el recibimiento de premios consagratorios (Herralde de Novela y Rómulo Gallegos, por mencionar dos ejemplos elocuentes). Quizás uno de los indicadores más importantes de que el autor se movía en el plano estrictamente literario es que logró generar sus propios lectores y ser reconocido por la elaboración de una propuesta estética innovadora que produjo indudablemente un nuevo acontecimiento en el terreno del canon literario.

Los textos de Bolaño recrean diversas imágenes de escritores: los que buscan legitimarse para el gran público, los marginales, los fracasados, los consagrados. «Una aventura literaria» retoma algunos de los componentes que hacen a los principios de jerarquización interna del campo literario, dando cuenta de algunas modalidades de su funcionamiento, y a través de ellos explora las tensiones por las que atraviesa un escritor en su tránsito hacia la consagración.

Los escritores y los mecanismos de consagración

Arturo Belano y Arturo B son los *alter ego* de Bolaño en algunas de sus ficciones. Estos dobles del autor constituyen una de las estrategias en el seno de su poética para con-fundir la vida y la literatura pulverizando la separación tajante entre autor y obra, autor y narrador o autor y personaje. Las diversas manifestaciones de estos dobles cuentan con una recurrencia: la vida atravesada por los avatares de la literatura, en cuyo campo ocupan la posición del escritor marginal. En «Una aventura literaria», B –personaje en otros relatos del mismo contario– puede interpretarse como otra flexión del *alter ego* (B = Bolaño). La denominación de este personaje configura también una imagen normativa de escritor que puede incluir la de Bolaño antes de su consagración a mediados de la década del noventa[1]: esto es, el escritor que carece de fama y dinero, que publica poemas en revistas minoritarias y tiene, por tanto, pocos lectores[2].

El narrador omnisciente focaliza en la historia de B, una aventura literaria que se construye fundamentalmente por las conjeturas de este personaje como efecto de la sátira que realiza de A, otro escritor que, a pesar de compartir ciertas similitudes con el primero –como la procedencia socioeconómica y la base cultural así como la orientación ideológica–, ha logrado posicionarse en un lugar destacado del circuito legitimado de las letras españolas:

---

[1] El texto de Jorge Herralde *Para Roberto Bolaño* (2005) ofrece una descripción de las relaciones de Bolaño con las instancias de consagración que permiten seguir sus posiciones en el campo literario en un tránsito que parte de una posición marginal, cuando el escritor formó parte del grupo infrarrealista durante el periodo que vivió en México DF en los setenta, y que desemboca en el éxito que lo legitima hacia fines de la década del noventa a partir de los premios Rómulo Gallegos y Herralde de Novela, ambos por *Los detectives salvajes*, publicado en 1998.

[2] Esta imagen del escritor marginal es la que Bolaño construyó de sí mismo y del colectivo infrarrealista a través de *Los detectives salvajes*, y que recreó también a través de varios personajes de otras novelas y cuentos.

A, al principio desde los periódicos pero cada vez más a menudo desde las páginas de sus nuevos libros, pontifica sobre todo lo existente, humano o divino, con pesadez académica, con el talante de quien se ha servido de la literatura para alcanzar una posición social, una respetabilidad, y desde su torre de nuevo rico dispara sobre todo aquello que pudiera empañar el espejo en el que ahora se contempla, en el que ahora contempla el mundo. Para B, en resumen, A se ha convertido en un meapilas. (2006c: 52)

La imagen que se introduce de A, entonces, es la del escritor consagrado cuyos juicios sobre materia literaria tienen un peso decisivo. La cita evidencia una característica clave que distingue al campo literario de otros: la posibilidad de acceder a él no requiere necesariamente la posesión de capital heredado o conseguido en otros campos, sea este político, económico o académico, por lo que sus fronteras, si bien «controladas», se caracterizan por una permeabilidad de la que carecen otros espacios sociales. La legitimidad obtenida en el ámbito literario otorga a A una serie de beneficios que se traducen, por una parte, en el capital simbólico que habilita sus juicios críticos con valor de dogma, y por otra en el económico, ya que, proveniente «de la pequeña burguesía o de un proletariado más o menos acomodado» (52), pasa a habitar «su torre de nuevo rico». El campo literario aparece así como tierra fértil para el ascenso social ligado en la cita a la noción de «respetabilidad». Con este término, de uso frecuente además en diversos textos ensayísticos y en entrevistas, Bolaño desdeña a los escritores que utilizan los beneficios obtenidos en el ámbito literario para estrechar relaciones con el campo del poder político o económico[3]. En tal sentido ha arremetido también, incluso en sus ficciones, contra los escritores que pasan a cumplir funciones en las burocracias estatales[4]. El personaje de A se asocia, en efecto, a la imagen de un «Catón de las letras (*y de la política*) españolas» (57; énfasis mío), lo que afirma el vínculo entre legitimidad literaria

---

[3] Señaló Bolaño: «Los escritores actuales no son ya, como bien hiciera notar Pere Gimferrer, señoritos dispuestos a fulminar la respetabilidad social ni mucho menos un hatajo de inadaptados sino gente salida de la clase media y del proletariado dispuesta e escalar el Everest de la respetabilidad, deseosa de respetabilidad» (Bolaño 2004: 172).

[4] Como ejemplo, recordamos el siguiente pasaje de la novela *Amuleto*: « […] una masa informe pero viva cuya meta era sacudir la alfombra o la tierra feraz en donde pastaban como estatuas Pacheco y el griego de Guanajuato o Aguascalientes o Irapuato, y el gordito a quien el paso del tiempo había convertido en obsecuente gordo seboso (como pasa a menudo con los poetas), y los Poetas Campesinos cada día más y mejor instalados (pero qué digo, aposentados, atornillados, enraizados desde el principio de su tiempo) en la burocracia (administrativa y literaria)» (Bolaño 1999: 56).

y poder político. Por otra parte, la referencia a Catón, personaje histórico de origen plebeyo conocido por su labor de censor en defensa de las tradiciones romanas, actualiza una imagen del poderío de A en torno a todo aquello acerca de lo que discurre (contra la pornografía, contra el mercantilismo del arte contemporáneo). En relación con esta semblanza del escritor legitimado, resulta interesante que el narrador diga que A «pontifica», término de raigambre religiosa, pues éste se liga estrechamente con una palabra que asume el valor de dogma, que tiene el monopolio de la consagración y por tanto el poder de canonizar[5].

El rechazo inicial de B por A –y, en consecuencia, por esta figura arquetípica de escritor– recrea la posición de aquellos que luchan por legitimarse promoviendo una relación de oposición y ruptura con los antecesores consagrados, como un modo distintivo de situarse en el campo que conlleva una identidad diferencial. El aire de gazmoñería de los escritos de A y su actitud de pontífice de las letras le resultan a B insoportables. En la creación literaria de B, este rechazo se trama a modo de burla por medio de un personaje, Álvaro Medina Mena. Como estrategia de enmascaramiento B utiliza una serie de desplazamientos: «en donde A despotrica contra la pornografía, Medina Mena lo hace contra la violencia, en donde A argumenta contra el mercantilismo en el arte contemporáneo, Medina Mena se llena de razones que esgrimir contra la pornografía» (53)[6].

En contraste con el letrado que goza de legitimidad, la imagen de B es la del escritor que ha pasado muchos años en el anonimato. Lo previsible para B luego de la publicación de su texto es, acorde a sus conjeturas, el silencio de A o, en todo caso –y habida cuenta de la investidura de este como escritor y

---

[5] En este sentido, recordamos que el origen de la noción de «canon» proviene, en una de sus vertientes –la otra es la música–, de la liturgia, en donde se emplea «con un alcance regulador, interpretativo y consagratorio» (Jitrik 1998:19).

[6] En la obra de Bolaño, atravesada por el juego de dobles y espejos, es posible advertir también esta estrategia de desplazamientos con una finalidad satírica que apunta a ciertos sujetos del ámbito literario. Un ejemplo elocuente es la presencia del sacerdote Ibacache en *Estrella distante*, publicado por primera vez en 1996, quien realiza una crítica periodística a través de la cual prestigia la labor del artista asesino Carlos Wieder. Este crítico es recuperado y reconvertido en protagonista en *Nocturno de Chile*, publicado en el 2000, novela que profundiza la mirada cuestionadora respecto de la ciudad letrada chilena durante la dictadura pinochetista y en la que aparece una galería de personajes referenciales que conforman una suerte de aristocracia de las letras. En este sentido, la estrategia llevada a cabo por B en el cuento remeda un procedimiento utilizado por el autor en textos publicados con anterioridad y posterioridad al cuento que nos ocupa.

crítico–, una sanción condenatoria. La respuesta obtenida, el elogio, le resulta entonces imprevisible.

Estas posiciones diseñadas por el relato, la del escritor marginal y la del consagrado, habilitan una reflexión en torno a la problemática del canon. Algunos de los escritores de las ficciones bolañanas no solo fracasan en el campo literario por las críticas demoledoras a sus producciones o porque estas no reciben ningún tipo de atención (no son comentadas, reseñadas, analizadas, esto es, valoradas y reconocidas como obras de arte) por parte de los críticos u otras instancias consagratorias; en algunos casos, son escritores que producen por fuera de toda aspiración canónica y se mantienen en una suerte de línea secreta de la literatura. Por otra parte, los críticos –a veces también escritores– aparecen como una de las fuentes principales de formulación, vigilancia y control del sistema consagratorio[7].

En sus reflexiones en torno al canon, Noé Jitrik (1998) distingue dos formas posibles de la marginalidad frente a este sistema cuya función principal es la de regular y administrar la conservación, el ingreso y la exclusión de las obras:

> [...] en el primer caso eso [la marginalidad] puede ocurrir por un rechazo decidido y consciente de lo canónico vigente en un momento determinado, llevado a cabo a sabiendas de lo que eso puede implicar; en el segundo, por desconocimiento de la existencia de los cánones o por un espontáneo situarse fuera del universo legal de producción artística, más allá de todo saber acerca de los cánones. (22)

Ahora bien, la posición inicialmente marginal de B no implica una falta de entendimiento de la exigencia canónica, es decir, el personaje no desconoce el sistema regulatorio sino que precisamente parte de uno de sus engranajes –la figura del crítico fuerte– para atacarlo. Si bien no es clara la intención del personaje en cuanto a su aspiración a ingresar o no en el sistema legitimado –lo que puede deducirse de su concepción del otro, del escritor consagrado–, se trata de una visión que se vincula a una de las fuentes que sostiene y controla el canon con el arte oficial y el poder

La historia del vínculo con A registra el tránsito de la posición marginal de B a la emergencia de su nombre en zonas de legitimidad del campo literario:

---

[7] Ejemplos elocuentes de estas figuras en la obra de Bolaño son los personajes de Urrutia Lacroix, en *Nocturno de Chile*, y los críticos europeos que consagran la obra de Archimboldi en *2666*.

El libro de B se publica –es la primera vez que B publica en una editorial grande– y comienza a recibir críticas. Al principio su libro pasa desapercibido. Luego, en uno de los principales periódicos del país, A publica una reseña absolutamente elogiosa, entusiasta, que arrastra a los demás críticos y convierte el libro de B en un discreto éxito de ventas. (53)

A través de este conjunto de enunciados el relato registra el modo de funcionamiento de los mecanismos consagratorios que implican un engranaje particular: la publicación en una editorial grande, de prestigio, el comentario elogioso en un periódico importante de un escritor-crítico cuya palabra funciona como principio de autoridad, el efecto «contagio» por el que otros críticos leen y ponderan una obra y, finalmente, el impacto de todos los dispositivos anteriores en las ventas. Como se observa, en el proceso consagratorio entran en juego inicialmente principios de jerarquización interna que dan cuenta de la relativa autonomía del campo literario y del impacto que este es capaz de producir en el mercado. Así, el relato hace foco en la importancia de la valoración socialmente instituida del producto, que pasa a ser distinguido como obra de arte por medio de un conjunto de mecanismos legitimadores.

El conflicto del relato se desata, como observamos, por un acontecimiento imprevisible para B –pero posible en el seno del campo literario por su particular elasticidad y su débil grado de codificación (Bourdieu 1997: 335): la crítica elogiosa de su libro por parte de A. La serie de reflexiones paranoicas del protagonista en torno a este evento introduce entonces la idea del fracaso de la acción rebelde ante lo consagrado, en la medida en que esta es absorbida y legitimada a través de la valoración positiva de la novela por parte de quien es, solapadamente, el adversario.

El descolocamiento que la acción de A produce en B genera una modificación de la perspectiva de este último que se construye, con posterioridad a la enunciación del conflicto, en zonas de ambigüedad respecto de la imagen del primero –allí se inscribe una de las modalidades del humor bolañano. Luego de los elogios a la primera novela de B, A sigue despertando rechazo en el protagonista por erigirse en la voz de la «santa verdad» (54), pero comienza por reconocer que «A, sin duda, no es un mal crítico» (53). Entre las conjeturas de B algunos enunciados ponen de manifiesto sus auto-reproches y su inseguridad: «y ahora B cree que la burla, además de desmesurada, tal vez ha sido un poco injustificada» (54). El acontecimiento tortura al escritor, que trata sin suerte de comunicarse con A; finalmente olvida el asunto. El esquema narrativo se reitera: una nueva publicación de B y una nueva crítica elogiosa de A que vuelve a encender las conjeturas del primero. Si bien en esta ocasión el éxito de ventas es escaso, la narración se detiene en la calidad de A como crítico: se trata de una lectura profunda, razonable y lúcida, «clarificadora incluso para el propio B, que observa aspectos de su libro que antes había pasado por alto» (54). Las contradicciones internas de B se tensan ahora entre el agradecimiento y el arrepentimiento. Con resignación, reconoce que «A *sabe* escribir» (55). Si bien el decurso de la narración continúa tensando posiciones diferentes –B sostiene su rechazo «de tanta moralina y catequesis de fin de milenio» (56)–, el relato invierte los roles previstos en el campo en tanto focaliza en el proceso que va del rechazo al reconocimiento que el escritor otrora marginal manifiesta por el escritor consagrado. En efecto, hacia el final del relato B terminará comprando y devorando en pocas horas la última novela de A y reconociendo la condición fascinante del libro: «Qué buen escritor es A, piensa B» (62).

La eficacia de los primeros mecanismos que introducen a B en el proceso consagratorio se observa en otros beneficios materiales y simbólicos ligados a la sociabilidad del escritor: los encuentros literarios y los banquetes. B es invitado a un coloquio sobre nueva literatura en la capital española y luego conducido, junto con otros escritores, al banquete ofrecido por la condesa de Bahamontes. Estos acontecimientos tienen una función iniciática para el protagonista, que ingresa a un nuevo circuito donde se encuentran otros personajes legitimados del ámbito artístico.

Los eventos de sociabilidad cumplen una función de mediación que posibilita la interacción directa entre artistas, y funcionan como estructuradores del campo en la medida en que pautan las inclusiones y exclusiones de los actores. Este espacio establece también las relaciones entre los campos del poder político, económico y artístico; en este sentido, el título nobiliario de la anfitriona recupera el tradicional motivo del salón literario donde el poder vinculado a la alcurnia actualiza la función de mecenazgo que algunas mujeres ejercieron a lo largo de la historia, proteccionismo que permitió a muchos escritores producir sus obras por fuera del mecenazgo del Estado. En tal sentido, la condesa de Brahamontes es «mecenas de múltiples eventos culturales, entre los que destacan una revista de poesía [...] y una beca para escritores que lleva su nombre» (57). Así, la escena repone la vigencia de este espacio antes reservado generalmente para los escritores de determinados sectores de la alta sociedad, como núcleo de reunión de los actores consagrados del ámbito artístico. En el salón de la condesa confluyen escritores, editores, pintores, cineastas y –nuevamente el humor bolañano que apunta a las nuevas lógicas del campo– presentadores de televisión y toreros. En este caso, la procedencia del escritor no es un capital necesario para el ingreso a este salón, pues B llega a él aun cuando proviene de un sector social poco favorecido.

Es interesante destacar que en la narrativa de Bolaño el salón es un motivo recurrente que suele aparecer rodeado de acontecimientos enigmáticos e incluso siniestros[8]. En «Una aventura literaria», el banquete ofrecido por la condesa da cuenta de la pervivencia de este mecanismo de legitimación al tiempo que es el espacio donde tiene lugar un acontecimiento misterioso: el encuentro, aparentemente concertado por la anfitriona, entre B y alguien cuya identidad queda incógnita. B cree inicialmente que se trata de A y se imagina que este se encuentra armado. Sin embargo, cuando el protagonista baja al encuentro, en el lugar no hay nadie. De este modo, se aplaza una posible resolución del conflicto y se agudiza el pesar del protagonista.

De posiciones y disposiciones. La consagración del escritor

El relato se detiene en los avatares que atraviesa B en su tránsito, no poco traumático, hacia un espacio de legitimidad en el seno del campo literario. En este sentido, la riqueza del texto se trama en la configuración de la autoconciencia de este personaje cuyas presunciones paranoicas a partir del conflicto desatan una semiótica conjetural –rastreable en otros textos del autor– que se mantiene casi hasta el cierre. Así, calcula y evalúa los móviles que podrían haber llevado al escritor consagrado a elogiar sus libros. Estas escenas visibilizan aspectos intestinos del campo literario como un espacio de juego con reglas específicas y con zonas inciertas donde los actores que lo habitan luchan por la legitimidad tramando alianzas por afinidades u oposiciones tajantes.

---

[8] En este sentido, podemos recordar dos salones en la novela *Nocturno de Chile* (2000): el primero, en Francia, donde una condesa presenta a Salvador Reyes y Ernst Jünger durante la Ocupación. El salón, signo de alta cultura y civilidad, se encuentra habitado por nazis, diplomáticos y burócratas que tienen vinculación más o menos directa con la barbarie del nazismo. Una relación de espejo se plantea entre este salón y el que tendrá lugar en Chile durante la dictadura pinochetista: la casa de María Canales, al tiempo que abre las puertas para los artistas durante los toques de queda, hace las veces de chupadero en el que se tortura a los opositores de la dictadura. También el salón de Grete von Joaschimsthaler en *2666* asume connotaciones siniestras: es espacio de reunión de oficiales del nazismo, de intelectuales y personajes de la aristocracia. Estas representaciones parecen insistir en los vínculos turbios entre literatura y poder.

Una de las particularidades del campo literario es el desinterés[9], que puede traducirse en beneficios para determinados participantes del juego. Quienes ocupan posiciones legitimadas en el campo pueden permitirse estos actos desinteresados —más allá del propósito estético— y, en efecto, esta es una de las posibilidades que baraja B: «A nadie le parece extraño que A apueste por él. De hecho, cuando A no está lleno en el papel de Catón de las letras (y de la política) españolas, es bastante generoso con los nuevos escritores que saltan a la palestra» (57). El protagonista calcula también otra opción, más temible: que la estrategia de A consista en ensalzar su obra para luego destrozarla. Por otra parte, la acreditación de la obra de B por parte de A y la culpa llevan al protagonista a pensar en corresponder a ese reconocimiento escribiendo un libro elogioso sobre toda la obra de A. Si bien esto no se concreta, la idea actualiza otro aspecto del campo: la circulación de actos de crédito como intercambio de reconocimiento.

Como se advierte, las conjeturas evidencian un amplio espectro de posibles dentro del juego del campo literario, donde lo imprevisible para el personaje está en realidad previsto en la lógica de funcionamiento de este espacio social. En relación con esto, al analizar este campo, Bourdieu advierte que una de sus propiedades más significativas es la extrema permeabilidad de sus fronteras y su elasticidad, lo que lo convierte en «uno de los lugares inciertos del espacio social» (335). El acontecimiento imprevisible que desata el conflicto del relato refuerza la idea del campo literario como espacio que integra zonas de incertidumbre.

Las llamadas telefónicas que realiza B a la casa de A —moderadas al inicio del relato y con una insistencia desmesurada hacia el final— son las que tienden un hilo terapéutico en el sentido en que implican una acción para salir del flagelo moral al que se ha sometido el protagonista. Tras varias llamadas y contratiempos, B logra comunicarse y concertar un encuentro con A. El ascensor que lo lleva al piso del escritor legitimado puede asociarse a un tránsito

---

[9] Señala Bourdieu: «Auténtico desafío de todas las formas del economicismo, el orden literario (etc.) que se ha ido instaurando progresivamente al cabo de un prolongado y lento proceso de autonomización se presenta como un modelo económico invertido: a quienes entran en él les interesa ser desinteresados; como la *profecía*, y especialmente la profecía de desdichas, que, según Weber, prueba su autenticidad por el hecho de no proporcionar contrapartida alguna, la ruptura herética con las tradiciones artísticas vigentes encuentra su criterio de autenticidad en el desinterés. Ello no significa que no haya una lógica económica de esta economía carismática basada en una especie de milagro social que es el acto puro de cualquier otra determinación que no sea el propósito propiamente estético....» (1997: 320).

o rito de pasaje conducente a la consagración. Interesa detenernos en la cita: «mientras el ascensor lo sube al piso de A, B cree oír el zumbido, como si tras sí arrastrara una larga cola de lagartija o serpiente» (62). ¿Qué simbolizan estas imágenes? ¿qué arrastra tras sí el protagonista? Cabe pensar en su trayectoria, el anonimato, la rabia, la burla realizada a A: las miserias del escritor marginal. Por otra parte, el ingreso a la casa de A organizado en el relato semióticamente como el «ascenso» de B a una posición de legitimación puede vincularse con las «llamadas al orden» propias de la lógica del campo. Esto es, para pertenecer a él, el escritor debe ajustarse a sus reglas (estéticas, de comportamiento, etc.); en efecto, B, tras su rotundo rechazo inicial termina aceptando la necesidad del vínculo con A.

La última secuencia narrativa del relato es la del encuentro entre los personajes. Casi hasta el final se establece un paralelo entre el mundo interior de B y la realidad del mundo representado. Así, imagina la posibilidad de un encuentro poco feliz: «Sobre todo, piensa, evitar escenas violentas, sobre todo evitar el melodrama» (62); sin embargo, luego de ver a A, B reacciona con gestos cordiales: «intenta una sonrisa, alarga la mano» (62). El enunciado final opera distendiendo el conflicto al tornar pedestre el encuentro entre los personajes e imponiendo una normalidad amena y tranquilizadora que disipa los fantasmas de B: «Por fin, dice A, cómo estas. Muy bien, dice B» (62).

El relato revela así un aspecto clave que vincula posiciones y disposiciones en el campo literario: B reniega de la respetabilidad que buscan algunos escritores por medio de la legitimidad obtenida a través de la literatura y también del aire sacerdotal que expelen sus críticas con poder de consagrar o demoler a los aspirantes; sin embargo, en cuanto este capital del escritor consagrado es utilizado para acreditar su obra, los prejuicios y juicios de este comienzan a tambalear hasta demostrar que, finalmente, de lo que no reniega es del reconocimiento obtenido de sus pares; en efecto, B termina sintiéndose al mismo tiempo agradecido y en falta. En este sentido, «Una aventura literaria» no propone la visión romántica que es posible encontrar en otros textos de Bolaño en torno al escritor «puro», indiferente a los mecanismos de legitimación. Tampoco exalta la heroicidad de los escritores, como ocurre en otros cuentos contenidos en *Llamadas telefónicas*, por medio de una épica de la derrota, sino que Bolaño asume otro desafío a partir de las ambigüedades y contradicciones de un escritor en su tránsito hacia la consagración. El rechazo inicial de B por A experimenta un proceso de modificación como efecto de la modificación de la posición del primero en el interior del campo. Cambio de perspectiva o vuelta de tuerca que no le niega a la narración esos mecanismos propiamente bolañanos como el mencionado humor o su gusto por hacer desbordar, por medio de conjeturas, la imaginación de sus personajes. Este desplazamiento de la situación inicial nos interpela entonces acerca de la problemática del canon; el rechazo de B a la imagen y la palabra del crítico fuerte parece concluir en una reconciliación que revela otro aspecto imprevisible pero deseable para B: pasar a formar parte del universo canónico.

En la medida en que no conocemos la perspectiva de A, se produce en el cierre del relato un nuevo aplazamiento del conflicto. Así pues, luego del encuentro entre los escritores queda al lector tomar la posta de las conjeturas.

Bibliografía

Bolaño, Roberto (1999): *Amuleto*. Barcelona: Anagrama.
— (2004): «Los mitos de Cthulhu». En *El gaucho insufrible*. Barcelona: Anagrama, 159-177.
— (2005a): *2666*. Buenos Aires: Anagrama.
— (2005b): *Los detectives salvajes*. Barcelona: Anagrama.
— (2006a): *Estrella distante*. Barcelona: Anagrama.
— (2006b): *Nocturno de Chile*. Barcelona: Anagrama.
— (2006c): «Una aventura literaria». En *Llamadas telefónicas*. Barcelona: Anagrama, 52-62.
Bourdieu, Pierre (1997): «2. El punto de vista del autor. Algunas propiedades generales de los campos de producción cultural». En *Las reglas del arte. Génesis y estructura del campo literario*. Barcelona: Anagrama, 318-418.
Herralde, Jorge (2005): *Para Roberto Bolaño*. Buenos Aires: Adriana Hidalgo.
Jitrik, Noé (1998): «Canónica, regulatoria y transgresiva». En Cella, Susana (ed.): *Dominios de la literatura. Acerca del canon*. Buenos Aires: Losada, 19-41.

Autoficción en «Encuentro con Enrique Lihn» de Roberto Bolaño

Alejandro Gortázar
Universidad de la República

Es un poco difícil separar las partes de ese discurso que es Roberto Bolaño, el personaje público, el escritor, el crítico, el poeta. Es como si deliberadamente Bolaño llamara la atención sobre su escritura y no sobre el género o medio elegido para difundirla. Si bien la inclusión de textos «no literarios» en su libro de cuentos *El gaucho insufrible* (2003) –me refiero a las conferencias «Literatura + enfermedad = enfermedad» y «Los mitos de Cthulhu»– podría responder a cuestiones coyunturales como la necesidad de publicar antes de su muerte para dejar regalías a su familia, lo cierto es que esta mezcla de géneros, este recargar sobre la escritura, sobre la cocina de la escritura, sobre los mecanismos de legitimación de la institución literaria, es un elemento central de su poética. En «Encuentro con Enrique Lihn» Bolaño no solamente introduce estos elementos a través de la figura de un escritor consagrado como Enrique Lihn, sino que mezcla su autobiografía con la ficción generando un cuento exótico, al menos en apariencia, con respecto al resto de los textos de *Putas asesinas*. Y su excepcionalidad viene dada fundamentalmente porque el narrador-protagonista tiene el mismo nombre que el autor –Roberto Bolaño–, y porque lo que relata es el sueño de un encuentro con Enrique Lihn, quien ya había muerto en 1988.

1. Autoficción

El término «autoficción» aparece en Francia a partir de la novela *Fils* (1977) de Serge Doubrovsky, quien lo utiliza en el prólogo y en la contratapa para referirse a su obra como una «ficción de eventos y hechos estrictamente reales» (Alberca 2005-2006: 116). Al parecer, el concepto ya había sido utilizado por Jerzy Kosinski en 1965 (Lejeune 2007: 3), e incluso es posible pensar que su praxis, como sugiere José Amícola, estuviera presente mucho antes en autores como Borges (2009: 185). Pero independientemente de esta cuestión, lo que define el término «autoficción» desde el punto de vista teórico es que estaría situado entre la autobiografía y la ficción. Es por lo tanto un híbrido creado entre dos géneros en el que la cuestión es, a veces, definir qué relación entre ambos presenta cada texto, si la autobiografía o la ficción son la base sobre la que se monta el otro discurso o si hay fluctuación entre ambos, como si el narrador entrara y saliera de ellos (Schmitt 2007: 16). En todos los casos, la oscilación genera experiencias muy disímiles entre distintos tipos de lectores.

La autoficción presenta un desafío al «pacto autobiográfico», modelo teórico que Philippe Lejeune había puesto en circulación en 1975 (1991). Para Lejeune la distinción entre autor, narrador y personaje es pragmática, «es el contrato de lectura que identifica al yo textual con el yo del autor el que da origen y especificidad al género autobiográfico» (en Pozuelo Yvancos 2006: 26). Por lo tanto, la autobiografía es el «[r]elato retrospectivo en prosa que una persona real hace de su propia existencia, poniendo énfasis en su vida individual y, en particular, en la historia de su personalidad» (2006: 27). La autoficción viene a romper el contrato de lectura por el que se asume que quien narra es el autor y lo que se lee es un relato de su vida, para introducir la posibilidad de la ficción. En este contexto, Alberca comparte una definición minimalista de autoficción propuesta por Jacques Lecarme, que postula la «identidad nominal» entre narrador, protagonista y autor. La genérica indica que es una ficción: el nombre propio puede ser autor, narrador y personaje pero de una ficción, no de un relato «real» o «referencial».

El cuento «Encuentro con Enrique Lihn», de Roberto Bolaño, encierra varias claves para entender los préstamos entre autobiografía y ficción que conforman el género «autoficción». En *Putas asesinas* Bolaño despliega varios *alter ego*, como B y Arturo Belano, recurso utilizado también en sus novelas, especialmente en *Los detectives salvajes* (1998). Sin embargo, este cuento plantea un «pacto autobiográfico» cuando, en el momento decisivo en que el narrador cuenta la anécdota de su encuentro con el poeta Enrique Lihn, nos enteramos de que su nombre es «Roberto Bolaño». Este pacto podría acelerarse si uno toma *Entre paréntesis* y lee los textos que Bolaño le dedica al poeta chileno y la admiración con la que habla de él, de su obra y del poco reconocimiento que recibió en su país. Estos datos darían espesor al pacto, que se sellaría, para un lector muy curioso, con un golpe de gracia definitivo: la correspondencia de Bolaño con Lihn que está en el Getty Research Institute de Estados Unidos. Si este lector curioso busca en internet, encontrará algunos fragmentos de ese intercambio epistolar. Ahí podría enterarse de que, efectivamente, muchos de los datos que el narrador «Roberto Bolaño» menciona son «reales». Sin embargo, las primeras líneas del cuento deben desalentar al lector curioso para no convertirse en un lector despistado que selle el «pacto autobiográfico». Lo que el narrador cuenta no es una anécdota de un encuentro «real» con Enrique Lihn, sino un sueño terrible en el que unos poetas novatos lo llevan a conocerlo. Este pequeño dato, ofrecido al pasar a los lectores, da al cuento una atmósfera onírica que desbarata cualquier posibilidad de considerarlo «autobiográfico».

Es imposible comprobar si Roberto Bolaño conocía el concepto de autoficción o el debate teórico que generó, pero es posible, al menos, pensar que tuvo contacto con alguna discusión en torno al tema. Sin embargo, me inclino a pensar que, antes de llegarle como debate teórico o crítico, la autoficción en Bolaño proviene de su conocimiento de la obra de Borges. Según Amícola, que toma prestados conceptos de Vicent Colonna, Borges utilizó la autoficción «para consolidar una imagen y crear una mitología sobre su persona» (2008: 5). Luego de analizar los cuentos «El Aleph» y «Tlön, Uqbar, Obris Tertius», Amícola afirma que hay una característica propia de la autoficción, más allá de las formas que asuma, y es que «el protagonista profesa el oficio de escritor y que sobre esa profesión la misma narración se encarga de echar una mirada muchas veces socarrona o simplemente metarreflexiva» (7). Este aspecto también abarca a Bolaño, cuya poética tiene como uno de sus puntos más destacados «la ironía mordaz, que a menudo deriva en sarcasmo sin contemplaciones y sin transiciones» y que se burla «de los rituales más sacrosantos del arte y la literatura modernos» (Rojo: 2003: 71).

Hay otros elementos de la poética de Bolaño que alimentan esta lectura. El crítico José Promis señala precisamente «el juego autorreferencial» que toma elementos de la experiencia vivida «para ingresar desde allí en el territorio de lo imaginario y desde éste regresa a subvertir sus propios fundamentos», que el crítico identifica también con la obra de Borges (2003: 51). Más adelante afirma que Bolaño crea un tercer espacio en el que «los elementos que la conciencia racionalista define como reales e imaginarios entran en insólitas relaciones y donde los órdenes establecidos adquieren una fisionomía diferente, de naturaleza esencialmente poética» (56). Esta realidad alternativa coincide también con la idea de un género híbrido como la autoficción, que no es ni referencial ni ficción en sentido estricto.

Finalmente, el propio Bolaño ha reflexionado sobre la relación entre autobiografía y ficción en algunas entrevistas. Cuando el periodista Daniel Swinburn le preguntó si no le parecía que su narrativa era excesivamente autobiográfica, Bolaño respondió que no, que prefiere «la literatura [...] teñida ligeramente de autobiografía, que es la literatura del individuo, la que distingue a un individuo de otro» (en Braithwaite 2006: 76). Contra la literatura que se apropia indebidamente de la historia colectiva, que habla por un nosotros despersonalizado, Bolaño prefiere escribir desde su experiencia personal y también desde su experiencia libresca o cultural que, afirma, «con el tiempo se han fundido en una sola cosa» (76). En otra entrevista el periodista Rodrigo Pinto le pregunta si piensa escribir sus memorias, e incluso lo describe como un escritor que cree que «la obra de arte no es más que una forma de la autobiografía». Bolaño responde que la relación entre la experiencia y la literatura es azarosa y depende de cómo cada creador lidia con el hecho de escribir: «cada escritor escribe como buenamente puede y lo dejan» (en Braithwaite 2006: 84). Cita varios ejemplos de escritores europeos (Stendhal, Salgari, Russell, Balzac) en los que la vida no coincide con las ficciones que crearon, y finalmente pone a Borges como «el escritor más autobiográfico de todos» en Latinoamérica. Bolaño no solamente reflexiona sobre la relación entre la autobiografía y la ficción sino que detecta en Borges a un precursor. En la poética de Bolaño la ficción rige la autobiografía, está por encima de lo autobiográfico o lo autobiográfico es apenas un recurso para poner en juego el nombre propio, el estilo individual, en la historia del arte (84).

2. (Auto)biografía y crítica literaria

Para Paul de Man, la autobiografía no es un género literario sino «una figura de lectura y de entendimiento que se da, hasta cierto punto, en todo texto» (1991: 113). La (auto) biografía de los autores es, la mayoría de las veces, un ingrediente más de sus obras, sea para explicarla, sea para construir un mito de sí mismos, sea para rechazarla (como la muerte del autor de Barthes o Foucault). Aunque el autor ya no es la verdad última de un texto, es parte del discurso que rodea y constituye una obra literaria en el mercado. En el caso de Bolaño, las entrevistas que concedió a diferentes medios y periodistas en diferentes momentos de su carrera proporcionaron pistas de su biografía que, verdaderas o no, se fueron colando en sus ficciones, así como en sus ficciones se fueron colando opiniones e interpretaciones sobre la literatura y la obra de otros escritores. De este modo es que se pueden hacer conjeturas, y se han hecho muchas, respecto a que Arturo Belano, Arturo B. y B son desdoblamientos de su nombre propio.

Más allá de las anécdotas quiero señalar algunos hechos concretos de la biografía de Bolaño que atañen a su relación con Enrique Lihn. En primer lugar, como señala el propio cuento, Bolaño tuvo una relación epistolar con Lihn hacia 1981 o 1982: «estoy hablando del año 1981 o 1982» afirma el narrador del cuento que, al igual que el autor, tenía 28 años en ese momento. Este hecho puede corroborarse en el Getty Research Institute (Los Ángeles, California), en la Colección sobre el Surrealismo en América Latina (Getty Research Institute 2015). Allí se encuentra la papelería de Lihn, y en la descripción del material se señala a Roberto Bolaño como uno de los «contributors». Al menos dos artículos breves publicados en internet hacen referencia al contenido de las cartas entre ambos: uno de ellos analiza varias cartas (Soto 2009) y el otro hace un análisis muy detallado de una tarjeta que Bolaño le envió a Lihn en abril de 1983 (Leddy 2011). Aparentemente, la relación epistolar se inició a comienzos de 1981 y continuó hasta al menos setiembre de 1983.

En el cuento el narrador Bolaño no da detalles sobre el contenido de sus cartas, apenas cuenta que le dijo a Lihn que salvo dos o tres excepciones la literatura chilena le «parecía una mierda» (Bolaño 2010: 409), y luego le mandó unos poemas que Lihn antologó en un recital de poesía que hizo en un instituto chileno-norteamericano, datos que no he podido confirmar y que perfectamente podrían pertenecer al plano de la ficción. En su artículo Soto reconstruye la relación. El inicio no fue del todo feliz, Bolaño le escribe en un momento muy especial en el que su carrera literaria no iba bien y le manda un poema para recibir el juicio de Lihn, quien le responde el 16 de junio de 1981 con cierto malhumor: «Por de pronto no puedo dar curso a ninguna de las peticiones… porque no preparo antologías ni otorgo becas». Sobre el poema, Soto transcribe las siguientes palabras de Lihn: «Me gustó bastante en algunos versos, y en otros lo encontré desmadejado… el surrealismo ortodoxo ya no se soporta. Hay algo que está bien y algo que no anda». Los primeros intercambios no fueron del todo alentadores para el joven escritor que, como sostiene el Bolaño narrador, buscaba la protección del poeta consagrado. En los siguientes fragmentos de cartas que Soto recupera, Bolaño narra a Lihn sus problemas en España y sus dificultades para convertirse en poeta y escritor, y éste lo alienta y aconseja, abandonando el tono hostil del inicio.

Once años después de la muerte de Enrique Lihn (ocurrida en 1988), Bolaño publica, en un número monográfico de la revista *Litoral* de Málaga sobre la poesía chilena contemporánea, un texto en el que afirma que Lihn es «un lujo inmerecido» para Chile (Bolaño 2004: 88). En ese texto, titulado «La poesía chilena y la intemperie», el Bolaño crítico destaca a los mismos poetas que el Bolaño narrador e incluso repite frases enteras para describirlos: Claudio Bertoni, Diego Maqueira, Gonzalo Muñoz, Juan Luis Martínez y Rodrigo Lira, aunque agrega a Pedro Lemebel –«que no escribe poesía pero cuya vida es un ejemplo para los poetas» (89)– y Gonzalo Millán. En 2002 publica una columna en el diario chileno *Las Últimas Noticias*, que luego será prólogo a *Tigre de Pascua* (2002), una edición de cuentos de Lihn publicada por una editorial española. Las palabras de Bolaño son de admiración hacia Lihn, a quien convierte en uno de sus caballitos de batalla para los «escándalos» que provocaron sus opiniones literarias y políticas en los dos viajes a Chile a finales de 1998 y diciembre de 1999 (Echevarría 2004: 9). Para el escritor, puesto ahora en posición de crítico, Lihn es el mejor poeta de la generación del cincuenta, y leerlo «es enfrentarse con una voz que lo cuestiona todo», que «no sale del infierno, ni de las profecías milenaristas, ni siquiera de un ego profético», sino que, por el contrario, «es la voz del ciudadano ilustrado, un ciudadano que espera a la modernidad o que es resignadamente moderno (Bolaño 2004: 201).

La apuesta de «Encuentro con Enrique Lihn» une algunos aspectos de su (auto)biografía y la crítica literaria que Roberto Bolaño ejerció en distintos medios tanto en Chile como en España. Muchas veces su escritura crítica se confunde o se transcribe casi literalmente en el cuento, así como se cuelan muchos datos que él mismo proporciona o a los que es posible acceder con la documentación disponible. Si la autoficción se define por una combinación de autobiografía y ficción, queda explorar el espacio de la ficción y de las interacciones con la autobiografía, con el discurso de Roberto Bolaño, teniendo en cuenta que es imposible separar el discurso crítico de Bolaño y sus preferencias literarias –muy especialmente, el lugar que ocupa Enrique Lihn en su discurso de barricada contra la institución literaria chilena.

3. Ficción

«Encuentro con Enrique Lihn» es una autoficción porque, si bien el narrador-personaje tiene el mismo nombre que el autor, e incluso el cuento tiene como base algunos datos autobiográficos, desde el comienzo éste abre el espacio de la ficción. En general se puede afirmar que el discurso de la ficción prevalece sobre el autobiográfico. Esta afirmación se apoya también en el propio discurso de Bolaño sobre la relación entre la autobiografía y la ficción, en la que el escritor se inclina por mantener la ficción alrededor de unos pocos elementos autobiográficos. El inicio del cuento está marcado por la primera persona, poco después sabremos que el narrador se llama Roberto Bolaño, y por ciertos datos imprecisos «de la realidad»:

> En 1999, después de volver de Venezuela, soñé que me llevaban a la casa en donde estaba viviendo Enrique Lihn, en un país que bien pudiera ser Chile y en una ciudad que bien pudiera ser Santiago, si consideramos que Chile y Santiago alguna vez se parecieron al infierno y que ese parecido, en algún sustrato de la ciudad real y de la ciudad imaginaria, permanecerá siempre. (2010: 407)

Desde la primera línea el lector se enfrenta con el relato de un sueño, el sueño de un encuentro que nunca se produjo, y que por cierto era imposible en 1999 dado que Lihn había fallecido en 1988. En ese sentido el sueño aparece como un suplemento de la realidad, en la medida en que remeda una relación que, luego sabremos, fue solamente epistolar. El lugar de enunciación no es claro: ¿dónde está el narrador? ¿a dónde regresa desde Venezuela? El Bolaño autor hizo su segundo viaje a Chile a fines de 1999, y aunque el Bolaño narrador no proporcione ninguna pista al respecto, es posible pensar que fue allí donde tuvo este sueño. Esta posibilidad es abierta por el propio cuento, cuando el narrador dice que el lugar en el que se desarrolla el sueño «bien pudiera ser Santiago» y con ese condicional marca la oscilación entre un lugar imaginario y uno real, que viene reforzada por la idea de que Santiago de Chile alguna vez fue un infierno (una referencia constante en la obra de Bolaño es la dictadura chilena) y que esa característica quedó marcada en el sustrato de la ciudad. El narrador propone una serie de oposiciones: realidad/sueño, cielo/infierno, real/imaginario, que marcarán todo el relato.

En el sueño, el narrador, al ser acompañado a la casa de Lihn por unos chilenos, piensa que sería una broma de ellos, o no tanto: «tal vez en la posibilidad de un milagro» (407). Aunque luego afirma que lo más probable es que no entendiera nada o «malentendiera la invitación». El narrador dice «mis amigos», pero entre paréntesis se aleja de esa posibilidad y los califica como «los entusiastas que me había invitado a conocer al poeta». De ahí en más el grupo pasará a ser denominado «los entusiastas» y no será posible identificar a ninguno de ellos. El grupo llega a una casa, un edificio de siete pisos que tiene un bar en el primero. Entran al bar y en un reservado encuentran a Lihn:

> Al principio yo apenas lo podía reconocer, su cara no era la misma que aparece en las fotos de sus libros, había adelgazado y rejuvenecido, se había vuelto más guapo, sus ojos eran mucho mejores que los ojos en blanco y negro de las contraportadas. En realidad, Lihn ya no se parecía a Lihn sino a un actor de Hollywood, un actor de segunda línea de esos que aparecen en las películas hechas para la televisión o que jamás estrenan en los cines europeos y pasan directamente al circuito de los videos-clubes. Pero al mismo tiempo *era* Lihn, aunque ya no se pareciera a él, de eso no cabía duda. (407-408; énfasis del original)

El narrador oscila, el poeta es y no es. No es el Lihn de los libros, el autor que presentan las contratapas, las fotos de promoción, que tampoco es el Lihn «real», sino que se parece a un actor de segunda de Hollywood. Bolaño «mejora» la imagen de Lihn en su sueño, y para eso recurre a otra ficción, la del cine. Los entusiastas lo presentan, y en ese momento el Bolaño narrador decide cortar la narración del sueño, dilatando no solamente el relato del encuentro con el poeta sino el momento en el que dirán su propio nombre, en el que lo presentarán como Roberto Bolaño. El plano de la ficción se repliega y da paso a la autobiografía. El narrador afirma que no necesitaba presentación

> [...] pues durante un tiempo, un tiempo breve, me había carteado con él y sus cartas en cierta forma me habían ayudado, estoy hablando del año 1981 o 1982, cuando vivía encerrado en una casa de Girona casi sin nada de dinero ni perspectivas de tenerlo, y la literatura era un vasto campo minado en donde todos eran mis enemigos [...] Esto le pasa a todos los escritores jóvenes. (408)

Como ya dije, Bolaño proporciona muy poca información sobre el contenido de sus intercambios con Lihn, aunque cuenta que lo había puesto entre los «siete tigres de la poesía chilena del año 2000», y retoma, en ese pasaje en el que describe a los otros seis poetas, una cita a un texto crítico que había publicado en 1999. Luego de eso, el narrador retoma el relato del sueño. Está en el reservado y «unas voces» lo presentan: «éste es Roberto Bolaño» (410). Una mano fría, que se corresponde con la figura de Lihn, lo saluda. A pesar de sentir cierto desdén por los entusiastas, Bolaño narrador se reconoce en ellos, precisamente porque se parecen al poeta joven que alguna vez fue y que se había carteado con Lihn en busca de ayuda

> ese grupo era como había sido yo, jóvenes poetas sin nada en que apoyarse, jóvenes que estaban proscritos por el nuevo gobierno chileno de centro izquierda y que no gozaban de ningún apoyo ni de ningún mecenazgo, solo tenían a Lihn,

un Lihn, por otra parte, que no se parecía al verdadero Enrique Lihn que aparecía en las fotografías de sus libros, un Lihn mucho más guapo, más buen mozo, un Lihn que se parecía a sus poemas, que se había establecido en la edad de sus poemas, que vivía en un edificio similar a sus poemas y que podía desaparecer con la misma elegancia y rotundidad con que a veces desaparecen sus poemas. (410)

Otra vez Bolaño narrador opone el Lihn real al de su sueño, éste no solamente era «más guapo» físicamente sino que su belleza se parecía a la de sus poemas. El narrador se siente mejor, comienza a comprender, no tiene miedo: « [...] No tenía nada que temer: estaba en casa, con amigos, y con un escritor al que siempre había admirado. No era una película de terror. O no era una película de terror a secas sino que había en ellas grandes dosis de humor negro» (410). Otra vez Bolaño opone a su ficción la ficción del cine, esta vez para calificar la historia que está narrando: una película de terror, quizás, con altas dosis de humor negro[1]. En ese momento del relato Lihn saca del bolsillo un frasquito con medicinas. Un mozo trae agua, mete la tableta, que era grande o más bien densa –«parecía una cebolla con innumerables capas». El narrador ve a través del cristal del vaso y la tableta parece propiciar el nacimiento de una galaxia. Todo coincide con el clima onírico que domina el relato. Retira la vista del vaso y encuentra los ojos de Lihn que parecían decirle: «sin comentarios, ya bastante tengo con tragarme este menjunje cada tres horas, no busque simbolismos, el agua, la cebolla, la lenta marcha de las estrellas» (411).

Y precisamente es en el desfasaje entre la realidad y el sueño que Bolaño ubica esta dosis de humor negro. Los entusiastas se alejan de la mesa, el narrador mira al poeta: «En ese momento yo supe que Lihn sabía que estaba muerto. El corazón ya no me funciona, decía. Mi corazón ya no existe. Aquí hay algo que no está bien, pensaba yo. Lihn murió de cáncer, no de un ataque al corazón» (411). El narrador dice «Aquí hay algo que no está bien» y lo que no está bien es que el sueño no se corresponde con la realidad, no solamente porque el poeta está aparentemente vivo sino porque dice que su corazón ya no funciona. Bolaño se siente mal y sale del bar, y cuando regresa, en la puerta tiene un episodio con un matón en el que ambos juegan a ser quienes no son.

Finalmente Bolaño vuelve a entrar al bar. Lihn seguía en el reservado. Ambos suben a la casa del poeta en el séptimo piso, y allí el narrador se da

---

[1] Posiblemente el encuentro con un matón, al que llama Jara en posible alusión a Víctor Jara, pertenezca a esa dosis de humor negro a la que hace referencia (Bolaño 2010: 411-413).

cuenta de que el piso es de cristal y que entre el bar y el séptimo piso no hay nada. Eso lo angustia. Se pone de pie, las cosas parecen más frágiles que las personas, cuando lo que «ocurre normalmente» es que sea al revés. La inversión de los planos (real/sueño) ya no es tan placentera, y cuando esa sensación gana al narrador, este se da cuenta de que Lihn ya no está. Bolaño lo busca en la casa. Tiene frío, rabia, se siente enfermo «como si la casa se moviera sobre un eje imaginario» (414). Abre una puerta y Lihn está nadando en una piscina. Antes de que el narrador «abriera la boca para hablar de la entropía», es decir, del desbalance o el caos entre las oposiciones planteadas (real/imaginario, realidad/sueño, vida/muerte) Lihn le habla de su medicina y de que esta lo convertía «en conejillo de Indias de la empresa farmacéutica» (414); luego sale de la piscina y ambos regresan al bar. Allí Lihn le dice a Bolaño: «se acabaron los tigres, y fue bonito mientras duró, y: aunque no te lo creas, Bolaño, presta atención, en este barrio sólo los muertos salen a pasear» (414).

En primer lugar, entonces, el poeta habla del fin de los tigres, es decir, de ese grupo de poetas que habían sido marcados por él como los tigres de la poesía chilena del 2000. Unas páginas antes Bolaño había hecho referencia a esos tigres como «gatitos de provincia» que no habían construido una obra ni habían obtenido mucho reconocimiento a nivel nacional. Pero lo más aterrador del cuento, que de algún modo explica la presencia de Jara en las calles, es la afirmación de que sólo los muertos salen a pasear. Lihn está muerto pero, gracias a su medicina y a que no sale de su edificio, está vivo. Sin embargo Bolaño se sueña muerto, paseando por un barrio en el que «la sensación de normalidad [...] presidía y condicionaba cualquier visión» (411). En el final del cuento Lihn y Bolaño miran el barrio por la ventana:

> Y mirábamos y mirábamos y las fachadas eran sin lugar a dudas las fachadas de otro tiempo, y también las aceras en donde había coches estacionados que pertenecían a otro tiempo, un tiempo silencioso y sin embargo móvil (Lihn lo veía moverse), un tiempo atroz que pervivía sin ninguna razón, sólo por inercia. (415)

El cuento no ofrece un cierre definitivo de la historia e introduce la idea de «otro tiempo» que podría ser el pasado, pero que tal vez sea el tiempo del sueño y el tiempo de la ficción. Es en ese plano onírico y ficcional en el que se produce el encuentro entre los poetas, entre los vivos y los muertos, un tiempo en el que se invierten los planos, en el que el narrador por momentos se siente cómodo, por momentos frío y enfermo.

4. Cierre

Para Amícola, en la autoficción moderna el artista «introyecta la "fábula" en su propia vida o, en cambio, proyecta un yo dentro de la "fábula"» (2008: 190). Lo que Roberto Bolaño hace como autor en «Encuentro con Enrique Lihn» es ficcionalizar un encuentro entre él y uno de los poetas chilenos que admira, con quien mantuvo contacto epistolar y sobre el que escribió en distintos registros críticos. La proyección de su yo en la ficción no implica inventarse «una existencia desconectada de su pasado», como plantea Amícola (190), sino precisamente lo contrario. La introducción del relato de un sueño es lo que permite convertir las oposiciones de Amícola en una frontera transitable, en la cual Roberto Bolaño autor trafica de lo real a lo imaginado y de lo soñado a la realidad, creando una realidad alternativa, poética (Promis 2003). «Encuentro con Enrique Lihn» es una autoficción en la que la ficción prevalece sobre lo autobiográfico (considerando dentro de esta categoría su escritura crítica en prensa), o en la que lo autobiográfico sirve de base para la invención. Mejor aún: es un cuento en el que Bolaño desarrolla, con una enorme conciencia del oficio, una ficción en las fronteras de los géneros, lo que lo vuelve un texto difícil de catalogar.

Bibliografía

Alberca, Manuel (2005-2006): «¿Existe la autoficción hispanoamericana?». En *Cuadernos del CILHA* 7/8: 115-127.

Amícola, José (2008): «Autoficción, una polémica literaria vista desde los márgenes (Borges, Gombrowicz, Copi, Aira)». En *Olivar* 9 (12): 182-197.

Bolaño, Roberto (2004): *Entre paréntesis*. Barcelona: Anagrama.

— (2010): *Cuentos*. Barcelona: Anagrama.

Braithwaite, Andrés (ed.) (2006): *Bolaño por sí mismo, entrevistas escogidas*. Santiago de Chile: Universidad Diego Portales.

Echevarría, Ignacio (2004): «Presentación». En Bolaño, Roberto: *Entre paréntesis*. Barcelona: Anagrama, 7-16.

Leddy, Annette (2011): «One classic, one modern: the brief correspondence of Roberto Bolaño and Enrique Lihn». En *East of Borneo*: <http://www.eastofborneo.org/articles/one-classic-one-modern-the-brief-correspondence-of-roberto-bolano-and-enrique-lihn>.

Lejeune, Philippe (1991): «El pacto autobiográfico». En *Anthropos* 125: 47-61.

— (2007): «Le journal comme "antifiction"». En *Poetique* 149: 3-14.

Pozuelo Yvancos, José María (2006): *De la autobiografía. Teoría y estilos*. Barcelona: Crítica.
Promis, José (2003): «Poética de Roberto Bolaño». En Espinoza, Patricia (ed.): *Territorios en fuga. Estudios críticos sobre la obra de Roberto Bolaño*. Santiago: Frasis, 47-63.
Rojo, Grínor (2003): «Sobre *Los detectives salvajes*». En Espinoza, Patricia (ed.): *Territorios en fuga. Estudios críticos sobre la obra de Roberto Bolaño*. Santiago: Frasis, 65-75.
Schmitt, Arnaud (2007): «La perspective de l'autonarration». En *Poetique* 149: 15-29.
Soto, Marcelo (2009): «Tristes Tigres»: <http://letras.s5.com/el260809.html>.
Zamora, Rebecca *et al.* (2010): «Enrique Lihn papers, 1941-1988». En *Surrealism in Latin America*. Los Angeles: Getty Research Institute, <http://www.getty.edu/research>.

Fantasma, memoria y poesía *desde* «Últimos atardeceres en la tierra» de Roberto Bolaño

Paula Aguilar
Universidad Autónoma de Entre Ríos- CONICET

> Pienso en Gui Rosey
> y evoco a los nuestros que también se los tragó la tierra
> o la tierra que les tiraron encima sin saber si habían muerto
> a los contratados para encontrar su tumba
> pienso en Bolaño que también buscó a Gui Rosey
> y nosotros lo copiamos para buscar las tumbas de los nuestros
>
> Julián Axat

El cuento que da inicio a *Putas Asesinas* (2001), «El Ojo Silva», instala el tópico de la violencia como una fuerza latente que acosa a narradores y personajes de diversos modos, ya sea a partir de una experiencia concreta o a través del regreso insistente de un recuerdo. Una y otra vez la repetición la vuelve presencia, porque «de la verdadera violencia no se puede escapar, al menos no nosotros, los nacidos en Latinoamérica en la década del cincuenta, los que rondábamos los veinte años cuando murió Salvador Allende» (2001: 11). De este modo, el primer relato nos arroja las coordenadas tempo-espaciales para iniciar un itinerario a partir de un cuento donde la violencia acosa a una generación en particular. Sin embargo, emprender un recorrido crítico que tematice el referente histórico del horror latinoamericano «de tan repetido es vulgar» (22), aun cuando el contario insista en «la violencia de la que no nos podemos escapar. El destino de los latinoamericanos nacidos en la década del cincuenta» (22). Lo que nos interesa de ese núcleo atroz, que sirve de telón de fondo a demasiados textos de Bolaño, es el modo en que genera una estética de la memoria y nos interpela para sacudir el velo anestésico –y amnésico– que nos rodea. El modo bolañano de explorar los pliegues de la historia reciente no se reduce a un acto comunicativo ni a un impulso memorialista para dar cuenta de un pasado traumático –si no, ¿de qué hablamos cuando hablamos de literatura? Veremos, entonces, cómo el relato «Últimos atardeceres en la tierra», de *Putas asesinas*, condensa una escritura *out of joint*[1] que desarticula las expectativas del lector y desquicia las convenciones literarias para insistir en el relato de la memoria, conjuro de fantasmas.

«The time is out of joint» es la queja de Hamlet ante la constatación del crimen del que el fantasma, su huella, nos habla. Cuando Jacques Derrida convoca a los espectros de Marx vuelve a Shakespeare para pensar al fantasma como el otro que asedia y «está ahí cuando su tiempo no está ahí» (2003: 63)[2]. El espectro se *presenta* e instala la dislocación del tiempo que ya no puede ser único y lineal ante la ausencia-presencia del muerto-vivo. La imagen del desaparecido –reaparecido– vuelve para hablar del cuerpo que no está en presencia pero insiste en permanecer presente. En el cuento de Bolaño, esta insistencia será el hilo conductor de una trama oculta que (des)articula un relato narrado en tiempo presente pero cuya temporalidad es la del espectro: un pasado que se actualiza, que se aferra al presente para no reconciliarse con el olvido.

«Últimos atardeceres en la tierra» narra el viaje que un padre y su hijo emprenden a la costa mexicana, una estadía que por momentos se torna monótona, insoportable y, a veces, perturbadora. El narrador omnisciente en tercera persona descalabra la nomenclatura convencional pues, además de ser impersonal (no sabemos quién es), asume los rasgos de un ojo que sigue los pasos de B y de su padre. A través de un estilo desafectado, casi de guion cinematográfico, el relato se construye con oraciones breves en las que el tiempo presente genera un ritmo acelerado, sin ripios. Desde el inicio, el cuento instala la seguridad de un lenguaje claro y preciso: «La situación es esta: B y el padre salen de vacaciones a Acapulco» (Bolaño 2001: 37). Sin embargo, la narración se ralentiza

---

[1] La expresión tiene varios equivalentes en español: dislocado, desarticulado, desconectado. *Fuera de quicio. Bolaño en el tiempo de sus espectros* (2012) es el título del volumen que en la estela derrideana compiló Raúl Rodríguez Freire. *Time out of joint* (*Tiempo desarticulado* en su traducción al español) es un libro escrito en 1959 por Philip K. Dick, «uno de los diez mejores escritores del siglo XX en Estados Unidos» según Bolaño (*Entre paréntesis*, 2005).

[2] Como en *Hamlet*, la figura del padre también es importante (pero no central) en «Últimos atardeceres en la tierra». El relato se publica por primera vez en una antología titulada *Honrarás a tu padre*, compilada por René Arcos y editada por Planeta de Chile (1998).

pues poco ocurre o, mejor, lo poco que sucede vale menos por las acciones que contiene que por los huecos, los vacíos que se generan.

Para Graciela Speranza, las torsiones de Bolaño a las tesis sobre el cuento de Ricardo Piglia (1999)[3] radican en la multiplicación de giros que la historia visible presenta para aumentar la tensión que dará paso a la historia secreta (Speranza 2012: 32). Sin embargo, la frustración (la historia secreta no aflora) se instala en los puntos suspensivos del relato, que carece de explicaciones que lo clausuren. Se trata de zonas *desquiciadas* que provocan esa capa densa de sensaciones oscuras y configuran la atmósfera de los cuentos de Bolaño por la cual un relato de lo más trivial y simple evita convertirse en una prosa aburrida y monótona. Podemos identificar los «puntos de viraje» que Speranza menciona con los paréntesis que el relato abre cada vez que focaliza en B. Por ejemplo, en el hotel un diálogo entre B y una mujer que parece sentirse indispuesta abre la grieta de lo cotidiano hacia la amenaza: cuando ella, para tranquilizar a B, le informa que sólo está pensando, B «de pronto percibe en esa declaración una amenaza. Algo que se acerca por el lado del mar. Algo que avanza arrastrado por las nubes oscuras que cruzan invisibles la bahía de Acapulco» (2001: 46). Ese peligro que se percibe como material se desvanece, como las nubes mismas, y solo logra indicar una tormenta tropical más. Antes que «giros» que aceleren la acción, estas zonas son umbrales a través de los cuales lo otro ingresa: otra historia, otro tiempo. Se trata de momentos en los que el relato se fantasmiza: aparece la alusión a algo que no está pero que asedia. Se constituye un vacío interpretativo porque intuimos que, tras el movimiento continuo de la narración, en la sucesión de acciones que apuntarían a la cotidianeidad del descanso, hay algo que falta. La idea, dos veces repetida, que parafrasea la máxima del *iceberg* que Ernest Hemingway apunta para todo relato–«Hay cosas que se pueden contar y hay cosas que no se pueden contar» (Bolaño 2001: 54 y 61)–, avala esa presencia-ausencia que corroe la superficie del cuento.

Una lectura de verano se transforma en indicio del «desastre» que se viene anunciando y funciona como pasaje al tiempo fantasmático de la memoria, lo que constituye el eje central del cuento en nuestro análisis. B lee la antología de poetas surrealistas compilada por Aldo Pellegrini. Disfruta mirar las fotos que acompañan una breve biografía de los autores, particularmente la de Gui Rosey, figura menor del grupo francés. Su historia se intercala en el cuento desde el punto de vista de B, quien imagina los días de Rosey en

---

[3] Según las cuales la forma del relato está dada por las combinaciones que se establecen entre las dos historias que todo cuento sostiene, una visible y otra oculta.

la costa francesa. La desaparición de Rosey en Marsella, donde se lo vio por última vez cuando esperaba la visa para huir de Francia durante el nazismo, pronto cae en el olvido. Sus amigos están «ocupados en ponerse a salvo a sí mismos, en unos años en los que las desapariciones masivas y los crímenes masivos son una constante» (42). A partir de entonces el fantasma de Rosey ronda por todo el relato, es la imagen sufriente a la que B siempre vuelve[4], el *otro* que asedia el relato para trastornarlo. De este modo, la historia rutinaria de unas vacaciones tranquilas revela un pliegue oscuro que conjura la imagen de Rosey, y esa trama oculta, que en un nivel conspira contra la tranquilidad de unas vacaciones, en el otro atenta contra el relato realista y anecdótico que intenta dar cuenta de ese viaje.

No hay datos sobre el destino del poeta, ningún documento certifica lo que aconteció pero está, *pese a todo*, la imagen. Como señala Georges Didi-Huberman, «el *pathos* de la imagen contribuye al *logos* del pensamiento»[5], pues es a través de ella que la narración fluye y recala en el relato de la violencia y sus fantasmas. Cuando B repara en la foto de Rosey irrumpe su historia, imaginada por el personaje a partir de la breve nota que se lee en el volumen de Aldo Pellegrini. El único «dato» que B retiene es el de la desaparición de Rosey durante la violencia de la Europa nazi. Pero es la foto del olvidado poeta lo que desata su posible historia de persecuciones y búsquedas, de agonías y silencios. En el marco de los debates en torno a la representación de los horrores de la historia, Didi-Huberman afirma que las imágenes dan cuenta de un «posible imaginable» (2004: 43), y con el poder de la palabra –aun en los límites de lo decible–; se transforman en voces que testimonian el horror contra la no memoria, contra la desaparición total. La palabra evita reducir la imagen a mero documento o ícono cristalizado y vacío (61).

El acontecimiento histórico de la desaparición física ha dado lugar a una «época de la desaparición» que desde la Segunda Guerra obligó a repensar la relación entre arte y política (Déotte 2000: 149-151). El secreto es aquello que los une («cosas que no se pueden contar»): la destrucción política de las pruebas de la violencia y lo inefable, en los límites éticos y estéticos de su representación. Por un lado, lo que tiene que ser borrado se resiste a *no ser* y la fotografía es una prueba de lo que *ha sido*. En el contexto latinoamericano, el rostro del desapa-

---

[4] «una foto de estudio en la que Rosey aparece como un ser sufriente y solitario, con los ojos grandes y vidriosos, y una corbata oscura que parece estrangularlo» (43).

[5] Georges Didi-Huberman, seminario «Pensar con imágenes» dictado en la Universidad Tres de Febrero, Buenos Aires, 2014.

recido, su fotografía, está presente en la lucha de familiares y organizaciones de derechos humanos contra el terrorismo de estado, y contribuye de diversos modos al reclamo de justicia. Desde la búsqueda hasta la denuncia, como soporte de la memoria las fotos han hecho visible la desaparición (Feld 2010: 3)[6]. Por otro lado, lo que se resiste al relato, lo inimaginable (Didi-Huberman), encuentra su cauce en la densidad estética de la ficción.

En el cuento de Bolaño, la fotografía del poeta menor es el medio a través del cual el espectro se contacta, y lo primero que atrapa es la mirada. Este contacto –casi un enfrentamiento– es decisivo e implica la entrada a un territorio del que se quiere salir pero al que incesantemente se sigue volviendo –según Didi-Huberman «para criticar la violencia uno tiene que describirla, lo que implica que uno tiene que ser capaz de mirar» (2013: 34). B mira el rostro de Rosey y *ve* la huella de un secreto. Intenta leer los poemas surrealistas pero no entiende nada y, enseguida, la lectura se transforma en visión: «Imágenes, heridas. Eso es lo único que ve» (Bolaño 2001: 50). La desaparición sin rastros del poeta deviene ronda espectral y revela un no-saber: «No hay investigación. No hay cadáver» (51). Esa es la síntesis del horror que asedia el relato como núcleo que no puede ser articulado con algo que le dé sentido y por lo tanto irrumpe el transcurso de unas vacaciones en el mar. La imagen de Rosey convoca otros espectros cuando B se ve a sí mismo como sobreviviente, *salvado*, de las «guerras floridas latinoamericanas» donde intentaron matarlo por lo menos dos veces (59). El recuerdo de B (con anclaje concreto: Chile, 1974) emerge y se incorpora a la trama que tiene a Rosey como protagonista.

El tópico del doble, que resuena en la idea sobre lo que se muestra y lo que no se muestra, también es un principio constructivo del relato. Hay episodios que tienen su espejo atroz y atisban los pliegues de la trama oculta. Por ejemplo, una escena enmarcada en lo que el padre de B identificaría con «el concepto de vacaciones» (54) se tiñe de ecos funestos que se recuperan más adelante. B se arroja al mar, para bucear y recoger la billetera de su padre que había caído al agua. Momentos antes había imaginado a su padre «cayendo a plomo» por una fosa: «Para B (para la mayoría de los jóvenes de veintidós años) el infierno es el fondo del mar» (55), es el infierno de los *hundidos*. Hay entonces dos historias que se intercalan, y si primero aparecen encajonadas (las vacaciones en Acapulco

---

[6] El artículo de Feld realiza un importante recorrido por el uso de las fotografías y los soportes audiovisuales en relación con la memoria; para profundizar en el análisis de las significaciones y presencias de la fotografía en relación con las violaciones a los derechos humanos, particularmente en el Cono Sur, véase: Richard (2000); Da Silva Catela (2009).

en donde la lectura del libro de los surrealistas da lugar a la historia de Gui Rosey), luego se cruzan hasta fusionarse para generar los umbrales por donde se filtra otra historia secreta, fantasma. En la escena final del relato, Rosey y B son el mismo, B siente que él también puede desaparecer para siempre, «como Gui Rosey, un Gui Rosey enterrado en algún baldío de Acapulco» (63). Sin embargo, en esta oscilación constante entre lo trivial y lo siniestro, el peligro que B presiente se reduce a una pelea de bar entre turistas. La frase final del cuento («Empiezan a pelear») podría anunciar un desenlace fatal, donde B y el padre mueren, ya que si bien la fatalidad no se narra se anuncia reiteradas veces. Esta hipótesis también podría verse confirmada por la identificación de B con el poeta surrealista (ya que ambos mueren o desaparecen), y sin embargo hay un detalle que la desestima: en ese instante de peligro inminente, que tal vez sea lo que se viene anunciando, B se encuentra con su padre, «se da cuenta de que, al contrario de Gui Rosey, él no está sólo» y piensa «con alegría» (63) en el regreso al DF. Así, como en la mayoría de los relatos de Bolaño, el peligro se desvanece o vuelve a encriptarse.

La idea del núcleo encriptado que insiste en mostrarse es de Nicolas Abraham y María Torok, respecto del fantasma como indicio de lo que no puede ser dicho y debe permanecer oculto pero, por su peso traumático, emerge. Lo que la historia secreta –o mejor dicho, su huella– (no) cuenta es lo que constituye la médula estética de la memoria que no podrá ser articulada en un relato lineal que la cristalice. Además, en el fondo barroso del recuerdo que la origina se oculta un no saber, el secreto. La figura del desaparecido cifra el misterio de la «muerte propia» al instalar una muerte sin identidad porque le fue negada la posibilidad de morir como ser humano. Fue «privado de la muerte», su ceremonia, su nombre propio (Schmucler 1996: 9). Sin embargo, su presencia no ha sido aniquilada y regresa aun con la marca de la incertidumbre. Es en este sentido que el desaparecido es un fantasma[7] que aparece ante la incógnita, el «¿dónde están?» de la muerte inconclusa que no niega al muerto sino *su* muerte

---

[7] Alejandro Kaufman (1996: en línea) piensa al desaparecido como figura extrema del mal, distinta del fantasma: «El fantasma del padre de Hamlet pide venganza porque el rey fue asesinado. Se sabe que el rey murió, con seguridad. La mentira radica en la causa. El desaparecido no es un muerto ni un fantasma. Es otra figura. Afirmar que las víctimas de los genocidas desaparecieron no implica la negociación de la sepultura (como el drama de Antígona), sino la negación de la muerte misma. Aquí se huele el humo de los crematorios. Cielo y mar son receptáculos de masas anónimas de víctimas asesinadas para que su recuerdo quede indeleble por haber sido borrado en forma tan extrema. El mal, entre nosotros, ha leído atentamente la historia».

—sin cuerpo, ni sepultura ni duelo (da Silva Catela 1998, 2001). La memoria entonces no puede referir un recuerdo transmisible y comprensible porque su núcleo duro cifra una incógnita, de modo que su relato será turbio.

Bolaño no se limita a la evocación de la pérdida, al recuerdo nostálgico del otro que ha sido, ni apunta al dato histórico, específico y verificable del horror[8]. Porque hay algo que falta, una ausencia-presencia que sobreviene y trastorna. El asalto del recuerdo perturba los modos de la narración, se aferra al tiempo presente pero su temporalidad no puede fijarse. El tiempo desquiciado es una de las marcas del fantasma, de esa fuerza que importuna el relato, lo desacomoda. El cuento narra en presente unas vacaciones de 1975, recupera la persecución de unos poetas franceses en la década del cuarenta, y salta a un futuro en el que B sobrevivirá en Europa. El narrador aporta este dato cuando informa que la visión de B al intentar reconstruir el destino de Rosey carece de datos fidedignos: «su imagen de una ciudad mediterránea está condicionada directamente por su imagen de Acapulco» (Bolaño 2001: 44) porque B *todavía* no conoce Europa, «No sabe que falta en su imagen...» algo que solo la costa europea tiene[9]. La temporalidad fantasmática también afecta al personaje, quien no discierne el transcurrir del tiempo, ya sea por la monotonía calma de las vacaciones, el descalabro sensorial de las drogas y el alcohol[10], o la constante sensación de estar entre dos dimensiones. Cuando B mira a su padre por detrás de una cortina, «le parece que no sólo separa la cocina del comedor sino un tiempo de otro tiempo» (38). Es interesante notar que estos desmanes temporales que afectan a B se narran con mayor distancia: el narrador se hace notar y marca estos desfasajes desde una posición que explicita su omnisciencia, como el *otro* externo que, también, asedia.

La memoria, entonces, se articula en una escritura quebrada por el asalto de una fuerza espectral que irrumpe. Está regida por el principio de la incertidumbre y sus derivas (el vacío, el secreto), sus desacomodos se manifiestan a

---

[8] Importa menos si a Rosey lo alcanzaron los nazis o si sobrevivió una vida anónima y plácida en algún rincón de Europa; el potencial poético que su desaparición provoca hilvana el relato de la memoria.

[9] «B no sabe que falta en su imagen un ruido o un rumor determinante: el de las jarcias de las pequeñas embarcaciones que suelen amarrar en todas las ciudades costeras» (Bolaño 2001: 44).

[10] En la playa: «El trayecto entre la playa y la isla dura exactamente quince minutos. B no lo sabe, pues no tiene reloj, y el tiempo se le alarga» (41). En el bar: «Esto ya lo he hecho, piensa B, estoy borracho, no saldré jamás de aquí. Algunos gestos se repiten [...] Pero faltan algunas cosas» (61).

partir de una imagen o del recuerdo. Su presencia adquiere diversas formas en el relato, desde los vaivenes de un narrador –a veces testigo, otras omnisciente– hasta las sucesivas rupturas del *suspense* narrativo que se diluye decepcionando al lector. El eje de esta fuerza convoca la figura del desaparecido y, al mismo tiempo, se identifica con un poeta. Tal vez, como advierte Chris Andrews, si entre los nombres incluidos en la antología de poetas surrealistas es Gui Rosey quien adquiere protagonismo ante Tristan Tzara o André Breton, es porque el destino de los poetas menores sea desaparecer (Andrews 2014: 59-60) y necesitan por tanto ser rescatados del olvido.

En la obra de Bolaño, el motivo de la búsqueda aparece reiteradas veces encarnado en personajes poetas-lectores-detectives que van tras la huella de escritores desaparecidos[11]. Los escritores que desaparecen dan cuenta de la imposibilidad de llegar al verdadero núcleo de la literatura, aquello que está más allá de las palabras –y las cosas– ; la poesía cifra esta dificultad de modo más cabal y explícito, tal como confiesan las famosas líneas de Rubén Darío: «yo persigo una forma/…/, y no hallo sino la palabra que huye» (1993: 108). Pero también la palabra imposible de los poetas desaparecidos es la palabra violentada, «amputada» –dice Julián Axat (2011). El fantasma de Gui Rosey reclama recuperar esas voces silenciadas que emergen de «La Gran Fosa» como insiste el poema de Roberto Bolaño, espejo de «Últimos atardeceres en la tierra».

En «La Gran Fosa», los pasajeros de un barco «unidos / por la juventud y el miedo» (2013: 679) quedan atrapados en una fosa oscura cuando surge la imagen de Gui Rosey, y el poema se transforma en un viaje por diversas conjeturas sobre sus últimos días en Marsella. En la fosa están los poetas hundidos y desde el barco que los conjura el sujeto lírico sabe que jamás podrá alejarse de ellos[12], será una nave espectral asediada por los ecos oscuros del hoyo devorador de poetas menores[13]. La imagen de la fosa tiene su eco en la novela *Amuleto* (2005), cuya escena final proyecta la imagen de una multitud de jóvenes como sombras –«probablemente eran fantasmas» (151)–, que se dirigen hacia

---

[11] Este es el eje de *Los detectives salvaje* y *2666*: Arturo Belano y Ulises Lima persiguen los pasos perdidos de Cesárea Tinajero, la fundadora del real visceralismo. La búsqueda de la madre emperatriz (Cesárea) de la poesía se transforma en una aventura disparatada que termina con su muerte. En *2666* los críticos intentan dar con el paradero del escritor Benno Von Arcimboldi, pero nunca lo logran.

[12] «el barco y la Fosa estaban unidos por una línea perpendicular / y jamás se separarían» (680).

[13] «Finalmente pudimos alejarnos de aquellas aguas, mas no de aquella noche al parecer / interminable» (680).

el abismo, «marchando hombro con hombro hacia la muerte» (153). Los ecos del canto de estos jóvenes permanecen, se llevan encima como un amuleto[14].

La búsqueda emprende nuevos caminos cuando el fantasma de Rosey, y el de Bolaño, se aparecen en el poema de Julián Axat («Gui Rosey», 2008) para evocar otros espectros, que esta vez irrumpen bajo el imperativo de lo propio, de lo familiar –como en *Hamlet*–: son «los nuestros». Por ello, si el relato de Bolaño se preguntaba por los últimos días de Rosey, el poema de Axat acerca la lupa de detective salvaje y piensa «en las últimas palabras» (54)[15], en los versos torturados que deben ser rescatados, como los cuerpos sin tumba. El sujeto lírico va en busca de «las tumbas de los nuestros» (51), pero no hay cuerpos sino palabras, «el cuerpo latía allí/no hace falta desenterrarlo/estaba en una boca» (57), imágenes que surgen de los versos picaneados que hay que recuperar para que no se fosilicen, cómplices del silencio, y se vuelvan tumba[16]. Julián Axat también sigue la huella bolañana en el proyecto que dirige desde 2007, la colección «Los detectives salvajes», desde la cual emprende la búsqueda y recuperación de autores desaparecidos por la última dictadura militar argentina. Es «el trabajo del gran Frankestein de la memoria hecha de andrajos», de los «cadáveres literarios escondidos por el terror» (Axat 2011; mi traducción)[17]. Entre B y Gui Rosey, entre Bolaño y Axat se abre el hueco abierto ante el «¿dónde están?» que todavía resuena en el fondo del mar, en el Río de la Plata, en Marsella o en Ayotzinapa.

---

[14] «Y aunque el canto que escuché hablaba de la guerra, de las hazañas heroicas de una generación entera de jóvenes sacrificados, yo supe que por encima de todo hablaba del valor y de los espejos, del deseo y del placer. Y ese canto es nuestro amuleto» (154).

[15] «pienso en las últimas palabras / de los poetas humildes/miserables/menores / desterrados/deambulantes/caídos o vivos/desaparecidos / conspiran con una voz que desconozco / están hablando de nosotros / bien bajito / hablan de nosotros».

[16] «El verso también es un cuerpo, y es torturable», señala Pádua Fernandes cuando analiza *Ylumynarya* a partir de una categoría pensada por el mismo Axat, la biopoética (2012: 58; mi traducción).

[17] Así se presenta: «La colección de poesía "Los detectives salvajes / Libros de la Talita Dorada", es el resultado de una búsqueda detectivesca de poesía inédita, perdida, escondida y silenciada por efecto del terrorismo de Estado. Un proyecto que también incluye la edición de poetas actuales, aquellos que van y vienen con ese ayer; los perdidos, menores, decadentes o mal paridos por el neoliberalismo poético». En <http://coleccionlosdetectivessalvajes.blogspot.com.ar/>.

Bibliografía

Abraham, Nicolas & Torok, Maria (1994): *The Shell and the kernell. Renewels in psychoanalysis*. Chicago / London: The University of Chicago Press.
Andrews, Chris (2014): *Roberto Bolaño's fiction: an expanding universe*. New York: Columbia University Press.
Axat, Julián (2008): *Ylumynarya*. City Bell: Libros de la talita dorada.
— (2011): *Desarquivando o Brasil IV: o exemplo da Argentina: entrevista com Julián Axat*, realizada por Pádua Fernandes, abril 2: <http://opalcoeomundo.blogspot.com.ar/search/label/Juli%C3%A1n%20Axat>.
Bolaño, Roberto (2001): *Putas asesinas*. Barcelona: Anagrama.
— (2005): *Amuleto*. Barcelona: Anagrama.
— (2013): *The Unknown university*. New York: New directions.
Crenzel, Emilio (2008): *La historia política del Nunca Más. La memoria de las desapariciones en la Argentina*. Buenos Aires: Siglo Veintiuno.
Crenzel, Emilio (ed.) (2010): *Los desaparecidos en la Argentina. Memorias, representaciones e ideas. 1983-2008*. Buenos Aires: Biblos.
Darío, Rubén (1993): «Prosas profanas y otros poemas». En *Antología*. Buenos Aires: Espasa Calpe, 73-108.
Da Silva Catela, Ludmila (1998): «Sin cuerpo, sin tumba. Memorias sobre una muerte inconclusa». En *Historia, antropología y fuentes orales* 20: 87-104.
— (2001) *No habrá flores en la tumba del pasado*. La Plata: Ediciones Al Margen.
Déotte, Jean Louis (2000): «El arte en la era de la desaparición». En Richard, Nelly (ed.): *Políticas y estéticas de la memoria*. Santiago de Chile: Cuarto propio, 149-164.
Derrida, Jacques (2003): *Espectros de Marx. El estado de la deuda, el trabajo del duelo y la nueva internacional*. Madrid: Trotta.
Didi-Huberman, Georges (2004): *Imágenes pese a todo. Memoria visual del Holocausto*. Barcelona: Paidós.
— (2013): «Cómo abrir los ojos». En Farocki, Harun: *Desconfiar de las imágenes*. Buenos Aires: Caja Negra, 13-35.
Feld, Claudia (2010): «Imagen, memoria y desaparición: una reflexión sobre los diversos soportes audiovisuales de la memoria». En *Aletheia* 1 (1): <http://www.memoria.fahce.unlp.edu.ar/art_revistas/pr.4265/pr.4265>.
Fernandes, Pádua (2012): «Biopoder e biopoética na poesía de Julián Axat: *Ylumynarya* e o genocidio na Argentina ». En *Literatura e Autoritarismo, Dossiê Imagens de Devastação* 8: 46-61.
Kaufman, Alejandro (1996): «Desaparecidos». En *Pensamiento de los confines* 3: <http://rayandolosconfines.com/revista.html>.
Piglia, Ricardo (1999): «Tesis sobre el cuento» / «Nuevas tesis sobre el cuento». En *Formas breves*. Buenos Aires: Grupo Editorial Temas, 89-134.

RICHARD, Nelly (2000): «Imagen-recuerdo y borraduras». En Richard, Nelly (ed.): *Políticas y estéticas de la memoria*. Santiago de Chile: Cuarto propio, 165-172.

SCHMUCLER, Héctor (1996): «Ni siquiera un rostro donde la muerte hubiera podido estampar su sello (reflexiones sobre los desaparecidos y la memoria)». En *Pensamiento de los confines* 3: 9-12.

SPERANZA, Graciela, (2012): *Atlas portátil de América Latina. Arte y ficciones errantes*. Barcelona: Anagrama.

Fantasmas de la periferia o la República Mundial de los Plagios: «El viaje de Álvaro Rousselot» de Roberto Bolaño

Benjamin Loy
Universität zu Köln

1. Bolaño y la (nueva) literatura mundial: tentaciones de un término fantasmal

Dentro de las variadas etiquetas y clasificaciones que la crítica literaria ha tratado de asignar a la obra y figura de Roberto Bolaño durante los últimos años, destaca la de ser el representante paradigmático de una llamada «nueva literatura mundial». Por ejemplo, esta categoría forma parte del título de un libro de Wilfrido Corral (2011) sobre el autor chileno, en el que el renombrado filólogo analiza de modo profundo la recepción de Bolaño en Estados Unidos y busca relacionar los resultados de esa pesquisa con la investigación reciente acerca del paradigma teórico de la *literatura mundial*[1]. Sin embargo y considerando aquí las críticas de Ignacio Echevarría (2013), hay que reconocer que el libro de Corral, que alza a Bolaño como «protagonista mayor de la "nueva literatura mundial"» (9), no logra satisfacer «suficientemente las expectativas que un título así despierta» (181). Las críticas de Echevarría hacia Corral se refieren, por un lado, a la total ignorancia de la recepción de Bolaño fuera de Estados Unidos, hecho que hace que su estudio se convierta «a momentos, sin él proponérselo, en un testimonio más a favor de quienes, no sin argumentos,

---

[1] Una visión de conjunto sobre los trabajos centrales hasta el 2008 en ese contexto la ofrece Rosendahl Thomsen (2010: 11-32); acerca de perspectivas teóricas más recientes, véase los estudios en el volumen de Küpper (2013).

sostienen que el concepto de "literatura mundial" enmascara las más veces una selección de las literaturas nacionales realizada con una perspectiva sustancialmente anglocéntrica» (181). Por otro lado (y aparte de esa ausencia de una crítica comparada para la cual el crítico español ofrece algunas pistas valiosas de primera mano (véase 184-200), con respecto al término de la mencionada «nueva literatura mundial» Echevarría le reprocha a Corral que no se ocupe de «procurar una definición suficiente de este concepto» (179). Precisamente en esa opacidad conceptual y terminológica reside el gran problema del libro de Corral: en ningún momento logra formular de forma clara y convincente un concepto de qué es o qué define, según él, esa «literatura mundial», y qué sería lo «nuevo» que diferencia a Bolaño de sus precursores. La única tentativa «definitoria» de Corral consiste en plantear de manera difusa que el rasgo central de esa «nueva literatura mundial» es que «reconstruye modelos de identidad y patrones novelísticos sin límites, desde una exterioridad nebulosa, liberada de dependencias políticas y nacionales» (2011: 9). Aparte de unas referencias superficiales al debate teórico actual (55-68 y 134-154), Corral nunca llega a aclarar su marco conceptual con respecto a los términos de *literatura mundial* y de *mundo*[2], hecho que no carece de cierta ironía al considerar las críticas del propio Corral, para quien «[e]l cosmopolitismo literario que intenta contestar estas preguntas sigue siendo demasiado impreciso y debatido como concepto académico» (15). Lo mismo sucede con respecto al concepto de *traducción*: «traducido», desde la perspectiva de Corral, quiere decir exclusivamente «traducido al inglés». Además, en ningún momento profundiza en la importancia del concepto de *traducción* en el actual marco teórico acerca de la *literatura mundial*[3], como tampoco ofrece un análisis real de las traducciones existentes de Bolaño al inglés. Aunque Corral reprocha que los críticos no consideren las implicaciones de la traducción en sus lecturas de Bolaño, su libro no ofrece ni un solo ejemplo para ilustrar por qué en el caso de los trabajos de Chris Andrews y Natasha Wimmer se trata de «generalmente excelentes traducciones» (139); en cambio, abundan lugares comunes al respecto, como decir que «[e]n el caso de Bolaño los paralelos y dolores de cabeza al traducir sus cuentos y novelas no son insignificantes, aunque con el chileno las migrañas valen la pena» (140). Más allá de las mencionadas debilidades conceptuales, la tendencia general del libro resulta problemática: Corral se explaya de forma burlesca sobre «los libros producidos por profesores» (siendo él mismo uno de

---

[2] Véase al respecto el excelente y exhaustivo trabajo teórico de Valdivia (2013).
[3] Compárese por ejemplo el trabajo de Apter (2013).

ellos) y sobre «la crítica académica [que] sigue empotrada en tareas descriptivas y metateóricas» (40). Arrasa sin criterio con prácticamente toda la crítica académica de Bolaño –ignorando al mismo tiempo estudios de alta calidad, como los reunidos en el volumen de Benmiloud y Estève (2007)– y se entusiasma con su propio papel de «crítico salvaje», con el que pretende corresponder a su objeto de estudio, ya que «[h]ay que recordar que Bolaño desdeñaba ese tipo de academicismo, actitud tenida en mente al escribir *Bolaño traducido*» (Corral 2011: 55). Corral, en cierto sentido, es representativo de ese tipo de estudios que pretenden acercarse a Bolaño[4] desde el término muchas veces fantasmal de la «nueva literatura mundial»: sucumben a lo que Erich Auerbach, en sus tempranas reflexiones sobre las posibilidades de una (nueva) *Filología de la Weltliteratur*, ha designado como «la tentación de conjurar la abundancia de material por medio de la introducción hipostasiada de conceptos abstractos para ordenarlo todo, lo cual deriva en la dilución del objeto, la discusión de problemas ilusorios y lleva finalmente a la nada lisa y llana» (2010: 14). Lo que Corral no llega a solucionar –y de ahí probablemente resulta el vacío algo paradójico que deja su colección exhaustiva de material crítico con respecto al entendimiento de lo global en Bolaño– es el problema de la síntesis, tal como lo capta Auerbach cuando crítica precisamente ese tipo de coleccionismo: el filólogo alemán sostiene que, ante una producción cultural cada vez más masiva en el marco de una globalización acelerada, «[l]as convencionales clasificaciones cronológicas, geográficas o tipológicas del material son ya inadecuadas y no pueden asegurar ninguna clase de avance energético unificado» (15). En vez de eso, Auerbach postula que «para la realización de un gran propósito sintético hay que encontrar primero un punto de partida [*Ansatz*], en cierto modo un pretexto, que permita abordar el objeto» (15). La particularidad de un buen punto de partida en el sentido de Auerbach –y de ahí se explica la utilidad de su propuesta en comparación con el «método» empleado por Corral en su estudio– consiste, por un lado, en «su concreción y su concisión, y por el otro, [en] su potencial fuerza de irradiación […] El punto de partida no debería ser algo general que se le impone al objeto desde afuera, sino una parte íntima y orgánica del tema» (15).

Considerando estas problemáticas, el presente estudio pretende explorar la relación de Roberto Bolaño con la literatura mundial de la siguiente manera: en vez del coleccionismo confuso (y superficial en términos teóricos) de Corral, se intentará analizar dicha relación desde el «interior» de la obra bolañana, para

---

[4] Véase por ejemplo el artículo de Pope (2011).

indagar de qué forma no solamente ofrece una reflexión sobre lo «global» sino también permite una puesta en perspectiva crítica (y latinoamericana) de los modelos teóricos más recientes (de origen europeo y anglo-americano) acerca del paradigma de la literatura mundial. Tomando como referencia algunas reflexiones acerca del lugar de América Latina en la literatura mundial a partir de la Modernidad (y la conceptualización de ese lugar en la teoría actual), el análisis textual del trabajo se centrará básicamente en el cuento «El viaje de Álvaro Rousselot», texto hasta el momento poco explorado por la crítica bolañana.

2. Lecturas del mundo: América Latina entre meridianos, nudos y constelaciones

Ha quedado en evidencia, entonces, que un problema central de los modelos teóricos actuales sobre el concepto de la literatura mundial con respecto al lugar de América Latina es la falta de conectividad entre esas teorías –formuladas muchas veces por estudiosos procedentes de la literatura comparada– y las literaturas latinoamericanas en sus múltiples y complejas dimensiones, sobre las cuales esos teóricos muchas veces poseen conocimientos meramente superficiales[5]. En adición a ese problema, la muchas veces problemática localización de América Latina (y de otras regiones consideradas como «periféricas») en los mencionados modelos tiene que ver también y fundamentalmente con la forma de pensar la historia (literaria) mundial y el mundo en sí que se pretende cartografiar: en ese sentido, el concepto de Pascale Casanova es explícito y representativo cuando postula la necesidad de «situar a los escritores (y sus obras) en ese inmenso ámbito que es, en cierto modo, una historia a la que se atribuye un espacio propio» (2001: 15)[6]. Tanto en Casanova como en Moretti el mundo, la literatura y la historia se piensan siempre como una dicotómica y estática geografía que se forma «a partir de una capital literaria (universal, por ende) y regiones que dependen de ella (literariamente) y que se definen por la distancia estética que las separa de la capital» (24)[7]. También Damrosch cae,

---

[5] Los trabajos –para nombrar solo los más destacados– de Casanova, Damrosch y Rosendahl dan prueba de ese hecho.

[6] «à situer les écrivains (et leurs œuvres) dans cet immense espace qui est en quelque sorte une histoire spatialisée» (1999: 16).

[7] «Sa géographie s'est constituée à partir de l'opposition entre une capitale littéraire (donc universelle) et des contrées qui en dépendent (littérairement) et qui se définissent par leur

si bien en grado menor, en esa categoría al hablar *del origen* (único) de una obra literaria o de su «source culture» (2003: 288). La metáfora que utiliza Casanova para describir esa idea de la organización de la literatura mundial es la del «meridiano Greenwich literario [que] permite calcular la distancia hasta el centro de todos los que pertenecen al espacio literario» (2001: 123)[8]. Se le ha criticado a la autora que ese meridiano pase justamente por París como «fábrica de lo universal» (171), junto con su ignorancia de las relaciones coloniales en el proceso de formación del campo literario mundial (sobre todo desde una perspectiva latinoamericanista)[9]. No obstante, esas críticas –en su indignación formulada desde el «margen» (que, tal como Corral observa con razón, en realidad es muchas veces el centro, ya que esos críticos escriben desde universidades norteamericanas)– se arriesgan a ignorar «una posición influyente en las letras latinoamericanas del siglo XIX y XX para las que París representaba el centro de la literatura mundial» (Hanneken 2010: 132; mi traducción)[10]. El mérito de trabajos como el de Hanneken y el reciente –y convincente– de Mariano Siskind consiste en haber superado no solo ese tipo de críticas sobrepolitizadas sino también esa lamentable lejanía entre los modelos teóricos actuales y la literatura latinoamericana. Ambos autores investigan el caso del *modernismo* y coinciden en la confirmación de la existencia de ese «meridiano parisino» de Casanova:

> En América Latina (al igual que en otras periferias globales) los discursos cosmopolitas críticos y estéticos tenían una estructura epistemológica en común que yo llamo *deseo de mundo*. Los intelectuales cosmopolitas invocaban el mundo alternativamente o como significante de una universalidad abstracta o como una serie concreta y limitada de trayectorias globales recorridas por escritores y libros. En ambos casos, la apertura hacia el mundo permitía un escape de las formaciones culturales nacionalistas y establecía un horizonte simbólico para la realización del potencial estético translocal de la literatura y las formas cosmopolitas de subjetivización. (Siskind 2014: 3; mi traducción)[11]

---

distance esthétique à la capitale» (1999: 24)

[8] «le "méridien de Greenwich littéraire" [qui] permet d'évaluer la distance au centre de tous ceux qui appartiennent à l'espace littéraire» (1999 : 127)

[9] Véase los trabajos reunidos en Sánchez-Prado (2006).

[10] «an influential position in nineteenth- and twentieth-century Latin American letters, for which Paris did count as the center of world literature».

[11] «In Latin America (as in other global peripheries), critical and aesthetic cosmopolitan discourses shared a common epistemological structure that I call *deseo de mundo*, desire for the world. Cosmopolitan intellectuals invoked the world alternately as a signifier of abstract

Si bien ambos estudios no niegan esos «deseos del centro», logran modificar y subvertir la noción estática del modelo de Casanova al demostrar la complejidad de esas relaciones y los procesos de circulación operando en ellas[12]. Pese a no poder ahondar más en sus trabajos, Hanneken y Siskind ostentan muy bien la necesidad de dinamizar y complejizar esos *mappae mundi* literarios estáticos, creados por Casanova & Co., para trazar, más allá de las críticas políticas hacia esas cartografías, la(s) historia(s) de los *movimientos* que conforman el espacio de la literatura mundial –entendida desde «adentro» y «afuera» «como una relación social cosmopolita, a la vez un discurso crítico y un campo universal concreto de intercambios culturales, constituido por fuerzas estructurales asimétricas que disputan el significado de lo global» (Siskind 2014: 38)–[13], y para sustituir ese tipo de *historia espacializada* cuyo reclamo de universalidad tiende necesariamente a ignorar esos movimientos.

Empero, la pregunta que surge en el presente estudio va más allá de esa tarea de la crítica, ya que, con Bolaño, se centra en el problema de la literatura mundial desde una perspectiva temporal distinta. Si todos los trabajos mencionados giran de alguna manera en torno a las preguntas sobre cómo «el meridiano de origen instituye el presente, es decir, en el orden de la creación literaria, la modernidad» (Casanova 2001: 123)[14], lo que implica que «[s]e puede medir así la distancia al centro de una obra o un corpus de obras, con arreglo a la distancia que las separa en el tiempo de los cánones que definen, en el momento preciso de la evaluación, el presente de la literatura» (123)[15], entonces la pregunta clave de este estudio tiene que ser: ¿cómo describir ese campo literario mundial,

---

universality or a concrete and finite set of global trajectories traveled by writers and books. In either case, opening to the world permitted an escape from nationalist cultural formations and established a symbolic horizon for the realization of the translocal aesthetic potential of literature and cosmopolitan forms of subjectivation».

[12] Hanneken, en directa oposición a la fijación de Moretti (2000) en la novela como género portador de la globalización literaria (occidental), demuestra muy bien a través del ejemplo de Darío y su *Mundial Magazine* las problemáticas de trabajos como los de Casanova o del propio Moretti (problemas que, en el fondo, surgen otra vez de las ya mencionadas y erróneas aspiraciones sintéticas de sus autores de las que hablaba Auerbach).

[13] «as a cosmopolitan social relation, both a critical discourse and a concrete universal field of cultural exchanges constituted by asymmetrical structural forces disputing the meaning of the global».

[14] «le méridien d'origine institue le présent, c'est-à-dire, dans l'ordre de la création littéraire, la modernité» (1999: 127).

[15] «On peut ainsi mesurer la distance au centre d'une œuvre ou d'un corpus d'œuvres, d'après leur écart temporel aux canons qui définissent, au moment précis de l'évaluation, le présent de la littérature» (1999: 127).

y el lugar que en él ocupa América Latina, desde una posición *después* de la Modernidad? O, en otras palabras, ¿qué sucede a nivel de ese sistema global en el momento en que el meridiano moderno comienza a volverse borroso y los engranajes de la fábrica universalista pierden (al menos parte de) su impulso? Es muy llamativo que ese fenómeno en las reflexiones de Casanova aparezca de manera casi marginal (y en relación con cierto pesimismo cultural) cuando admite: «Tal vez nos hallemos hoy en día en una fase de transición que pasa de un universo dominado por París a un mundo policéntrico y pluralista» (2001: 217)[16]. La conciencia de que su historia de la literatura mundial espacializada y centrada de la Modernidad está perdiendo vigencia se hace evidente aquí, sin que las reflexiones de Casanova vayan más allá de algunos lugares comunes para describir esa transformación: «La estructura del espacio literario mundial es, en efecto, más compleja que la que hemos explicado que se daba en el siglo XIX y la primera mitad del XX» (2001: 223)[17]. La hipótesis del presente estudio es que Bolaño –como uno de los representantes paradigmáticos de esa estructura literaria mundial cambiante- incluye, en la revisión de la Modernidad que constituye el centro de toda su obra[18], una reflexión sobre el campo literario mundial que cuestiona las cartografías tal como fueron formuladas desde el autodenominado «centro». El análisis de esa reflexión tiene que comprender, entonces, no solamente la pregunta sobre qué sucede con ese «discurso del *deseo de mundo*» latinoamericano, tan propio de la constelación moderna, así como la noción casanoviana del canon, sino también cómo la narrativa de Bolaño propone a su vez una «teoría» de las transformaciones de la literatura mundial (cuyas «nuevas» dimensiones habrá que diferenciar en ese contexto para llenar, de esa manera, el vacío conceptual de trabajos como el de Corral). En el marco de estas reflexiones preliminares acerca de las relaciones entre Bolaño y la producción teórica reciente sobre la literatura mundial, también cabe advertir las conexiones llamativas de su narrativa con algunas propuestas teóricas que se centran precisamente en una crítica de los modelos de autores como Casanova, Moretti o Damrosch. Vilashini Cooppan explora en un reciente ensayo –sin expresar una crítica explícita a los trabajos canónicos mencionados– las posibilidades de una «historia no-lineal de la literatura mundial» (2013: 107; mi

---

[16] «Nous sommes peut-être aujourd'hui dans une phase de transition où l'on passe d'un univers dominé par Paris à un monde polycentrique et pluraliste» (1999: 227).

[17] «La structure de l'espace littéraire mondial actuel est en effet plus complexe que celle qui a été décrite pour le XIXe et la première moitié du XXe siècle» (1999: 234).

[18] Véase al respecto los distintos acercamientos a esa problemática en Loy 2014.

traducción)¹⁹. Relacionando el problema del *mapping* de la literatura mundial con los postulados de pensadores de la *network theory* como Ciccoricco, Van Dijk y De Landa, Cooppan propone una lectura del campo literario mundial a partir del paradigma de la red para desarrollar un «un modelo alternativo de fuerza descolonizadora» (104)²⁰. Un elemento clave dentro de esa perspectiva lo constituyen los llamados «nodal densities», que Cooppan describe como «puntos nodales donde lo distante (históricamente antiguo, geográficamente distante) y lo cercano (el ahora, el aquí) chocan para desatar nuevos patrones de historia literaria» (105)²¹. La idea precisamente es llegar, a través de una concentración en esos «nudos» –dentro de una obra y/o desde una perspectiva comparada–, a detectar las temporalidades y espacialidades complejas, que los modelos lineales y teleológicos, con sus «top-down, bottom-up methods» (108), tienden a hacer desaparecer porque no cumplen con la noción histórica en la que se basan. Es llamativa la coincidencia de Cooppan con las propuestas teóricas de Mads Rosendahl Thomsen, ya que ambos se basan en la metáfora de la constelación para ilustrar su metodología: mientras que Cooppan ve los «nudos» como «estrellas en la historia constelada de la literatura mundial» (105)²², Rosendahl afirma que, en la literatura mundial, las constelaciones

> son un modo de análisis que investiga las formas por las que textos muy diferentes comparten características que los hacen perdurar en el cielo literario. El concepto y uso de constelaciones de obras es fundamental para este acercamiento a la literatura mundial, especialmente al detectar patrones en la literatura mundial a través de características compartidas de obras tal vez históricamente y geográficamente distantes. (2010: 4; mi traducción)²³

---

[19] «nonlinear history of world literature».
[20] «alternative model of decolonizing force».
[21] «nodal points where the far (historically old, geographically far) and the near (the now, the here) collide to unleash new patterns of literary history».
[22] «stars in world literature's constellated history».
[23] «constellations in world literature is a mode of analysis that investigates ways in which very different texts share features that make them stand out on the literary canopy. The concept and use of constellations of works is central to this approach to world literature, namely by seeing patterns in world literature through the shared properties of works, perhaps, far apart in time and place». Dicha metáfora resulta interesante en relación con el problema del canon tal como lo plantea Rosendahl, si se considera que también Bolaño se sirve de la misma figura ya en el *primer manifiesto infrarrealista* para captar la posición marginal del grupo vanguardista con respecto al campo literario mexicano de la época: «¿No podría suceder en los mapas celestes, al igual que en los de la tierra, que estén indicadas las estrellas-ciudades y

También Ottmar Ette, en sus reflexiones sobre una *literatura sin residencia fija*, recurre a una metáfora metodológica parecida cuando introduce el término de la *Vektorisierung* (*vectorización*), que entiende dentro de una filología transareal como «el almacenamiento de antiguos (e incluso futuros) modelos de movimientos que reaparecen y se vuelen transitables nuevamente en movimientos actuales» (2005: 11; mi traducción). Ette opone al término de la *Weltliteratur* (en el sentido goethiano) su concepto de las *Literaturen der Welt* (*literaturas del mundo*) como «un sistema polilógico [...] que no fue inventado desde un solo lugar del mundo, que no fue difundido desde un solo espacio sino que dispone de los orígenes culturales y geográficos más diversos» (2014: 302)[24]. Las tres propuestas (que no se mencionan entre sí y no consideran el lugar específico de América Latina en ese contexto) coinciden, pues, en una noción fundamentalmente distinta del concepto de la literatura mundial al ofrecer instrumentos para un entendimiento dinámico, polilógico y no lineal del espacio literario global, que no solamente sirve para una historiografía y cartografía alternativas de la literatura mundial moderna sino también, y sobre todo, para describir la creciente complejidad de esos espacios a raíz de la disolución del «meridiano parisino».

A estas alturas, no es muy difícil reconocer hasta qué punto la literatura de Bolaño comparte ya desde un nivel formal rasgos fundamentales con esos conceptos teóricos, considerando que sus obras «se construyen de forma semejante a los vínculos de la red: obras dispersas, de tamaño, composición y estilos variables, que se hallan interconectadas entre sí» (Volpi 2009: 177). Si bien no es posible indagar aquí en sus novelas, es claro que, aunque muchas se desarrollan dentro de un determinado contexto nacional (Chile, México), todas ostentan una permanente transgresión de ese contexto al relacionar determinadas constelaciones estéticas e históricas con los discursos estéticos y políticos de la Modernidad occidental en su totalidad. Es así que crean esos «nodal points», que concentran la historia global del mundo y de la literatura en su no linealidad como condición indispensable de su legibilidad.

---

omitidas las estrellas-pueblos?» (1977: 5). Una lectura parecida, si bien en otro contexto, sería posible en *Estrella distante*.

[24] Ette desarrolla su argumentación de una historia literaria mundial móvil a partir de una crítica original de conceptos historiográficos surgidos ante distintos momentos de globalización (cf. 2014: 289-301), sin referirse, no obstante, a ninguno de los modelos mencionados del debate teórico reciente.

3. Fantasmas de la periferia o la República Mundial de los Plagios: «El viaje de Álvaro Rousselot»

Si la mayoría de las novelas de Bolaño se centran básicamente en los complejos nexos entre arte, política y sus puntos de contacto con la historia global violenta del siglo pasado, el cuento «El viaje de Álvaro Rousselot», publicado en la colección *El gaucho insufrible* (2003), funciona más bien como una lectura condensada del campo literario global, en el sentido de un cuestionamiento no solamente de los conceptos de centro y periferia sino también de las posibilidades de leer la historia global de la literatura en torno a las categorías claves de lo original y del canon. Para ese propósito, Bolaño desarrolla un relato sobre el caso del escritor argentino Álvaro Rousselot, que se ve confrontado a los plagios de un director francés, Guy Morini, que transforma sus novelas en películas sin nombrarlo como referencia. Como ya advierte la contratapa del libro, se trata de «un relato donde resuenan ecos de Bioy Casares y de Resnais», y es precisamente a través de la ficcionalización de la relación entre *La invención de Morel* y *L'année dernière à Marienbad* que Bolaño plantea sus críticas del campo literario mundial. Para recapitular: en 1961 el director francés Alain Resnais lanza, en el contexto de la llamada *Nouvelle Vague*, su película *L'année dernière à Marienbad*, realizada bajo el guion de Alain Robbe-Grillet (uno de los protagonistas del *Nouveau Roman*), que trata de un hombre y una mujer sin nombre que coinciden en un hotel barroco donde el hombre busca persuadir a la mujer de que abandone a su marido y se fugue con él. Se basa para eso en una supuesta promesa que ella le hizo cuando se conocieron el año anterior, en Marienbad, pero que al parecer la mujer no recuerda, suceso en torno al que se construye la problemática central de la película: ¿dónde se encuentran los límites entre realidad e imaginación, entre pasado y presente? Es evidente que la película –y ya su título es una alusión clara en ese sentido– retoma una parte fundamental del argumento de *La invención de Morel*, novela publicada por Bioy Casares en 1940. El punto crucial (y también el punto de partida de las reflexiones de Bolaño) consiste en el hecho de que por parte de Resnais y Robbe-Grillet «no se da ningún reconocimiento, ni en la película ni en el guion publicado. *Last Year at Marienbad* se presenta a sí mismo como una obra prístina del arte modernista» (Beltzer 2000; mi traducción)[25]. Efectivamente, en el prólogo

---

[25] «no credit is given, either in the film or the published screenplay. *Last Year at Marienbad* presents itself as a pristine work of high modern art».

al guión Robbe-Grillet presenta la película como resultado del trabajo de un dúo artístico original, y afirma que «desde el principio hemos *visto* la película de la misma manera, pero exactamente, en su arquitectura del conjunto como en la construcción del más íntimo detalle» (1968: 9, mi traducción)[26]. Sin nombrar la novela de Bioy, Robbe-Grillet insiste en su autoría al sostener que «entonces me puse a escribir solo [...] la descripción de la película imagen por imagen tal cual las veía en mi cabeza» (11)[27]. Incluso cuando André Labarthe y Jacques Rivette, en una entrevista en *Cahiers du cinéma*, le preguntan por la influencia de Bioy y no le queda otra opción que admitirla de forma superficial, el escritor francés mantiene su idea de que, según él, «lo que nutre al artista es directamente la realidad, y si el arte nos apasiona es porque ahí ya reencontramos cosas que queríamos hacer bajo una sola emoción causada por el mundo real. No creo que, al momento de crear, uno se nutra realmente del arte» (1961: 15)[28]. Resnais va todavía un paso más allá al afirmar primero que «no me encuentro en la posición de hablar de eso porque no conozco el libro»[29], para luego –cuando le explican la novela de Bioy– deshacerse de la pregunta con las palabras: «La relación con Marienbad efectivamente es asombrosa. Pero hemos tenido muchas veces sorpresas de ese tipo» (14)[30]. El punto concluyente de los comentarios de Resnais acerca de las influencias en su película reside, desde la perspectiva de las relaciones de poder en un campo artístico global (que es también la perspectiva del cuento de Bolaño), en el hecho de que aparentemente el discurso sobre la creación de esa autodenominada vanguardia artística solo permite admitir fuentes que corresponden de alguna manera al canon cultural francés o, lo que en momentos pareciera ser lo mismo, occidental (¡y por ende universal!): mientras que la influencia principal de la película, una novela de ciencia ficción de 1940 escrita por un autor argentino (de importancia menor desde una perspectiva francesa), se oculta al calificarla como mera «sorpresa», Resnais sí trata de construir una

---

[26] «nous avons dès le début *vu* le film de la même manière; et non pas en gros de la même manière, mais exactement, dans son architecture d'ensemble comme dans la construction du moindre détail».

[27] «[j]e me mis donc à écrire, seul [...] la description du film image par image tel que je le voyais dans ma tête».

[28] «ce qui nourrit l'artiste, c'est directement la réalité, et que, si l'art nous passionne, c'est parce qu'on y retrouve déjà des choses qu'on avait envie de faire sous la seule émotion causée par le monde réel. Je ne crois pas qu'on se nourrisse vraiment de l'art, au moment de la création».

[29] «[j]e suis mal placé pour en parler, car je ne connais pas ce livre».

[30] «Le rapport avec Marienbad est en effet frappant. Mais nous avons eu souvent des surprises de ce genre».

línea de precursores más adecuada a su creación, que va desde las «antiguas leyendas bretonas» (5)[31] y los vanguardistas rusos como Ilja Traubenberg (cf. 10) hasta directores como G.W. Pabst y Alfred Hitchcock y las pinturas de Piero della Francesca[32]. Es precisamente ese deseo de lo original y de la pertenencia a un canon específico, y la transformación de lo que se escapa o pone en riesgo ese deseo en una especie de influencia fantasmal y oculta, lo que constituye el punto central en que se basa «El viaje de Álvaro Rousselot» para cuestionar la noción del *auteur* moderno y sus conceptos de originalidad y canon, en relación con la pregunta por la ubicación de América Latina dentro del campo artístico (y literario) global en la encrucijada entre Modernidad y Postmodernidad.

La figura del deseo ocupa, como se ha visto, un lugar clave tanto en los discursos periféricos de la literatura mundial como en esa vocación por lo original propia de la literatura moderna (cf. Casanova 2001: 131). También en *La invención de Morel* (y por ende en la película de Resnais) el motivo dominante de la narración es el deseo del narrador anónimo hacia Faustine y la pertenencia a una comunidad y un mundo (del cual ha sido relegado como recluso prófugo), motivo al que el cuento de Bolaño alude desde un principio sosteniendo que «todos terminamos convirtiéndonos en víctimas del objeto de nuestra adoración, tal vez porque toda pasión tiende −con mayor velocidad que el resto de las emociones humanas− a su propio fin, tal vez por la frecuentación excesiva del objeto del deseo» (2003: 88). Sin embargo, se observa en la figura de Rousselot, que remite a Bioy en cuanto es descrito como «un prosista ameno y pródigo en argumentos originales» (87) y se habla «[d]el estilo fantástico y detectivesco de sus anteriores novelas» (94), una remarcable inversión de ese motivo del deseo. Esta inversión cobra importancia especial en el contexto de las mencionadas problemáticas de la literatura mundial: si los modernistas latinoamericanos desarrollaban sus proyectos de escritura desde el deseo hacia «un mundo en el que un sujeto estético marginal puede esperar inscribirse para compenetrarse con la supuesta universalidad de un sistema global de intercambios literarios» (Siskind 2014: 125)[33], y si Francia representaba el centro de ese mundo y deseo universalista y moderno, entonces no queda nada de eso en el personaje y la historia de Álvaro Rousselot. Cuando el escritor, luego de un viaje a Frankfurt,

---

[31] «vieilles légendes bretonnes».
[32] Véase la entrevista con Resnais en el DVD de la versión inglesa de la película.
[33] «a world where a marginal aesthetic subject can hope to inscribe him- or herself to become one with the assumed universality of a world system of literary exchanges».

decide aprovechar la ocasión para averiguar más sobre los plagios de sus novelas por el director francés, ya «el miedo de ir a París» (2003: 97) expresado por Rousselot se lee como un contraste evidente en comparación con el estatus de la capital francesa en los imaginarios (periféricos) de sus precursores. El deseo por el meridiano parisino en el cuento de Bolaño es representado todavía por el personaje de Riquelme, un escritor argentino radicado en París sin éxito, pero con la convicción (obviamente ironizada) de que «estaba escribiendo la gran novela argentina del siglo XX» (100); para Rousselot, en cambio, ese deseo se presenta ya únicamente en forma de pesadilla:

> Para colmo, esa noche no soñó con Proust sino con Buenos Aires, donde encontraba a miles de Riquelmes instalados en el Pen Club argentino, todos con un billete para viajar a Francia, todos gritando, todos maldiciendo un nombre, el nombre de una persona o de una cosa que Rousselot no oía bien, tal vez se trataba de un trabalenguas, de una contraseña que nadie quería desvelar pero que los devoraba por dentro. (109)

París ya no aparece como la mítica *ville lumière*, el viaje al centro de la Modernidad ya no es, como lo percibía aún Octavio Paz, «saltar a otro siglo» (1965: 19), y a Rousselot le parece «como si a determinada hora y en determinados barrios la ciudad luz se transformara en una ciudad rusa del medievo o en las imágenes de tales ciudades que los directores de cine soviético entregaban de vez en cuando al público en sus películas[34]» (102). Dicha impresión se refuerza también a través de la recepción que experimenta Rousselot por parte del mundo editorial parisino y que pone de relieve la mencionada inversión (y subversión) de las lecturas de centro y periferia. Si en su artículo sobre *La invención de Morel* Nitsch advierte que la relación entre el narrador (venezolano) y la comunidad (fantasmal) de los europeos en la isla se puede leer como una «confrontación entre la cultura latinoamericana y europea» en la que «el contraste agudo entre el cavernícola bárbaro y el inventor elegante alude a la oposición entre Calibán y Próspero» (2004: 112; mi traducción), esa relación polarizada entre civilización europea y barbarie americana también se invierte en el cuento de Bolaño: «Los parisinos son unos caníbales» (2003: 98) le dice su editor a Rousselot, a quien primero no reconoce a su llegada a París y luego procede a «informarle de que las ventas de sus libros habían sido muy malas»

---

[34] Esa representación de París corresponde a la visión de la ciudad en otros textos de Bolaño, como por ejemplo en *Monsieur Pain*, *Nocturno de Chile* o también en *Los detectives salvajes*. Un primer y superficial acercamiento a ese tema se encuentra en Bolognese (2009).

(97). París, el meridiano estético de la Modernidad, se ha transformado –en los años 50 y 60 en los que se ambienta el cuento– en un lugar donde la lógica del mercado ha triunfado por sobre la estética y la ética de la literatura: «Desde Camus, dijo, aquí lo único que interesa es el dinero» (99).

Es ante ese panorama que las novelas de Rousselot se transforman en un modelo estético para el director francés Guy Morini, que –al igual que Resnais en el caso de Bioy– oculta su fuente periférica. También en ese sentido Bolaño construye una lectura inversa de *La invención de Morel*: donde en la novela de Bioy el narrador americano se ve confrontado con la intrusión de los fantasmas europeos inventados por Morel, en el relato de Bolaño es Morini quien de repente se tiene que enfrentar a Rousselot como ese fantasma plagiado de la periferia del que –igual que el narrador de Bioy– trata de huir: «Morini tardó unos segundos en reaccionar, pero cuando lo hizo se levantó de un salto, lanzó un grito de espanto y se perdió por los pasadizos del hotel» (111). También se invierte la figura del deseo y del acceso en las figuras femeninas: Faustine, el objeto de deseo del narrador de Bioy, funciona en su exquisitez y su inaccesibilidad como figura alegórica de ese centro vedado al americano bárbaro e ignorado[35]. En cambio, Simone, la parisina de la que se enamora Rousselot, no es solamente una prostituta (accesible para todo el mundo); al mismo tiempo es también la fuente de la felicidad de Rousselot (cf. 112-113), muy al contrario de la inalcanzable Faustine, por quien el narrador de Bioy sacrificará su vida.

Dentro de esas diversas operaciones de inversión, el mundo y la idea de una pertenencia a una literatura universal en Bolaño ya no son, como aún era el caso de los modernistas, «la proyección fantasmal de deseos cosmopolitas hacia una variedad de ensamblajes geográficos desde siempre insolubles» (Siskind 2014: 10)[36]; Álvaro Rousselot es un fantasma americano que recorre Europa y que, además, funciona dentro del relato como figura de metarreflexión en cuanto a la pregunta por la representación artística de «realidad», que a su vez constituye el núcleo de la novela de Bioy y de la película de Resnais/Robbe-Grillet –«Es una película sobre los mayores o menores grados de realidad»[37](1961: 4). En el cuento de Bolaño, la cuestión de la mímesis y los alcances del realismo literario en el sentido de una *representación del mundo* sirven de base para

---

[35] Véase, por ejemplo, la escena en la que el narrador cultiva un jardín para su amada que ella, como proyección fantasmal que es, naturalmente ignora: «Pasó, de ida y de vuelta, al lado de mi jardincito, pero simuló no verlo» (Bioy Casares 2010: 45).

[36] «the phantasmatic projection of cosmopolitan desires onto a variety of a priori undecidable geographical assemblages».

[37] «C'est un film sur les plus ou moins grands degrés de réalité».

cuestionar una historia de la literatura mundial lineal y teleológica con París como centro, y para demostrar que la literatura mundial no se puede leer a partir de un meridiano (Casanova) o a través de *olas* que se reparten desde el centro hacia la periferia (cf. Moretti 2005), sino únicamente en forma de red y a través de esos mencionados «nodal points». Uno de esos nudos claves se encuentra en «El viaje de Álvaro Rousselot» –más allá del caso Bioy/Resnais–, en el viaje del protagonista al norte de Francia: «El tren se detuvo en Rouen. Otro argentino, él mismo, pero en otras circunstancias, no hubiera tardado un segundo en lanzarse por las calles como un perdiguero tras las huellas de Flaubert» (108). La alusión a Flaubert es significativa en tanto remite no solamente a uno de los creadores del realismo literario moderno sino también, a través de la búsqueda de Rousselot de un copista en el norte de Francia, a su última e inconclusa novela *Bouvard et Pécuchet*. Fue Borges quien escribió, con respecto a Flaubert y esa novela, que trata de dos copistas poseídos por el vano deseo de acumular permanentemente nuevos saberes, que «[e]l hombre que con *Madame Bovary* forjó la novela realista fue también el primero en romperla» (1986: 121). Precisamente esa ruptura con el realismo moderno ocupará también el lugar central en las obras de Borges y Bioy y, a continuación, en las de Resnais y Robbe-Grillet. El punto decisivo con respecto al problema del original y del canon, en el que se basan los conceptos de Casanova y Moretti, se hace evidente al mirar de cerca la lectura que hace Borges de Flaubert con respecto a su noción del tiempo y de la historia universal:

> [E]l tiempo de *Bouvard et Pécuchet* se inclina a la eternidad; por eso, los protagonistas no mueren y seguirán copiando, cerca de Caen, su anacrónico *Sottisier*, tan ignorantes de 1914 como de 1870; por eso, la obra mira, hacia atrás, a las parábolas de Voltaire y de Swift y de los orientales y, hacia adelante, a las de Kafka. Hay, tal vez, otra clave. Para escarnecer los anhelos de la humanidad, Swift los atribuyó a pigmeos o a simios; Flaubert, a dos sujetos grotescos. Evidentemente, si la historia universal es la historia de Bouvard y de Pécuchet, todo lo que la integra es ridículo y deleznable. (121-122)

El lugar de Flaubert, desde la perspectiva de Borges, no es un lugar absoluto en el sentido de un meridiano fijo o un centro, sino que su obra, muy por el contrario, mira tanto *hacia adelante* como *hacia atrás* y, de esa manera, desenmascara la ridiculez de una historia universal pensada como dialéctica. Esa crítica historiográfica, que también incluye siempre la historia de la propia literatura y que se encuentra de manera parecida en textos prominentes como

«Kafka y sus precursores» o «El idioma analítico de John Wilkins», cuestiona en último lugar la posibilidad de una historia literaria en el sentido de Casanova o Moretti, ya que «[e]se desplazamiento del lugar histórico –desde la historia del texto a la intención de la lectura– implica tanto una modificación del curso temporal causal como otra referencia para su ordenamiento» (Valdivia 2013: 418, traduccióbn mía). Valdivia, si bien no lo relaciona con el problema de la literatura mundial, reconoce muy bien la importancia de ese aspecto borgeano para la literatura de Bolaño y para el problema del canon y de lo original cuando advierte: «La historia de la literatura es, por lo tanto, una competencia del lector y no una suma de textos cualquiera, unida por una característica que en última instancia es arbitraria» (420). Dos puntos fundamentales se derivan de estas reflexiones con respecto al problema de la literatura mundial en Bolaño y en «El viaje de Álvaro Rousselot». Por un lado, el texto, a través de las referencias a Bioy y Borges, subvierte el modelo de Casanova al cuestionar su idea del meridiano parisino moderno que, despúes de la Segunda Guerra Mundial, pierde su vigencia. El caso específico de Bioy y Resnais en ese contexto remite, evidentemente, también a Borges como fundador del pensamiento postmoderno y a su relación con Francia como centro de la Modernidad, ya que Borges, como advierte de Toro, «recurre a una serie de procedimientos textuales que, mucho más tarde, en la segunda mitad del siglo XX, serán difundidos y establecidos por la filosofía posmoderna, por la teoría de la literatura (*nouvelle critique*, *Tel Quel*) y que van mucho más allá de la teoría y práctica literaria de las vanguardias europeas de los años 50 en adelante» (2003: 14). En ese sentido, Borges es representativo también para el caso de Bioy y Resnais/Robbe-Grillet retomado por Bolaño, porque encarna «la difícil relación entre periferia y centro, que se puede resumir, *grosso modo*, en los siguientes tipos de relación: a) se lo conoce, pero se lo oculta (ej. *Nouveau roman*, *roman Tel Quel*)» (de Toro 2003: 37-38). Es bastante revelador observar cómo Casanova (a diferencia, por ejemplo, de Foucault en *Les mots et les choses*) desconoce totalmente la importancia de Borges como fundador de una crítica epistemológica del pensamiento moderno (cf. 171)[38]. Sin embargo, hay que recalcar el hecho de que ni Borges ni Bolaño en «El viaje de Álvaro Rousselot» aspiran a sustituir el meridiano parisino por uno bonaerense para perpetuar, de esa manera, la noción jerárquica de una historia de la literatura mundial bajo otras premisas. A los modelos verticales de Casanova y Moretti, que comprenden las relaciones entre textos como flujos unidireccionales del centro hacia la

---

[38] Véase también las críticas de Sánchez-Prado (2006: 32).

periferia, Borges y Bolaño oponen un pensamiento organizado en forma de red. Esa idea ya se hace visible en el prólogo de Borges a *La invención de Morel* cuando advierte que la novela de Bioy «(cuyo título alude filialmente a otro inventor isleño, a Moreau) traslada a nuestras tierras y a nuestro idioma un género nuevo» (en Bioy Casares 2010: 10). La figura del traslado aquí es clave porque el texto –a pesar de su incuestionable «originalidad»– no se presenta (a diferencia de la película de Resnais/Robbe-Grillet) como creación originaria, sino que se sitúa desde un principio en una red de lecturas. Esta se da a conocer ya a través de la relación entre el Moreau de Wells y el Morel de Bioy, a la que Bolaño en su cuento agrega a su Morini como última pieza de esa red de los inventores del centro (que claramente aparece ya solo de forma ironizada, en cuanto inventor-copista). Al igual que el narrador de Bioy, que se integra a la historia de la comunidad fantasmal de Morel a través de la superposición de sus propias imágenes con las de sus objetos deseados, Bolaño utiliza la estrategia de la superposición de textos, en el sentido de «nodal points» (Cooppan) o «vectorizaciones» (Ette), para desplegar una reflexión crítica sobre los procedimientos de la historia de la literatura mundial formulada por el centro. De esta manera, revela no solamente el carácter constructivista de esas historias literarias sino también cómo los deseos modernistas de la periferia se invierten y se transforman en deseos del centro al insistir en las categorías del canon y del original para justificar su propia supremacía artística. De Toro advierte, con respecto al Pierre Menard de Borges (con cuyo fantasma, como es sabido, Bolaño conversa en *Estrella distante*), que el texto «niega [...] la posibilidad de reactualizar ("contemporaneizar") textos del pasado en su sentido originario» (2003: 21): esa es precisamente la base de la definición que Bolaño desarrolla con respecto a las categorías de original y canon (y, en consecuencia, también respecto a la idea de una historia de la literatura mundial). Las copias de Guy Morini en «El viaje de Álvaro Rousselot» no son consideradas por su creador de acuerdo a la lógica moderna de original y copia (tal como se observa en las afirmaciones de Resnais y Robbe-Grillet), sino como una creación autónoma en posesión de una calidad propia:

> Siete meses después de sus vacaciones en Punta del Este, cuando aún no había aparecido la versión francesa de *Vida de recién casado*, se estrenó en Buenos Aires la última película de Morini, *Contornos del día*, que era exactamente igual que *Vida de recién casado*, pero mejor, es decir: corregida y aumentada de forma considerable, con un método que recordaba en cierto sentido al que había utilizado en su primera película, comprimiendo en la parte central el argumento de Rousselot

y dejando el principio y el final de la película como *comentarios*. (Bolaño 2003: 93; énfasis del original)

Si bien Rousselot al principio se indigna por el plagio del francés, luego «optó por no hacer nada, al menos nada legal, y esperó» (93). Sin embargo, cuando cesan los plagios de Morini Rousselot reacciona decepcionado porque se siente como si Morini «hubiera suspendido su comunicación con él. Tras el alivio, entonces, vino la tristeza. Durante unos días incluso le rondó por la cabeza la idea de haber perdido a su mejor lector, el único para el que verdaderamente escribía, el único que era capaz de responderle» (95). Es precisamente esa tristeza de Rousselot lo que demuestra el entendimiento bolañano de la historia de la literatura, ya no como una historia de textos que localiza y canoniza a autores dentro de un canon estático y jerárquico sino como una competencia de lectura en constante movimiento. La idea del canon en Bolaño ya solo existe en el sentido de Borges, tal como lo capta de Toro:

> Borges destruye el canon tradicional para construir *un canon del deseo, del gusto y del goce* de cada uno [...] el de Borges es un *canon de lectores*, de un infinito número de lectores que no acepta esa escritura como origen, sino que la transfigura. Cada lector se construirá su canon [...] quiere crear un mundo infinito, una red infinita de literatura. (2006: 119; énfasis del original)

Es esa capacidad de ser leída y de provocar una reacción en el lector lo que para Bolaño define la calidad de la obra literaria, hecho que precisa en su breve ensayo «La traducción es un yunque»:

> ¿Cómo reconocer una obra de arte? [...] Es fácil. Hay que traducirla. Que el traductor no sea una lumbrera. Hay que arrancarle páginas al azar. Hay que dejarla tirada en un desván. Si después de todo esto aparece un joven y la lee, y tras leerla la hace suya, y le es fiel (o infiel, qué más da) y la reinterpreta y la acompaña en su viaje a los límites y ambos se enriquecen y el joven añade un gramo de valor a su valor natural, estamos ante algo, una máquina o un libro, capaz de hablar a todos los seres humanos. (2004: 223-224)

Para Bolaño, por lo tanto, la literatura mundial no se escribe desde las categorías del canon (académico) y del original moderno, tal como las entienden Casanova y Moretti, sino únicamente desde el propio acto de leer. Las ideas de una literatura nacional que, además, pretende ser el meridiano para el resto del mundo resultan desde esta perspectiva tan erróneas como los intentos de localizar a un autor en un cierto punto fijo (Damrosch) y tratar de captar su calidad por categorías que no tienen que ver con su impacto en el lector. Son esas también las ideas que Bolaño desarrolla en su ensayo «Literatura y exilio», donde, con vistas a un poema de Parra que declara a Rubén Darío y Alonso de Ercilla como los cuatro grandes poetas de Chile, sostiene que la lección de ese poema es «que no *tenemos* ni a Darío ni a Ercilla, que no podemos apropiarnos de ellos, sólo leerlos, que ya es bastante» (2004: 46). En este sentido, también los críticos de Bolaño probablemente harían mejor en esclarecer su relación con la literatura mundial a través de sus lecturas, en vez de transformarse en coleccionistas desesperados (a lo Bouvard y Pécuchet), etiquetarlo y tratar de apropiarse de él en nombre de categorías de moda pero intelectualmente vacías. De este modo, quizás, se darían cuenta de que las preguntas que Bolaño plantea en relación a la literatura mundial no resultan tan nuevas sino que recurren a una larga historia, y que lo novedoso de Bolaño reside más que nada en el hecho de que ha sabido leer esa historia mejor que muchos otros. Para llegar a eso solo queda repetir una recomendación que el propio Bolaño hace a los escritores chilenos con respecto a José Donoso, y que perfectamente se podría aplicar también a parte de sus propios críticos y sus ideas de la nueva literatura mundial: «Mejor harían leyéndolo. Mejor sería que dejaran de escribir y se pusieran a leer. Mucho mejor leer» (2004: 101).

Bibliografía

Apter, Emily (2013): *Against world literature: on the politics of untranslatability*. London: Verso.
Auerbach, Erich (2010): «Filología de la *Weltliteratur*». En *Diario de Poesía* 81: 13-15.
Beltzer, Thomas (2000): «*Last year at Marienbad*: an intertextual meditation». En *Senses of cinema* 10: <http://sensesofcinema.com/2000/novel-and-film/marienbad/>.
Benmiloud, Karim & Estève, Raphael (eds.) (2007): *Les astres noirs de Roberto Bolaño*. Bordeaux: Presse universitaire.
Bioy Casares, Adolfo (2010): *La invención de Morel*. Buenos Aires: Emecé.
Bolaño, Roberto (1977): «Déjenlo todo nuevamente». En *Correspondencia infra, revista menstrual del movimiento infrarrealista*, octubre-noviembre de 1977: 5-11.
— (2003): *El gaucho insufrible*. Barcelona: Anagrama.
— (2004): *Entre paréntesis. Ensayos, artículos y discursos (1998-2003)*. Barcelona: Anagrama.
Bolognese, Chiara (2009): «París y su bohemia literaria: homenajes y críticas en la escritura de Roberto Bolaño». En *Anales de literatura chilena* 11: 227-239.

Borges, Jorge Luis (1986): «Vindicación de "Bouvard et Pécuchet"». En *Discusión*. Buenos Aires: Emecé, 117-122.

Casanova, Pascale (1999): *La république mondiale des lettres*. Paris: Seuil.

— (2001): *La república mundial de las letras*. Barcelona: Anagrama.

Cooppan, Vilashini (2013): «Codes for world literature: network theory and the field imaginary». En Küpper, Jorachim (ed.): *Approaches to world literature*. Berlin: Akademie-Verlag, 103-121.

Corral, Wilfrido (2011): *Bolaño traducido: nueva literatura mundial*. Madrid: Escalera.

Damrosch, David (2003): *What is world literature?* Princeton: Princeton University Press.

Echevarría, Ignacio (2013): «Bolaño internacional: algunas reflexiones en torno al éxito internacional de Roberto Bolaño». En *Estudios Públicos* 130: 175-202.

Ette, Ottmar (2005): *ZwischenWeltenSchreiben: Literaturen ohne festen Wohnsitz*. Berlin: Kadmos Kulturverlag.

— (2014): «Vom Leben der Literaturen der Welt». En Müller, Gesine (ed.): *Verlag Macht Weltliteratur. Lateinamerikanisch-deutsche Kulturtransfers zwischen internationalem Literaturbetrieb und Übersetzungspolitik*. Berlin: Tranvía, 289-310.

Hanneken, Jaime (2010): «Going *mundial*: what it really means to desire Paris». En *Modern Language Quarterly* 71 (2): 129-152.

Labarthe, André y Jacques Rivette (1961): «Entretien avec Resnais et Robbe-Grillet». En *Cahiers du cinéma* 123: 1-21.

Loy, Benjamin (2013): «Escritores bárbaros, detectives distantes y un cura amnésico: escenificaciones de la memoria (post-)dictatorial chilena en la obra de Roberto Bolaño». En Paatz, Annette & Reinstädler, Janett (eds.): *Arpillera sobre Chile. Cine, teatro y literatura antes y después de 1973*. Berlin: Tranvía, 117-138.

— (2014): «El nacimiento del detective vacunado en el espíritu de la (pos)modernidad –la búsqueda de huellas como paradigma en la obra de Roberto Bolaño». En Melchior, Luca & Göschl, Albert & Rieger, Rita & Fischer, Michaela (eds.): *Spurensuche (in) der Romania. Beiträge zum XXVIII. Forum Junge Romanistik*. Berna: Peter Lang, 109-122.

Moretti, Franco (2000): «Conjectures on world literature». En *New Left Review* 1: 54-68.

— (2005): *Graphs, maps, trees: abstract models for a literary history*. London: Verso.

Nitsch, Wolfram (2004): «Die Insel der Reproduktionen. Medium und Spiel in Bioy Casares' Erzählung *La invención de Morel*». En *Iberoromania* 60: 102-117.

Paz, Octavio (1965): *Cuadrivio: Darío, López Velarde, Pessoa, Cernuda*. México D.F.: Joaquín Mortiz.

Pope, Randolph (2011): «A writer for a globalized age: Roberto Bolaño and *2666*». En Maufort, Marc & Wagter, Caroline de (eds.): *Old margins and new centers: the European literary heritage in an age of globalization*. Brussels: Peter Lang, 157-166.

ROBBE-GRILLET, Alain (1968). *L'année dernière à Marienbad*. Paris: Éditions de Minuit.

ROSENDAHL THOMSEN, Mads (2010): *Mapping world literature: international canonization and transnational literature*. London: Continuum.

SÁNCHEZ-PRADO, Ignacio (2006): «"Hijos de Metapa": un recorrido conceptual de la literatura mundial (a manera de introducción)». En Sánchez-Prado, Ignacio (ed.): *América Latina en la «literatura mundial»*. Pittsburgh: Instituto Internacional de Literatura Iberoamericana, 7-46.

SISKIND, Mariano (2014): *Cosmopolitan desires. global modernity and world literature in Latin America*. Evanston: Northwestern University Press.

TORO, Alfonso de (2003): «Jorge Luis Borges. Los fundamentos del pensamiento occidental del siglo XX: finalización del logocentrismo occidental y virtualidad en la condición posmoderna y poscolonial». En Solotorewsky, Myma & Fine, Ruth (eds.): *Borges en Jerusalén*. Madrid / Frankfurt: Vervuert, 13-47.

— (2006): «Jorge Luis Borges o la literatura del deseo: descentración – simulación del canon y estrategias postmodernas». En *Taller de Letras* 39: 101-126.

VALDIVIA, Pablo (2013): *Weltenvielfalt. Eine romantheoretische Studie im Ausgang von Gabriel García Márquez, Sandra Cisneros und Roberto Bolaño*. Berlin: De Gruyter.

VOLPI, Jorge (2009): *El insomnio de Bolívar. Cuatro consideraciones intempestivas sobre América Latina en el siglo XIX*. Barcelona: Debate.

Los gauchos de verdad no leen a Borges: masculinidades antinómicas y economía política en «El gaucho insufrible»

Dianna C. Niebylski
University of Illinois at Chicago

> Dentro de un archivo de modelos masculinos al que los hombres decimonónicos recurrieron para crear su identidad (dandies, flaneurs, casseurs, hombres sentimentales, self-made men), el gaucho fue el que más se acercó a la idea de la masculinidad hiperviril que se fue considerando como hegemónica en América Latina a lo largo del siglo xx
>
> Ana Peluffo

> En lo que se refiere a nosotros, pienso que nuestra historia sería otra, y sería mejor, si hubiéramos elegido, a partir de este siglo, el *Facundo* y no el *Martín Fierro*
>
> Jorge Luis Borges

Nada menos gauchesco[1] que el protagonista de «El gaucho insufrible» al comienzo del ya famoso cuento de Roberto Bolaño. Héctor Pereda, «cuidadoso y tierno padre de familia» (2003: 15), cómodamente instalado en un departamento de un barrio bonaerense de alto *standing* y tan complaciente

---

[1] El título del trabajo alude a la paródica novela *Real Men Don't Eat Quiche* («Los hombres de verdad no comen quiche») de 1982, la popular sátira de Bruce Feirstein sobre estereotipos masculinos en los Estados Unidos de comienzos de la década del ochenta.

que termina aceptando los exagerados juicios estéticos de sus sirvientas para no contradecirlas, no se acerca ni remotamente a las canónicas virtudes del gaucho que pueblan el imaginario argentino a partir del modelo martinfierresco: el coraje desmedido, la destreza física, la propensión a la violencia o el culto a la libertad incondicional[2]. A primera vista, el protagonista de la primera parte del cuento encarna, en cambio, el paradigma de urbanidad cívica decimonónica imaginado por Esteban Echeverría y descrito por Domingo Faustino Sarmiento como el contrapeso necesario para combatir al centauro de las pampas[3]. Las primeras imágenes que tenemos de Pereda son las de un padre ejemplar, un «abogado intachable, de probada honradez» (15) y un hombre que no sale de su casa sin corbata ni siquiera para leer el diario[4]. Al observarlo más a fondo, sin embargo, es evidente que Pereda es una versión decididamente paródica del modelo urbano propuesto por el autor de *Facundo*. Lejos de velar por el progreso y el orden de la república, dicho Pereda, habiendo amasado pronto una pequeña fortuna como abogado, abandona toda responsabilidad cívica al jubilarse con menos de cuarenta años y retirarse de la vida pública justo en un momento en que el país necesita a ciudadanos con ideales «civilizados» que se opongan a la tercera presidencia de Perón[5]. Igualmente irónica será la representación de Pereda cuando personifique la figura de un gaucho sólo un poco más anacrónico que su contrapartida citadina. La ironía que atañe a la representación de los tipos oximorónicos de hombría nacional no pasa, sin embargo, por el narrador, o pasa por encima de este, que es lo mismo. Al escoger como portavoz de la historia de Héctor Pereda a un narrador cuyos valores coinciden mayor-

---

[2] Trabajo aquí, como lo hace Bolaño, con imágenes telegráficas y reductivas del «gaucho». Beatriz Sarlo y Carlos Altamirano, entre otros, nos alertan sobre el hecho de que «las variaciones, deslizamientos y determinaciones semánticas de "gaucho" son producto de extensos procesos de semantización y resemantización» (2001: 20-21).

[3] Los dos modelos de hombría que Sarmiento convertirá en famosa antinomia se dramatizan por primera vez en las letras argentinas en «El matadero», de Esteban Echeverría, obra escrita a comienzos de 1830 con el fervor propio de un exiliado político y con la exageración propia del naturalismo. Pero es Sarmiento quien, diez años más tarde, plasma esta visión dicotómica de la hombría argentina en su célebre ensayo-biografía *Civilización y barbarie: Vida de Facundo Quiroga*.

[4] Conviene recordar la insistencia con que Sarmiento asocia el frac y la levita a la masculinidad civilizada.

[5] Según mis cálculos, esta parte de la vida del personaje corresponde casi necesariamente a la tercera presidencia de Perón o a la breve y desastrosa presidencia de su viuda, Isabel Martínez de Perón.

mente con los del personaje, Bolaño deja que la ironía paródica opere casi estrictamente a nivel extra diegético y requiera un conocimiento no solo de las fuentes literarias de las que se sirve el autor sino de la historia política nacional que las sustenta.

«El gaucho insufrible» repasa telegráfica pero selectivamente varias versiones del consabido modelo de virilidad y valentía más popular y más polémico del imaginario argentino. Considerado irredimible por Sarmiento (quien llegó a recomendar su exterminio), rescatado por José Hernández como víctima de una ley injusta, transformado en ícono épico por un Leopoldo Lugones contagiado de fervor ultranacionalista y anti-inmigratorio, revitalizado por el Borges del primer vanguardismo pero descalificado por el Borges antiperonista de la década de 1940, la figura del gaucho atraviesa el imaginario político y literario argentino a través de distintos *rounds* en los que gana por *knock-out* o queda mortalmente herido hasta la próxima contienda[6]. Parte del acierto de Bolaño en este cuento consiste en insertarse en el debate sobre el carácter heroico o traicionero del gaucho *no* desde los textos fundadores (Sarmiento, Echeverría, Hernández prominentemente), sino desde las reescrituras tardías de la tradición gauchesca a las que alude el cuento; reescrituras que, al recombinar y reinventar elementos de esta tradición, la desnaturalizan o desmitifican[7]. Bolaño –escritor extranjero conocedor de la tradición (literaria) argentina– participa de este proceso de desnaturalización y desmitificación al retratar la contradicción entre el hombre rural y el ciudadano urbano no sólo a través de un palimpsesto paródico propio de la virtualidad del siglo XXI sino enfocándose en el grado de virilidad disponible para un gaucho de cierta edad. Un gaucho, en efecto, perteneciente a lo que eufemísticamente se denomina la «tercera edad».

Este giro da al cuento un espíritu de realismo que, en medio de tantas fuentes literarias, permite a Bolaño anclar el palimpsesto irónico-paródico

---

[6] En «Tradición y conflictos», el cuarto capítulo de *Borges, un escritor en las orillas*, Beatriz Sarlo nota que el gaucho representó distintas cosas para distintos grupos del temprano siglo XX: «quien escribiera en la Argentina del primer tercio de este siglo tenía que examinar el mito gaucho y medirse con él, ya fuera para rechazarlo, para desviarlo o para adoptarlo. [...] De esta manera cualquiera que escribiera en las primeras cuatro décadas de este siglo tenía que examinar y luchar con el mito del gaucho, ya sea para rechazarlo, re-trabajarlo o adoptarlo».

[7] Múltiples artículos rastrean las influencias intertextuales en el cuento. El más extenso es el de Faverón Patriau (2008), quien no sólo explica la relación simbiótica entre el cuento de Bolaño y las referencias e influencias más obvias (Borges, Sarmiento, Hernández, Cortázar, Di Benedetto), sino que también ahonda en los intertextos que informan estas lecturas anteriores y de ese modo hacen eco en «El gaucho insufrible».

del cuento en la gravedad de la crisis nacional que da origen a la historia de Pereda. Así es como «El gaucho insufrible» hace patente en todo momento la estrecha relación que se teje entre la escritura y reescrituras de la dicotomía civilización y barbarie y la *Realpolitik* que sustenta y desata la necesidad de pensar o repensar dicho binarismo[8]. Nadie que haya leído el cuento ignora que detrás de la decisión del protagonista de abandonar Buenos Aires está la crisis bancaria de la Argentina en el 2001-02. Pero la relación que el cuento establece entre las distintas encarnaciones del protagonista y la preocupación por la política y la economía nacional no ha sido objeto de una reflexión extensa por parte de la crítica. Es evidente, sin embargo, que detrás de la necesidad de justificar o defender su papel de padre, profesional capitalino o restaurador rural, el protagonista tiene siempre un beneficio que considerar, una conversión monetaria en ascendencia o descendencia que cuantificar, una cuenta bancaria intervenida, una deuda que saldar, una hipoteca, o el recuento de una pampa cuya prosperidad una vez se midió en corrales y no en corralitos. Bolaño va aún más allá, al apuntar –y aquí la parodia es solemne– que cada revaloración clave de la figura del gaucho, cada reescritura clave o decisiva de la antinomia fundacional sarmientina, está y ha estado siempre vinculada a los grandes conflictos político-económicos en la historia del país. Aunque en una primera lectura del cuento esto puede pasar desapercibido, un repaso de las condiciones históricas que determinan la escritura de los intertextos aludidos nos hace advertir que, a partir de Sarmiento, la revalidación o vituperación del gaucho (y por lo mismo de la conocida antinomia) apunta a momentos de grandes cambios y conflictos en la historia argentina; momentos que, además, involucran personalmente a todos los escritores que se perfilan detrás del excéntrico ventrilocuismo del autor.

---

[8] Cabe reconocer dos artículos sobre este cuento que se acercan a su horizonte político desde distintos ángulos. En «La ironía de lo político: Reflexiones sobre "El gaucho insufrible" de Roberto Bolaño» (2008), Federico Pous «indaga las potencialidades de las conexiones que se pueden establecer entre la literatura y la política» desde la ironía y el humor que despliega Bolaño en el cuento. El artículo de Julio S. Figueroa, «Exilio interior y subjetividad post-estatal: "El gaucho insufrible" de Roberto Bolaño» (2008) observa la relevancia del neoliberalismo en la decisión de Pereda de dejar la ciudad y buscarse una identidad «post-estatal» desde el exilio interior y la marginalización.

1. *Homo domesticus*, no *civicus*: bienestar y beneficios
 de un ciudadano desentendido

> Por las noches, después de darles las buenas noches a sus hijos [...] se marchaba a su café favorito [...] adonde podía estar hasta la una [...] escuchando a sus amigos o a los amigos de amigos, que hablaban de cosas que él desconocía y que sospechaba, si conociera, lo aburrirían soberanamente [...] (18)

> [...] sus hijos [...] le echaron en cara a Pereda el haberles secuestrado la realidad tal cual era (15)

Sacando un cálculo aproximado, Pereda ha de haber quedado viudo a fines de la década de 1960 o a comienzos de la de 1970, posiblemente poco antes o durante la tercera presidencia de Perón[9]. Cuando sus amigos animan al joven viudo a casarse en segundas nupcias, la repuesta de Pereda, quien se ha quedado a cargo de dos hijos pequeños, es que no quiere infligirles a sus hijos «el peso (insoportable según su expresión) de darles una madrastra» (16). Es en relación con su preocupación por la paternidad que el personaje despliega una opinión política explícita (la única por la que, más tarde, estará dispuesto a pelear)[10]. «[E]l gran problema de la Argentina, de la Argentina de aquellos años», nota Pereda, «era precisamente el problema de la madrastra [...] empezando por la gran madrastra peronista» (16). Me interesa señalar la inserción de «aquellos años» al comienzo de esta cita. Si «aquellos años» se refiere aquí al presente del joven padre viudo, es muy probable que el comentario de Pereda coincida con la desastrosa presidencia de Isabel Perón (1974-76)[11]. Con esta cronología coincide también la jubilación temprana de un Pereda enriquecido

---

[9] En el cuento, Bebe ya es un escritor «reconocido en toda Latinoamérica» (2003: 39), de manera que lo más probable es que tenga entre treinta y cinco y cuarenta años. Tenía ocho cuando murió su madre. Esto, y la mención de la «madrastra (peronista)» de «aquellos años» me lleva a establecer la cronología que propongo. Siguiendo esta misma cronología, Pereda tendría entre 60 y 70 años al comienzo del cuento, lo que también se adecúa a los detalles del relato.

[10] El antiperonismo de Pereda lo convierte en digno heredero de Sarmiento, dada la identificación de Perón con Rosas, a pesar del antagonismo entre Perón y la aristocracia ganadera a la que pertenecía este último y a la que volveré más tarde.

[11] Evita es, sin duda alguna, «la gran madrastra peronista», pero la cronología indica que la madrastra peronista de «aquellos años» no puede ser sino la segunda esposa de Perón.

a raíz de su profesión de abogado y su dimisión de la judicatura, dado que la Junta suspendió toda representación política municipal o provincial (por lo que Pereda no hubiese podido presentarse a candidato)[12]. Su retiro no sólo de la vida pública (como juez) sino de todo contacto profesional con la ley le permite al abogado mantenerse alejado de la realidad que lo rodea –tanto del fracaso de las industrias nacionales, que seguramente lo tiene sin cuidado, como de los rumores del terrorismo de Estado, que parece no escuchar o no creer. A pesar de leer dos periódicos diarios –que durante los años de la dictadura dirían exactamente lo mismo– el abogado parece estar totalmente al margen de lo que ocurre en su país mientras sus hijos entran y salen de la adolescencia. Por ello, es difícil imaginar qué realidad Pereda puede haberles «secuestrado» a sus hijos sino la realidad del país en esos años, aunque ni ellos ni él parecen querer entrar en detalles.

En cualquier caso, no cabe ninguna duda de que el abogado habría apoyado a los militares que habrían de rescatar al país de esta segunda madrastra peronista y del justicialismo populista que podría llegar a triunfar entre tanto caos. Como tantos otros argentinos, Pereda habría preferido el Estado de Sitio impuesto *de facto* por la Junta Militar a la posibilidad de un retorno al poder de la izquierda peronista[13]. Sin duda, el personaje, como otros de su clase, habría visto en la Junta una manera de acabar con la violencia entre paramilitares de la Triple A –en cuya creación el papel de Perón sigue siendo objeto de especulación– y del terrorismo de la extrema izquierda que fue clave en la falta de oposición al golpe de estado por parte de las clases media y alta. Pero igualmente determinante en su complicidad muda con el terrorismo de Estado habrían sido los grandes beneficios que habría recaudado un hombre de su clase a raíz de la agenda económica impuesta por la dictadura. Siguiendo en parte el modelo adoptado por Pinochet en Chile poco antes, los militares que lideraron el llamado Proceso de Reorganización Nacional tenían como uno de sus objetivos principales la derrota de los sindicatos, la privatización de grandes servicios nacionales (entre ellos, el ferrocarril que Perón había nacionalizado) y la apertura a las inversiones y grandes impor-

---

[12] Es quizás innecesario recordar que la Junta prohibió los partidos políticos y que por lo tanto Pereda no hubiera podido optar entre una «promoción judicial» y una candidatura a la diputación entre 1976-83, años en que sus hijos entran y quizás salen de su adolescencia.

[13] El silencio cómplice de gran parte de la población argentina ante el golpe de Estado que estableció a la Junta contrasta fuertemente con las enormes protestas de las clases media y alta ante las primeras elecciones de Perón.

taciones de productos extranjeros[14]. En otras palabras, los duros de la Junta, guiados por el Ministro de Economía Martínez de Hoz, se rindieron a los pies de «los Chicago Boys», cuya agenda política neoliberal pronto sería conocida simplemente como «*reaganomics*» y más tarde como neoliberalismo. El liberalismo sociopolítico de Pereda (reflejado en el trato permisivo que da a sus hijos y la aparente equidad con que trata a sus sirvientas) es inseparable de sus intereses económicos, pero estos últimos dependen no de una agenda político-económica equitativa –su posición contra el peronismo es tajante– sino del neoliberalismo que lo beneficia hasta la crisis del 2001.

Todo lo notado hasta aquí podría dar la impresión de que la primera parte del cuento tiene ecos siniestros, pero el tono de la narración no nos permite esta conclusión. En efecto, en lo que bien podría ser una parodia del carácter similarmente anacrónico de los narradores borgeanos, en la primera parte del cuento el narrador de «El gaucho insufrible» coincide en todo con los valores y los juicios de Pereda y se acerca al personaje con una actitud entre académica y reverencial. La segunda parte del cuento (Pereda en el campo) establecerá algunas distinciones entre la voz del personaje y el narrador, pero hasta entonces la correspondencia entre el liberalismo decimonónico de Pereda y el del narrador se conjugan sin diferencias. No hay, por lo tanto, ironía dramática cuando el narrador, en perfecta sincronía con Pereda, insiste en que, pese a las madrastras peronistas, la vida del personaje «era una vida feliz» (17). Por eso, lo siniestro (la complicidad de Pereda con la dictadura) no sólo no se dice sino que el narrador no lo ve[15]. Queda a cuenta nuestra medir la parodia irónica del modelo sarmientino de ciudadanía masculina. Si a partir del viaje de Pereda al campo la ironía y la parodia (de los tipos gauchescos y capitalinos) se vuelve explícita al volverse más y más reconocibles los estereotipos parodiados, en esta primera parte del cuento la ironía dramática se centra casi exclusivamente en la distancia que se establece entre la cándida visión de un narrador cuyos valores anacrónicos lo ciegan a la realidad que lo circunda, y el trauma histórico al que Bolaño alude con magistral economía.

La misma actitud que le permite a Pereda vivir «una vida feliz» en medio de tanta crisis va reduciendo paulatinamente su virilidad hasta convertirlo en un

---

[14] En un discurso proclamado en 1976, la Junta declara que junto con el control de los grupos subversivos, el plan de «Reorganización» requiere «brindar a la iniciativa y capitales privados, nacionales y extranjeros, las condiciones necesarias para una participación fluida en el proceso de explotación nacional de los recursos». Citado por F. Mallimaci (2006).

[15] Propongo que toda la primera parte del cuento puede leerse como una parodia irónica de una novela decimonónica.

hombre no sólo doméstico sino claramente domesticado, a pesar de sus viajes y de sus ocasionales relaciones (muerta su esposa, nunca tiene novias, ni grandes pasiones). La domesticación del personaje y su falta de voz en el ámbito público lo alejan de cualquier modelo de hombría reconocible. El padre viudo que pasa horas escuchando a sus hijos repetir sus lecciones de inglés, de francés o de piano carece de fuerza y de fuerza de voluntad. Hasta sus cambios dietéticos amenazan con convertirlo en una caricatura: «[d]ecidió dejar el vino y las comidas demasiado fuertes» (19). Complaciente hasta el cansancio, da la impresión de ser un hombre cada vez con menos cualidades. En su profesión, no podría haber sido ni abogado defensor ni fiscal dado su deseo de evitar conflictos; en las reuniones con sus amigos escucha lo que dicen sin entenderlo y sin que su ignorancia o indiferencia le importe[16]. Para quienes ven a Pereda por encima de la valoración del narrador, es posible leer en la emasculación del personaje el reflejo paródico de los testigos mudos que colaboraron pasivamente con la violencia de Estado durante más de media década. Se ha insistido mucho –y no sin razón– en los paralelos entre el cuento de Bolaño y «El Sur». Pero el Pereda a quien Bolaño presenta primero como «intachable» se parece menos a Dahlmann y más a otros personajes de Bolaño que desempeñan similares papeles en *Estrella distante* y *Nocturno de Chile*[17].

Dije en mi introducción que mi lectura del cuento toma en cuenta otros intertextos –menos explícitos pero no menos relevantes– en el palimpsesto intertextual del cuento. La referencia al fuerte rechazo del peronismo de Pereda en la primera parte del cuento, que se repetirá con mayor violencia más tarde, nos remite a Borges, pero no al Borges de la época de «El Sur» (escrito, efectivamente, durante la segunda presidencia de Perón) sino a los escritos protocolares de Borges de 1974, pocos meses después del regreso de Perón. En *El tamaño de mi esperanza*, escrito en 1925, un Borges que buscaba anclar su vanguardismo en el símbolo nacional de coraje acusaba a Sarmiento de ser un «norteamericanizado indio bravo, gran odiador y desentendedor de lo criollo» (12). Con la llegada al poder de Perón y las masas de «descamisados» que lo apoyaban, Borges empieza a renegar de la anterior revalorización de la virilidad autóctona

---

[16] Tal es su deseo de evitar todo conflicto que en vez de corregir o modificar las opiniones de la cocinera o la sirvienta cuando estas, sin conocimientos musicales de ningún tipo, exageran el talento musical de su hija, se convence a sí mismo de que las mujeres tienen razón.

[17] Sí sería posible decir que tiene mucho en común con el hermano varón en «Casa tomada» de Julio Cortázar. Como el personaje de Cortázar, Pereda parece perfectamente satisfecho con los límites que su supuesta o fingida ignorancia le imponen mientras nada afecte su comodidad y su rutina diaria.

que hiciera tanto en varios de sus cuentos como en *Inquisiciones* (de 1925), *El tamaño de mi esperanza* (1926), o en *Evaristo Carriego* (1930).

Pero es en sus postdatas a los prólogos de 1974, pocos meses después del regreso de Perón y temiendo –como el Pereda de Bolaño en la misma época– las consecuencias de la violencia entre Montoneros y la Triple A, que Borges declara abiertamente su rechazo del gaucho como símbolo nacional. Es evidente, además, que este rechazo de la violencia «popular» y del gaucho bravo se sustenta en su opinión de los Montoneros y otros grupos de disidentes izquierdistas armados, y no en una crítica de los militares. En la nomenclatura del grupo guerrillero y en el apoyo inicial que éste le brindó a Perón Borges vio una reencarnación de las «montoneras» propias del caudillaje que tanto temía Sarmiento[18]. En la Postdata al último prólogo que escribiría para una reedición del *Martín Fierro* Borges insiste en que, mientras que Hernández quiso «mostrar que el Ministerio de Guerra –uso la nomenclatura de la época– hacía del gaucho un desertor y un traidor; Lugones exaltó ese desventurado paladín y lo propuso como arquetipo. Ahora padecemos las consecuencias» (1968: 99). En otra Postdata, también de 1974, a su prólogo a *Recuerdos de provincia* y al *Facundo* de Sarmiento, Borges repite con mínimas variaciones lo que ya había escrito en *El matrero* en 1970: «Sarmiento sigue formulando la alternativa civilización o barbarie. Ya se sabe la elección de los argentinos. Si en lugar de canonizar el *Martín Fierro* hubiéramos canonizado el *Facundo*, otra sería nuestra historia y mejor» (1996c: 124). Ante la posibilidad de la continuación del peronismo, tanto Borges como Pereda insisten en la superioridad del ciudadano culto, y ambos ignoran, voluntaria o involuntariamente, la violencia que se esconde detrás de este supuesto orden neoliberal que se dice civilizado.

Como le ocurre a Pereda, su acérrimo anti-peronismo lleva a Borges a confundir, en un primer momento, a Jorge Videla y a la primera época de la dictadura con el fin de la barbarie –gesto que corregirá más tarde pero por el que pagará un precio caro no solo dentro sino fuera de la Argentina[19]. Pereda,

---

[18] En este contexto tal vez valga la pena señalar que en *Adán Buenosayres*, *roman à clef* de Leopoldo Marechal –uno de los pocos intelectuales de la generación de Borges y Cortázar que apoyó a Perón–, el personaje que encarna una parodia satírica de Borges también se llama Pereda.

[19] Es harto conocida la especulación según la cual su apoyo a la derecha militar en Argentina y Chile le costó el Premio Nobel. Como señala Saúl Sosnowski (entre otros), un Borges menos ciego y mejor informado será quien condene la dictadura al firmar una solicitud de las Madres de la Plaza de Mayo, y la Guerra de las Malvinas en su poema «Juan López y John Ward» (2003: 80).

quien parece no haber expresado una opinión pública sobre la dictadura, tampoco se muestra consciente de su papel en la misma. Sería posible argumentar que la «descarga eléctrica» que experimenta cuando los amigos de su hijo hablan de política equivale a un reconocimiento visceral de una cobardía que pronto querrá saldar, pero Pereda parece incapaz del grado de autorreflexión o solidaridad necesaria para justificar esta lectura[20].

2. *HOMO ECONOMICUS*: ENTRE EL HOMBRE NEOLIBERAL DE LA DÉCADA Y EL «CORRALITO»

> Yo vengo a unir esas dos Argentinas [...] yo quiero ser el presidente de la Argentina de Rosas y de Sarmiento
>
> Carlos Saúl Menem, «Mensaje a la Asamblea Legislativa», 8 de julio 1989
>
> Pocos días después, sin embargo, la economía argentina cayó al abismo. Se congelaron las cuentas corrientes en dólares, los que no habían sacado su capital (o sus ahorros) al extranjero, de pronto se hallaron con que no tenían nada (20)

«El gaucho insufrible» fue el último cuento que Bolaño le envió personalmente a su editor, justo antes de ingresar en el hospital donde moriría pocos días después. Es de suponer, por lo tanto, que Bolaño había trabajado en el cuento durante 2002 o inclusive en los primeros meses del 2003, poco después de la crisis económica de diciembre de 2001 que desencadenó en el llamado «corralito» bancario, afectando fuertemente a las clases acomodadas que no habían tenido la precaución de retirar su dinero de los bancos argentinos para invertirlos en el extranjero antes de la crisis[21]. La incapacidad del gobierno de

---

[20] Según una serie de notas de Nitrihual Valdebenito sobre el cuento, Pereda es «un cobarde, en un mundo de cobardes"; pero aquí Nitrihual parece referirse a Pereda en su etapa gaucha (y en particular en la escena en que decide entrar montado a caballo en la pulpería). Véase Nitrihual Valdebenito (2008).

[21] El término «corralito», que normalmente denomina el pequeño recinto que mantiene a los niños o bebés en un espacio cerrado (tradicionalmente hecho con barras de madera y por lo

Antonio De la Rúa, y de los dos presidentes que le siguieron en rápida sucesión, de detener el abismo económico en que se hundía el país aumentó tanto la inseguridad como la indignación de la población, cuyo lema ante la presidencia «rodante» fue «que se vayan todos». Las causas de la crisis bancaria que finalmente provocan una reacción en el protagonista de «El gaucho insufrible» son múltiples y complejas, pero nadie duda que el factor determinante más directo fue la agenda económica impuesta por Carlos Menem, quien, habiendo asumido la presidencia en 1989 bajo el manto del Partido Justicialista creado por Perón, procedió inmediatamente a llevar hasta un extremo insospechado la agenda neoliberal que la Junta había intentado implementar dos décadas antes con desastrosas consecuencias.

Es obvio que Pereda no distingue entre el peronismo de mediados del siglo XX y la tercera presidencia de Perón o de su esposa Isabelita. Pero nada parece indicar que el abogado sienta el mismo rechazo por Menem –presunto heredero de Perón–, mientras éste decrete que sus ahorros se valoren en dólares y no en australes[22]. Sólo al final de la era menemista –cuando ya es imposible no darse cuenta del rápido decaimiento de la economía argentina después de varios años de estabilidad– Pereda empieza a manifestar señales de disconformidad con la política del país en que vive, aunque al principio no entiende muy bien qué es lo que tanto le preocupa[23]. Es razonable suponer que el desaliño y el descuido físico en que empieza a caer Pereda al presentir que su Buenos Aires «se hunde» (Bolaño 2003: 19) corresponde al último año de la presidencia de Menem y a los comienzos de la crisis que culminará con el corralito bancario de 2001. De ser así, la transformación física iniciada por Pereda es una inversión de la metamorfosis cosmética (y política) del Jefe de Estado durante la década de 1990.

---

tanto parecido a una jaula), es un ejemplo particularmente sarcástico de la picardía criolla, no solo porque se refiere a un reglamento que paralizó a toda la economía nacional durante casi un año sino por la ironía amarga de que un país conocido por la producción de sus grandes corrales sucumbiera ante la irrealidad económica de un corralito metafórico.

[22] Según Figueroa en el artículo ya mencionado, es ante la liberalización del peronismo que Pereda empieza a inquietarse y en cierto modo a politizarse. En esta lectura, sería el neoliberalismo de los noventa lo que lleva a Pereda a su impugnación del Estado y a su búsqueda de una «subjetividad post-nacional». Pero Pereda no se rebela en contra de la política de Estado hasta que esta sufre un colapso total. Durante la década de 1990 es evidente que su apoyo tácito al gobierno no difiere de su apoyo pasivo a la dictadura militar.

[23] Después de experimentar «una descarga eléctrica» mientras los escritores amigos de su hijo hablaban «de política nacional e internacional", Pereda «[e]mpezó a levantarse temprano y a buscar en su biblioteca algo que ni él mismo sabía qué era» (19).

El hombre que asumió la presidencia del país en 1989 compartía con el Facundo (Quiroga), admirado y odiado por Sarmiento, la procedencia riojana, una fuerte identificación con Juan Manuel de Rosas, y las largas y abundantes patillas que tanta tinta hicieron correr durante los primeros años de su presidencia. Con el propósito de controlar la hiperinflación que hacía peligrar la estabilidad política y económica del país a fines de 1980, Menem abandonó la política del justicialismo peronista tradicional y adoptó una serie de medidas neoliberales que favorecieron el desarrollo de una Argentina empresarial pero no hicieron nada por mejorar la situación de los descendientes de los «descamisados» del primer Perón. A medida que la economía del país se iba estabilizando, la imagen de Menem se iba blanqueando, de suerte que para sus segundas elecciones el ex gobernador riojano ya no buscaba enfatizar su parentesco con el caudillismo plebeyo del Facundo Quiroga, en cuyo honor había bautizado a su hijo[24]. La gradual pero innegable transformación de la imagen del presidente empezó a emparentarlo más y más a la figura del nuevo *homo economicus* a quien su política había convertido en el nuevo modelo del éxito argentino –pensado casi exclusivamente en términos masculinos. Las fotos de medio cuerpo que aparecen durante la campaña electoral de 1995 difieren notablemente de las de las elecciones de 1989. La patillas, si bien no desaparecen, están cuidadosamente afeitadas, y el hombre impecablemente trajeado que mira hacia la cámara con la confianza de quien se sabe ya ganador tiene menos en común con el Menem de años antes que con la imagen del político capitalino europeizado a quien una vez había jurado combatir[25].

Aun en su versión más «civilizada», sin embargo, Menem proyectó siempre una imagen de hombre viril, y aunque su virilidad fue con frecuencia objeto de burlas, nunca se la puso en duda; en ese sentido, el Pereda que es su coetáneo (y

---

[24] Carlos Saúl Facundo Menem murió en un accidente de aviación, aunque su madre sostuvo que su hijo fue víctima de un crimen y no de un accidente.

[25] Uno de los gestos supuestamente conciliatorios de Menem fue el de traer los restos de Juan Manuel de Rosas para que el acérrimo enemigo de Sarmiento pudiera ser enterrado en la patria que una vez gobernó. Razón de más para que Sarmiento hubiera despreciado a este criollo de provincias. Y sin embargo, este hijo de inmigrantes que ascendió al poder bajo la bandera del caudillo Rosas y que, en menos de una década, se convirtió en un capitalista y capitalino de primera, personificaba el futuro del inmigrante que Sarmiento esperaba atraer a la Argentina, aunque en versión germánica, al menos rubia. ¿Le hubiera perdonado Sarmiento, al ver el aparente y momentáneamente espectacular éxito de la economía nacional durante los primeros años menemistas, la doble barbarie de su origen árabe y gaucho, su imagen de *playboy* y su gusto por las carreras de autos? Lo dudo, pero se hubiera visto en una encrucijada por doble partida.

unos años más joven) contrasta fuertemente con el modelo masculino nacional del momento. El Pereda que coincide, aparentemente, con el menemismo, está más desvirtuado que nunca. Viaja por Francia e Italia (como un argentino acomodado del siglo XIX), tiene una «relación con una viuda» y conoce «a una jovencita llamada Rebeca» (¿cómo la timorata e insignificante Rebecca de Manderley?) (18), pero es más evidente que nunca que es un hombre sin grandes pasiones. Su emasculación en esta parte del cuento es innegable. Con sus hijos fuera del país, no sabe qué hacer sino ordenar su biblioteca, convertirse (casi) en abstemio y limitar sus porciones de carne (19). Sus cambios de higiene, que en retrospectiva podrían verse como parte de su conversión al hombre rural, en este momento del cuento parecen ser simples señales de dejadez y falta de ánimo.

Al retirarse del gobierno, Menem deja al país al borde de la bancarrota; también pone en evidencia el hecho de que no hay otro hombre en el panorama político (nadie piensa en una mujer en estos momentos) capaz de ponerse las botas y tomar una vez más las riendas de un país en crisis. De la Rúa no logra inspirar la confianza de los argentinos, y la acefalía presidencial que le sigue resulta –ahora sí– en la imagen de una ciudad tomada, pero no por hordas peronistas sino por amas de casa burguesas con cacerolas y «viejos de todas las clases sociales» (20)[26]. Pereda, quien hasta ahora había confiado y contado con la mano fuerte del gobierno para rectificar cualquier indicio de desorden nacional, se siente, de repente y por primera vez en el cuento, nervioso y desorientado, y hasta empieza a experimentar síntomas de histeria[27]. Increíblemente, ante la estafa de miles y miles de argentinos por el gobierno y las instituciones bancarias, nadie reacciona violentamente: ni un solo militar con ganas de dar guerra, ni un solo rebelde que por milagro se hubiera salvado de la dictadura y de la vida empresarial y guardara todavía algo de rencor o de coraje (20). Es entonces cuando Pereda decide que ha llegado la hora de abandonar una ciudad que parece haber sido emasculada. Junto con la pérdida de sus ahorros, es la falta de coraje (por parte de políticos, militares o rebeldes) lo que termina por defraudarlo y convencerlo de que el modelo sarmientino que hasta ahora lo

---

[26] El término «acefalía presidencial» aparece en la Constitución de la Nación Argentina de 1994. Se refiere a sucesión provisoria del poder en caso de muerte, enfermedad o ausencia del presidente. La ley fue modificada en 2002, sin duda como respuesta a las vacancias presidenciales durante los primeros meses de ese mismo año. Aquí uso el término solo para indicar la falta de liderazgo presidencial durante la primera mitad de 2002.

[27] «Un día se levantó más nervioso que de costumbre. Comió con un juez jubilado y con un periodista jubilado y durante toda la comida no paró de reírse» (19). En este pasaje, la risa sin razón aparente lo feminiza o emascula aún más.

ha definido lo ha llevado a la ruina. En la última escena que comparte en su departamento con la cocinera y la sirvienta, Pereda se deshace en lágrimas y son las mujeres quienes buscan animarlo, ofreciendo trabajar gratis hasta que se solucione el problema –a lo que Pereda, reafirmando momentáneamente su dignidad de ciudadano educado sarmientino, se niega. La pérdida de sus pertenencias lo desquicia. El «corralito» lo deja prácticamente en la calle, pero es la falta de una intervención enérgica y viril de parte de gobernantes y conciudadanos lo que saca al personaje de sus casillas.

3. DE GAUCHO DE FICCIÓN A *HOMO RURALIS*

> Endureció, sin embargo, el rostro [...] Pidió un vaso de aguardiente que bebió con una mano en el rebenque, ya que aún no se había comprado un facón, que era lo que la tradición mandaba (30)
>
> Para sobrevivir él también tuvo que poner trampas para conejos (37)

A partir del viaje de Pereda en tren a la estancia que fuera de su padre, la parodia intertextual se multiplica y el narrador va estableciendo una leve distancia irónica –aunque nunca hiriente– con respecto al protagonista. Irónico también es el modo en que el cuento demuestra que, mientras en Buenos Aires el liberalismo sarmientino de Pereda, aunque pasado de moda, no parece sorprender a sus amigos o conocidos, en el campo su insistencia en restablecer un modelo mítico de comportamiento y de hombría resulta abiertamente anacrónica y no pasa desapercibida a los habitantes del lugar. El hombre de campo (el gaucho en potencia) rehúsa ser devuelto a una imagen nacional decimonónica que no recuerda haber vivido ni leído. Al mismo tiempo, la irritación que siente Pereda al ver señales de modernización en el campo se debe al hecho de que él espera encontrar a la pampa «eterna»: la que ha quedado fuera del tiempo, la de la mitología gauchesca. Si resulta extraño que un peón del siglo XXI lea un cómic de Batman o un alcalde de provincias prefiera el Monopoly a las boleadoras es sólo porque Pereda busca en la Pampa un modelo de vida que ya había desaparecido cuando Hernández le da voz a su gaucho cantor. En realidad, con la llegada de Pereda a Capitán Jourdan y a

Álamo Negro, el único anacronismo es él mismo. El lugar evidencia abandono y carece de instituciones que lo rescaten, pero los habitantes prefieren el Jeep o el autostop al caballo.

Pereda no es para nada consciente de ser un anacronismo, pero sí lo es de la transformación somática y psicológica que empieza a experimentar en el tren que lo lleva rumbo al campo. Es con orgullo que Pereda, al dirigirse a hablar con el «tipo aindiado» (22) con quien comparte el vagón, nota que tanto su voz como su dicción han adquirido un carácter «direct[o], varonil, sin subterfugios» (23). El personaje confirma el cambio –que se acentúa mientras más se aleja de la ciudad de los cacerolazos– al responderle al ferrocarrilero que reconoce en Pereda a su viejo amigo de juegos de la infancia. Sin abandonar la jerarquía social que lo separa de quien obviamente no perteneció ni pertenece a su clase (y quien lo llama «señor juez», tratándolo de Usted), Pereda adopta un tono y un estilo informales que lo van alejando del lenguaje y la inflexión refinada que empleaba en la ciudad para comunicarse hasta con sus sirvientas. Cuando su antiguo compañero de juegos le pregunta a Pereda si se acuerda de él, éste responde: «[p]ero, che, cómo me podría acordar», mientras que el narrador apunta que «hasta la voz, no digamos las palabras que empleó, le parecieron ajenas, como si el aire de Capitán Jourdan ejerciera un efecto tónico en sus cuerdas vocales» (25). Nota Josefina Ludmer que en la literatura y en la cultura «la entonación de la voz, ciertas posturas enunciativas, un modo de construir ritmos y hacer resonar la lengua» van más allá de los enunciados, agregando que cuando estas modalidades expresivas «sirven de identificación y de reconocimiento entre los que se las transmiten [...] pueden llegar a hipostasiarse y fundar nacionalismos» (1998: 221). Para Pereda, cuyos conocimientos de lo que significa ser un gaucho provienen estrictamente de sus lecturas literarias, adoptar una voz acorde al gaucho maduro pero fuerte resulta ser el primer paso en la conversión identitaria que desea efectuar.

Destaco aquí la satisfacción con el tono «varonil» de su nueva elocución porque es un indicio más de su preocupación por la virilidad, que guiará la adquisición de los símbolos gauchescos que le parecen indispensables (el caballo y el facón) y los juicios que expresa (en voz alta o no) hacia los demás gauchos con quienes entabla relaciones de amistad o de conveniencia. Su preocupación por proteger la imagen viril del gaucho se manifiesta en múltiples ocasiones: cuando lamenta que don Dulce y el gaucho que lo acompaña a todos lados «achiquen» la imagen de la patria al cazar conejos y moverse en camioneta; cuando ve al alcalde jugar al Monopoly en la pulpería; cuando experimenta sentimientos de ternura hacia sus gauchos pero considera necesario recalcar que su ternura es «varonil» (Bolaño 2003: 44); cuando asume que es por cobardía que los gauchos no aceptan el duelo al que él los reta al enfurecerse ante la nostalgia de éstos por Perón.

Las referencias al final de «El sur» y a Antonio Di Benedetto, a cuyo cuento «Aballay» recurre Pereda para evitar la posibilidad de repetir el fin del cuento de Borges, son explícitas[28]. Otras alusiones –a «El evangelio según San Marcos», a «Carta a una señorita de París» (por los conejos), a Di Benedetto (no sólo por «Aballay» sino por otros cuentos en los que aparecen conejos menos urbanos y más salvajes que los de Cortázar)– y varios intertextos más han sido ampliamente discutidos en los artículos ya citados. José Amícola, quien considera que el cuento es un ejemplo más de la «literaturofagia» o antropofagia literaria característica de Bolaño, expresa la lectura consensual –e innegable– del cuento cuando nota que el viaje al campo de Pereda es un viaje al «campo literario». Por lo mismo, el crítico hace hincapié en el aspecto quijotesco del personaje (similarmente, en *Borges, un escritor en las orillas*, Beatriz Sarlo había notado el «bovarismo» de Dahlmann en «El Sur»).

Concuerdo con Amícola en que Pereda llega a Capitán Jourdan como una especie de Quijote de la pampa argentina, pero difiero de él en mi interpretación de una segunda transformación de Pereda en el campo. Como el Caballero de la Triste Figura, Pereda termina aceptando una realidad que erosiona y contradice sus sueños épicos. Así como los demás personajes que pueblan *El Quijote* no han leído las novelas de caballería que provocan las delirantes andanzas de Alonso Quijano, ninguno de los habitantes de Capitán Jourdan parece haber leído el *Martín Fierro*, y mucho menos a Borges ni a Di Benedetto. A diferencia de Dahlmann, quien muere –sin haber salido siquiera del almacén de la estación del tren– creyendo que la pampa a la que ha llegado concuerda con el imaginario leído o soñado, Pereda permanece en el campo poco más de tres años antes de regresar a la ciudad. Este lapso es suficiente para que empiece a habituarse a la degradada realidad humana y ecológica con la que tiene que lidiar a diario, y que –como en *El Quijote*– termina imponiéndose sobre la anacrónica ficción que podría haberlo hecho realmente insufrible.

En un discurso leído ante la Facultad de Filosofía y Letras de la Universidad de Buenos Aires en 1903, Carlos Octavio Bunge, distinguido intelectual de la generación de 1900, nota que para el gaucho de la primera mitad del siglo

---

[28] Faverón Patriau, en particular, discute ampliamente los intertextos que inspiran y resuenan en las actuaciones gauchescas de Pereda en el campo.

el caballo y el facón eran símbolos imprescindibles de su valentía y su independencia. No es de sorprender, por lo tanto, que Pereda decida agenciarse lo antes posible los símbolos sin los cuales el gaucho mítico no es gaucho –aunque el caballo sea un animal tan viejo como Pereda (en años hípicos) y el facón termine siendo un cuchillo. A pesar de sus delirios literarios, es evidente que Pereda termina aceptando que la pampa de comienzos del siglo XXI ofrece pocas posibilidades para que los campesinos del lugar demuestren la destreza o la virilidad típica del gaucho tal y como él lo ha imaginado. Bunge notaba en el discurso mencionado que para el verdadero gaucho quedarse sin caballo era una indignación, y más indigno todavía era tener que montar en yegua. Pereda no tiene otra opción, sin embargo, que aceptar que sus gauchos han tenido que vender sus caballos al matadero (por viejos, seguramente, y por no tener cómo alimentarlos) y que, a su llegada, no quedan en la zona más caballos que el que consigue comprarle a don Dulce. Tampoco reacciona cuando José y Campodónico, los gauchos viejos que (apenas) trabajan para él, no solo montan la única yegua que Pereda tiene durante su primera época en la estancia sino que la comparten para ir a la pulpería; ni cuando nota que a los gauchos no les molesta depender de la bicicleta o del autostop para transportarse. No quedan avestruces, así que no hay oportunidad de demostrar el antiguo uso de las boleadoras, y los conejos –la única fauna del lugar– son tan abundantes que no justifican la caza, sólo las trampas.

Una vez que comprueba que su fin no será el de Dahlmann, que no hay potros que domar ni gauchos malos con los que pelear, Pereda se va convirtiendo en un campesino responsable, interesado en la opinión de los habitantes del lugar y preocupado por el bienestar de los pobres gauchos a quienes contrata y con quienes convive. A pesar de la apariencia semibárbara que presenta ante su hijo y los amigos de este cuando vienen de visita, el personaje va dejando atrás la teatralidad de sus primeros días en Capitán Jourdan para lidiar con las dificultades de un hombre de campo interesado en sacar adelante una estancia arruinada, en un lugar en que el terreno se resiste a todo intento de renovación. Logra hacer mínimamente habitable su casa, recorre sin incidentes los alrededores de su estancia y frecuenta la pulpería sin provocar peleas (a pesar de las ganas que tiene de provocar alguna, aunque «nada seri[a]», cuando llegan comerciantes de afuera). Sus aventuras son casi puramente verbales: logra entretener a niños y adultos contándoles historias inventadas de un pasado en el que fue un juez capaz de diferenciar entre la justicia y la ley. El papel de justiciero que se atribuye a sí mismo en estas historias es irónico, dado que cuando tuvo la oportunidad de ejercer la justicia abandonó pronto el puesto, y que en su cómoda vida bonaerense no dio ninguna señal de heroísmo[29].

Es cierto que en Álamo Negro continúa recreando ciertos escenarios gauchescos para beneficio de sus visitas citadinas, pero con la llegada de «la polleruda» a su estancia-rancho y su modesta adquisición de vacas y caballos, la conversión de Pereda en pequeño estanciero o modesto colono es innegable. No deja de ser irónico, entonces, que el mismo Pereda que llega a Capitán Jourdan con la intención de reencarnar en un gaucho decimonónico termine considerando exageradas, o al menos fatigosas, las versiones literarias de la pampa que traen consigo los amigos de su hijo, especialmente la psiquiatra con aspecto de valkiria. Ella, quien se «extasía» con una pampa que le hace declamar versos de José Hernández y de Lugones y remarcar el error de Sarmiento, es incapaz de ver en los niños de la polleruda la curiosidad normal de unos niños que nunca han visto a una mujer con sus rasgos, y se transforma en un perfecto ejemplar sarmientino al juzgarlos «torvos» en su aparente mutismo. Es Pereda quien sabe medir la sensación de orfandad de los niños y aconsejarle a su madre –sin ninguna intención oculta de su parte– que vaya para Álamo Negro.

A pesar de su exagerada reacción al descubrir que sus gauchos añoran a Perón, para entonces Pereda ya ha aceptado que el campo en el que vive no permite las hazañas de un gaucho tradicional. El hombre que se pregunta si volver a Buenos Aires a caballo o en tren no es, a pesar de estos lapsos de sensatez, el gaucho potencialmente insufrible y fantasioso que llegó a Capitán Jourdan tres años antes. Es en cambio una versión más honrada, más comunitaria y más moralmente viril del *paterfamilias* que conocemos al comienzo del cuento.

Se trata, sin embargo –esto es digno de recalcar– de una virilidad madura, desprovista de la testosterona que caracteriza al gaucho de la epopeya nacional[30]. Como Buenos Aires, la pampa está llena de «viejos». Los gauchos que terminan viviendo con Pereda tienen entre cincuenta y setenta años. Con la excepción del avejentado Segundo Sombra en la novela epónima, el pintoresco Vizcacha en el *Martín Fierro*, o el fantasmal «gaucho extático» en «El sur», no hay casi gauchos de esta edad en la literatura gauchesca. La fuerza y la resistencia física requeridas por las faenas rurales de las que se precia el gaucho pampeano no lo

---

[29] El Pereda de la primera parte del cuento no hubiera tenido la valentía de denunciar injusticias o de rebelarse en contra de la policía. En sus historias, Pereda parece estar redimiendo la falta de conciencia social y comunitaria que debe haber caracterizado la mayor parte de su vida.

[30] Pereda le aclara a su hijo que no hay una relación sexual entre él y «la polleruda». Sus gauchos son hombres solos que ni siquiera mencionan a las mujeres –sólo el futbol los entusiasma.

permiten. Aunque en la pulpería del pueblo quedan algunos jóvenes incapaces siquiera de entablar una conversación, es evidente que los hombres jóvenes con algo de ambición o espíritu emprendedor han abandonado el lugar. Al contrario de lo que piensa Pereda del país en general, el problema de la pampa no es la madrastra (peronista o no) sino la ausencia de hombres capaces de (re)construir casas, sembrar campos y ayudar a criar los niños de las madres supuestamente abandonadas que Pereda conoce en Capitán Jourdan o alrededores[31]. No es de sorprender, pues, que la pequeña comunidad rural a su alrededor lo acepte y lo aprecie –a pesar de su edad y de sus extrañezas– no como el gaucho algo desquiciado que parece ser a su llegada sino como el colono juicioso y sensato en el que se empieza a transformar[32].

4. DE TRAIDORES Y SUPERHÉROES: BARRAS BRAVAS Y GAUCHOS VIEJOS ENTRE PERÓN Y BATMAN

> Una noche, harto de oír a aquellos viejos soltar frases deshilachadas sobre hospitales psiquiátricos y barrios miserables donde los padres dejaban sin leche a sus hijos por seguir a su equipo en desplazamientos legendarios, les preguntó qué opinión tenían sobre la política [...] al final resultó que todos ellos, de una forma u otra, añoraban al general Perón (45)

> ¿Usted va a Capitán Jourdan?, le preguntó al lector de Batman. Éste daba la impresión de leer las viñetas con extremo cuidado, sin perderse ningún detalle, como si se paseara por un museo portátil (23)

Desde su darwinismo geográfico, Sarmiento considera que la falta de instituciones y ocupaciones civilizadas en la pampa resulta en «la pereza natural» que acompaña «todas las exterioridades de la barbarie» característica

---

[31] En el artículo citado, Pous se extiende sobre la caracterización de las mujeres en el cuento.

[32] La llegada de la mujer con sus hijos y su capacidad para traer algunas vacas convierte la ruina de su casa de campo en una estancia chica, y Pereda, que antes usaba el caballo para entrar montado a la pulpería, ahora sale a pasear sus vacas.

de las poblaciones o campamentos gauchos (1968, 32). Pereda repite este prejuicio al relacionar el aspecto abandonado de Capitán Jourdan con la falta de industria o de iniciativa de sus habitantes[33]. Aunque el pueblo tiene un alcalde, no se menciona ninguna institución en el cuento (y no parece haber una escuela para los niños del lugar)[34]. Visto a través de la imagen decimonónica que Pereda trae consigo al campo, Capitán Jourdan tiene que resultarle tan surrealista como la Buenos Aires que acaba de dejar atrás. En vez de ganado, de ovejas o caballos hay conejos por todas partes; los gauchos no parecen recordar actividades gauchescas de ningún tipo pero en cambio son capaces de revivir con lujo de detalles partidos de fútbol que tuvieron lugar hace décadas, hospitales psiquiátricos y electroshocks[35]; el gaucho más emprendedor del lugar recorre los campos en Jeep con el fin de cazar conejos; los peones leen a Batman en versión de cómic y el alcalde rural, para combatir su depresión, juega al Monopoly. En un primer momento el panorama resulta cómico, hasta que apreciamos, desde un realismo del siglo XXI, la extrema pobreza que caracteriza al lugar. En el pueblo no queda sino una ferretería (que Pereda va vaciando sin siquiera pagar en efectivo por lo que compra), y aunque el edificio de la Municipalidad confiere al centro «un ligero aire de civilización» (2003: 26), esto mismo resalta la imagen de desolación del lugar –«las casas exhibían una gruesa costa de polvo» y parecían «abandonadas» (26). En la estancia de don Dulce, el hombre de más recursos del lugar, usan la chimenea para cocinar.

No sorprende que, dadas las condiciones paupérrimas en que viven, los gauchos que trabajan para Pereda añoren al Perón de mediados del siglo XX. Aún antes de ser elegido presidente por primera vez, Perón acusaba la falta de productividad de los grandes latifundios, prometiendo al obrero rural su parcela de tierra: «[e]l día que pueda ponerse la tierra al alcance de la gente se solucionará el problema [...] no habrá un solo argentino que no tenga derecho

---

[33] «Al entrar en el pueblo vio a un hombre durmiendo junto a unos macetones con flores de plástico. Qué dejadez, Dios mío, pensó» (26).

[34] Los pocos niños del lugar están presentes siempre que Pereda va al pueblo a contar sus historias inventadas, o en casa con sus madres. No parecen asistir a una escuela ni estar expuestos a ningún tipo de educación escolar o doméstica.

[35] Algunos estudiosos consideran que la referencia a los electroshocks es una referencia a la dictadura y a las posibles torturas que estos gauchos pueden haber sufrido entonces. La mención a los hospitales psiquiátricos y el irónico tratamiento de la psiquiatra en el cuento hace pensar en la posibilidad de que Bolaño esté simplemente parodiando la obsesión argentina con la psiquiatría, obsesión de la que ni los peones rurales parecen estar a salvo.

a ser propietario de su propia tierra»[36]. La promesa de la división y redistribución de las tierras terminó siendo más bien retórica, pero los historiadores en general concuerdan en que la política agraria del primer peronismo mejoró considerablemente la situación del peón y de otros obreros agrarios a través de aumentos obligatorios de salario y la posibilidad de formar sindicatos. La crisis económica que se produjo con el fin de la Segunda Guerra Mundial obligó a Perón a abandonar buena parte de su agenda y a intentar reconciliarse con los grandes hacendados a quienes había convertido en poderosos enemigos, pero serían estos últimos quienes tendrían un papel protagónico en la expulsión de Perón del poder en 1955. Para resumir, los gauchos añoran a Perón por las mismas razones por las que Pereda lo odia: su padre fue sin duda uno de aquellos hacendados que prefirieron abandonar sus tierras y a quienes trabajaban en ellas antes de ver sus ganancias mermadas por la agenda política de un Perón que detestaba a los grandes ganaderos y agropecuarios con apellidos que desde comienzos del siglo XX eran metonímicos de extrema riqueza. Perón terminó traicionando a los gauchos al abandonar gran parte de su agenda agropecuaria, pero no hubo, a partir de Perón, otro plan agrario nacional para mejorar las condiciones del peón o del obrero rural en detrimento de los grandes agricultores o ganaderos. Al contrario, la empobrecida situación en que se encuentra la población de Capitán Jourdan y alrededores es prueba del olvido al que el gobierno federal condenó a las zonas y a las poblaciones rurales más pobres.

Es de suponer, entonces, que con el abandono de los estancieros como el padre de Pereda, y con la ruina agropecuaria que esta deserción significó para zonas como Capitán Jourdan, los hombres (mayormente peones) del lugar hayan emigrado a los centros urbanos o alrededores en busca de trabajo en industrias fabriles. Con la dictadura, sin embargo, muchas de esas fábricas cerraron cuando un gran número de industrias nacionales, sin la protección del gobierno, no pudieron competir con las compañías extranjeras a las que la Junta daba nuevas facilidades para promover la agenda neoliberal ya mencionada. Las fábricas que no cerraron durante la dictadura terminaron haciéndolo durante la presidencia de Menem a raíz del neoliberalismo «salvaje» que se

---

[36] Declaraciones del General Juan Perón en Conferencia de prensa el 17 de noviembre de 1944, citado por Mónica Blanco (2001: 2). Blanco señala que ya en 1944 Perón denunciaba los grandes latifundios y la explotación del obrero rural, acusando a los grandes hacendados de hacer poco uso de sus grandes extensiones. Según explica esta historiadora, con el fin de la Segunda Guerra y la baja en la exportación ganadera al exterior, Perón debe reconciliarse con los mismos hacendados y ganaderos con quienes había enemistado años antes.

puso en práctica durante esos años. Las traiciones que sufrieron dejaron a los gauchos (como a Pereda en la primera parte del cuento pero sin los recursos de este último) en la calle. Sin trabajo y seguramente sin un lugar donde vivir, los gauchos avejentados a quienes conoce Pereda pueden haber decidido volver al campo para escapar de la violencia de las villas miseria, de las que ya no saldrían si permanecían en la ciudad. Así, el que los gauchos que trabajan para Pereda hayan pertenecido alguna vez a barras bravas, si por una parte podría acercarlos a la imagen del gaucho malo, por otra los acerca definitivamente a la imagen de los «cabecitas negras» a quienes los Peredas del país aborrecían[37].

A estos gauchos, como a Martín Fierro, la historia nacional los ha traicionado repetidas veces, pero ya no tienen edad para vengarse ni caballos para escapar después. Una vez más, cabe notar que —más aún que en la primera parte— la caracterización de estos personajes, junto con la de Pereda, está hecha en vena irónica y en un tono que oscila entre cómico y melancólico. Al mismo tiempo, como en la primera parte, no es el narrador quien ironiza sobre los personajes. Aunque el narrador ya no comparte en todo las opiniones de Pereda, tampoco se distancia críticamente de lo que observa. Mientras que la parodia intertextual es multifacética y recorre todo párrafo de esta parte del cuento, la ironía con que el cuento registra la traición no literaria de la que han sido víctima estos hombres —y la población rural pobre en general— depende, como noté antes, de una lectura del cuento que tenga como contrapartida la historia política, o político-económica, que subyace a la ficción.

Sorprendido y hasta ofendido por lo que él ve como una falta de lealtad a la «pampa eterna» de la que les habla a los gauchos (¡quienes, sin saber nada de metáforas, le hacen notar la falacia lógica de su argumento!), Pereda les dice: «[A]ún podemos levantarnos como hombres y buscar una muerte de hombres» (37), transparentando una vez más su preocupación por lo que él ve como una debilidad y buscando resucitar un tipo de hombría que no es la que el campo (ni

---

[37] Las barras bravas, como es sabido, son grupos de «hinchas» de algún equipo de fútbol; las peleas entre estas barras suelen ser violentas. Mientras más «brava» la barra, más probable que sus componentes provengan de barrios pobres donde la violencia es parte de la vida diaria. Los gauchos recuerdan a padres que abandonaban a sus hijos durante días, dejándolos sin comida, para seguir a sus equipos favoritos. Efectivamente, hubiera sido difícil ser parte de una «barra brava» en Capitán Jourdan, dado que estos grupos de «hinchas» son un fenómeno urbano. El término «cabecita negra», racista y clasista en igual medida, tuvo sus orígenes en el Buenos Aires de comienzos de la década del 1940 para designar a los grupos de campesinos pobres y racialmente mestizos que abandonaban el campo y se dirigían a la capital y a otros centros urbanos para trabajar en las nuevas fábricas que se crearon durante esta década.

el país) necesita. El problema no es sólo que el modelo de hombría que Pereda insiste en que adopten –el del gaucho fiero o al menos fuerte e independiente de la tradición nacional– es y ha sido a través de su larga historia mayormente ficticio. Es también que los gauchos, que han crecido sin bibliotecas y muy posiblemente sin escuela o con mínima preparación escolar, no han leído a Hernández ni a Lugones, y mucho menos a Borges o a Di Benedetto. La ironía, entonces, surge del abismo simbólico y cultural que se establece entre las expectativas anacrónicas del protagonista y el pasado histórico y personal (en gran parte urbano) de estos gauchos.

Esto no quiere decir que no tengan, o hayan tenido, modelos icónicos de hombría. La destreza física, el coraje y la astucia o «picardía criolla» que Pereda mismo despliega en la escena en que decide prevenir el fin de «El Sur» (al oponer a éste una escena de Di Benedetto) son cualidades que los gauchos de Capitán Jourdan encuentran en sus héroes futbolísticos. Si Pereda tiene a su disposición un archivo de memorias cultas, los gauchos tienen en cambio un archivo de memorias deportivas. Es a través de sus recuerdos de grandes hazañas deportivas como estos gauchos sesentones o setentones recuperan la ilusión de fuerza o de coraje que una vez desplegaron en sus barras bravas. No es irrelevante que buena parte de los jugadores a quienes recuerdan los gauchos en Álamo Negro hayan sido «cabecitas negras» en una versión demográfica u otra. Y después de todo, los futbolistas que recuerdan los gauchos también supieron batirse a muerte, metafóricamente, en un campo de batalla.

Si el regreso al campo envalentona a Pereda, al menos inicialmente, los gauchos que trabajan para él no tienen pretensiones de coraje o virilidad. Estos hombres que, a diferencia de Pereda, de jóvenes pelearon como bravos por algo (aunque ese algo haya sido un equipo de fútbol) hoy son tan pacíficos que no se sienten interpelados si se los reta a un duelo o se los insulta de cobardes. No hace falta un Carlos Bunge para que la imagen de Campodónico y Juan montados sobre la yegua sugiera la imagen de un gaucho emasculado y resignado a una vejez indigna de un arquetipo épico. A diferencia de Pereda, Campodónico y Juan no tienen descendencia. No está claro si ellos estuvieron entre los padres que abandonaron a sus hijos para seguir a sus equipos, lo cual justificaría que sus hijos no quisieran tener nada que ver con ellos, o si nunca formaron un hogar. La falta de una nueva generación capaz de heredar los valores «gauchos» por los que apuesta Pereda parece significar el fin de la pampa, al menos de la pampa «eterna» que Pereda quiere mantener viva.

Sarmiento hubiera considerado la idolatría deportiva de los gauchos una señal más de su barbarie –también Borges. Bolaño la ve simplemente como ineludible en el país que engendró a Diego Armando Maradona (un «cabecita negra» que nació en un hospital patrocinado por Eva Perón y creció en Villa Fiorito). Por otro lado, sabemos por sus amigos que Bolaño prefería los cómics y el cine al fútbol y apostaba a Batman sobre Superman. En un cuento donde toda referencia o alusión es polifónica, la presencia de Batman en manos del único gaucho lector (además de Pereda) es obviamente deliberada.

Las versiones de Batman son legión, pero coinciden, necesariamente, en asignarle ciertos rasgos al superhéroe. Como otros superhéroes del cómic, Batman tiene una doble identidad: cuando no está luchando con los enemigos de la civilización de Gotham, el hombre murciélago es el billonario Bruce Wayne, quien hereda su fortuna de sus padres pero continúa acaudalando grandes capitales a través de sus múltiples corporaciones. Bruce Wayne tiene ciertos rasgos en común con Pereda, al menos en las versiones que lo pintan más como un ermitaño introvertido que un *playboy* alcoholizado. Su pertenencia a la aristocracia capitalista sin claros ideales políticos hace de Wayne un hombre sin gravedad en cualquiera de sus versiones. En otras palabras, el lado «civilizado» de Batman, como el de Pereda, se acerca al modelo sarmientino de hombría, una hombría con sordina que otros –incluso algunas de las mujeres que conoce– sospechan que podría ser una señal de una sexualidad poco definida o de homosexualidad. El hombre murciélago, por su parte, se ve obligado con frecuencia a descender a espacios empobrecidos y violentos para luchar contra los enemigos de la sociedad. A diferencia de Superman, Batman no tiene superpoderes. No es un alienígena. Su fuerza se basa en el ingenio y en la capacidad destructiva de sus armas.

Como otros superhéroes, Batman es un modelo de ultra masculinidad, pero esta masculinidad ha sido desde muy temprano objeto de dudas, o al menos problematizada –como no ha sido el caso con Superman. Lo que no admite duda es el interés de Batman en luchar por una justicia que no está siempre del lado de la ley (en esto también difiere de Superman, quien es en general aliado de la policía y del ejército). Es difícil decidir si el gaucho lector del cómic se siente más fascinado por las proezas del hombre murciélago o por la obscena riqueza de Bruce Wayne. El paralelo entre las dos caras de Batman y la doble personalidad de Pereda no pasa desapercibido. Tampoco puede ser casual que Bolaño sitúe al gaucho lector de Batman justamente en el tren que lleva a Pereda al campo, dado que es en el tren, como he notado, que Pereda empieza a experimentar la metamorfosis que convertirá al exitoso pero domesticado miembro de la clase porteña en un gaucho avejentado y fantasioso pero de convicciones firmes y temperamento fuerte, listo para luchar por la justicia, aun en contra de la ley.

La estrecha conexión entre Batman y la defensa del capitalismo corporativo como modelo económico no puede pasar inadvertida. Como otros superhéroes de los cómics, Batman tiene sus orígenes hacia fines de la década de 1930 y coincide con la movilización militar que finalmente rescata a Estados Unidos de la larga y devastadora crisis socioeconómica provocada por la Gran Depresión de 1929[38] (no es de sorprender, en este sentido, que el héroe fuera en realidad el exitoso hombre de negocios en quien sueñan convertirse los desempleados del momento). Lo que importa es diferenciar entre el buen capitalismo y el malo y luchar por preservar el primero. Como otros superhéroes de la imaginación estadounidense, Batman no busca derrotar el sistema capitalista, sólo luchar contra quienes no permitan que este funcione de un modo «civilizado».

Si bien el *Batman* que lee el gaucho es evidentemente una versión popular del cómic, en un cuento en que las fuentes intertextuales son mayormente literarias Bolaño no puede no haber pensado en la novela gráfica *Batman en Chile* de su amigo y compatriota, el poeta y ocasional novelista Enrique Lihn[39]. Aunque la correspondencia entre ambos surge del interés de Bolaño en la obra poética de Lihn, es lógico imaginar que Bolaño, «hincha» de Batman, habría leído la novelita de Lihn, que el mismo autor ha descrito como «paródica y política». Poco leída, en parte por su tratamiento satírico de la izquierda aburguesada de la Unidad Popular, *Batman en Chile* es una novela gráfica publicada por primera vez en Buenos Aires en 1973 (en vísperas del Golpe de Estado chileno y el año del regreso de Perón a la Argentina). En la versión de Lihn, Batman es enviado al Chile de Salvador Allende por la CIA con el propósito explícito de desestabilizar el gobierno de Allende, pero una vez allí, el superhéroe pronto se da cuenta de que no es capaz de distinguir entre los defensores y los detractores

---

[38] Son muchos los historiadores y economistas que argumentan que, a pesar de la importante agenda económica de Franklin D. Roosevelt y sus múltiples proyectos federales para sacar al país de la crisis que se desató en 1929, la economía del país se recuperó y entró en una etapa de gran productividad sólo cuando empezó a producir la enorme maquinaria de guerra que enviaría a los aliados y cuando el ejército empezó a reclutar masivamente. Los primeros cómics de *Superman* aparecen en 1938, *Batman* en 1939 y *Captain America* en 1941.

[39] La correspondencia de Bolaño con su compatriota Lihn le sirve a Bolaño como inspiración para su cuento «Encuentro con Enrique Lihn». El entonces muy joven Bolaño se cartea con Lihn entre 1979 y 1983. Algunas de las misivas recuperadas pertenecen hoy a la colección Bolaño en la Fundación Ghetty. En una postal de 1982 Bolaño le escribe a su compatriota: «Aquí en Girona ha llegado el invierno y la paranoia. Mi situación económica es desesperada».

de la justicia. No entiende la cultura y no logra comprender cómo un gobierno puede ser revolucionario y democrático a la vez. Hacia el final de la novela, derrotado por su propia incapacidad de aclarar las contradicciones político-culturales que presencia, Batman empieza a dudar de su fe en la democracia capitalista. Como Pereda, Batman llega a Chile listo para pelear y para rescatar al país del caos, pero se encuentra con que no es capaz de distinguir entre bárbaros y civilizados: «El hombre murciélago anhelaba un enfrentamiento con los pillos, sólo que una especie de escepticismo sutil empezaba a hacer presa de él con respecto a la posibilidad real de ese enfrentamiento [...] ¿Quiénes eran aquí los verdaderos representantes de la ley y el orden? ¿Dónde estaba el enemigo?» (1973: 35)[40].

Como ocurre con otras versiones del superhéroe, al comienzo de la novela Batman es presentado como un heterosexual que (como le sucede al joven Pereda) no tiene gran interés en el sexo. Con el debilitamiento físico y mental que sigue al shock cultural que le impide distinguir entre buenos y malos, su sexualidad se vuelve más ambigua. De todos modos, derrotado y sin superpoderes, el Batman de Lihn tiene mucho en común con los gauchos que trabajan para Pereda: arruinado, decaído y sin grandes convicciones[41].

---

[40] La otra versión de Batman que hace eco de las preocupaciones del cuento es la muy conocida serie gráfica de Frank Miller, *The Dark Knight Returns* (1986), traducida en 1988 al español, en formato cómic, con el título de *Batman, el caballero de la noche*. La crítica en general ve en la versión de Miller una defensa de la política de (ultra)derecha y del vigilantismo. Sin embargo, cabe notar algunas coincidencias con el cuento. En la versión de Miller, Bruce Wayne tiene cincuenta y cinco años y hace diez años que se retiró como Batman. Sigue con sus billones intactos pero sólo le entusiasman las carreras suicidas de autos. Batman, a diferencia de Superman (quien también aparece en la serie), insiste en crear sus propias reglas. Ronald Reagan, presidente de Estados Unidos en la novela, se refiere a Batman como un «crazy bronco» (un potro desquiciado), caracterizando al superhéroe a partir del modelo del cowboy. Como en el cuento de Bolaño, en el *Batman* de Miller hay una pronunciada preocupación con buenos y malos modelos de paternidad.

[41] Agradezco a Gonzalo Maier sus sugerencias sobre mi breve resumen de la novela de Lihn. Su artículo «Batman, go home: Ironía y violencia política en Batman en Chile, de Enrique Lihn» aparecerá en invierno de 2015 en CHASQUI. Según Maier, al final de la novela la sexualidad de Batman es ambigua. Implícita en este final está la posibilidad de que, al abandonar su máscara de superhéroe, Batman también abandone sus pretensiones de ultra-masculinidad y con ellas la necesidad de atenerse a un modelo normativo de heterosexualidad.

5. DE PADRES, HIJOS Y ESCRITORES

> El Bebe presidía, junto con un viejo (¡Un viejo como yo! pensó Pereda), una de las mesas más animadas. En otra [...] distinguió a un grupo de escritores que más bien parecían empleados de una empresa de publicidad [...] Uno de ellos, con pinta de adolescente, aunque ya pasaba la cincuentena y posiblemente también los sesenta (50)

> pues infierno por infierno
> prefiero el de la frontera
>
> José Hernández, *La vuelta de Martín Fierro*

Para dramatizar el reto que significa sobrevivir en el desierto en la frontera suroeste de los Estados Unidos a fines del siglo XXI, no sólo por la inclemencia del terreno sino también por la extrema violencia y la no menos apabullante estupidez de los hombres jóvenes que habitan o están de paso por esos pagos, Cormac McCarthy, reconocido escritor de nuevos *westerns*, toma prestado para el título de su novela un verso del famoso poema «Sailing to Byzantium» de W.B. Yeats: «[t]hat is no country for old men[42]». La sensación de asfixia que recorre la novela de McCarthy (y su adaptación fílmica por los hermanos Coen) es inseparable de la depredación post-apocalíptica que acompaña lo que también es una reescritura de un género nacional protagonizado por gauchos del norte, o *cowboys* –un género literario cuyos orígenes a comienzos del siglo XX Borges conocía y admiraba. En la reescritura de McCarthy no domina la ironía sino una oscura sensación de inevitabilidad y de desastre. Sus *cowboys* avejentados no tienen rasgos adolescentes; parecen, más bien, aplastados por su edad.

«El gaucho insufrible» hace hincapié en la avanzada edad de Pereda, de sus gauchos, de los «viejos de todas clases sociales» que concurren a las manifestaciones para protestar contra el corralito, y de algunos de los escritores que acompañan a su hijo. Quienes no pertenecen a la tercera edad en el cuento son Bebe, el escritor hijo de Pereda, los amigos de Bebe que visitan a Pereda en el

---

[42] «Navegando hacia Bizancio», uno de los poemas más famosos de W. B. Yeats, no tiene nada que ver con el Western ni, por supuesto, con la gauchesca, pero sí revela la preocupación del hombre que llega a una edad avanzada y se siente aún viril, pero el espejo y la sociedad quieren convencerlo de su caducidad.

campo —casi todos hombres jóvenes pero sin aparentes ataduras familiares— y los adolescentes que juegan al Monopoly con el alcalde pero ni siquiera son capaces de entablar una conversación. Lo que no hay, ni en la ciudad ni en el campo, son padres de familia listos a comprometerse y a invertir en el futuro de la nación. No hay ningún Pereda joven, ni siquiera en la deficiente versión de este último, dispuesto a sacrificar la libertad personal en nombre de su descendencia. Es como si, al rechazar los modelos oximorónicos de hombría encarnados por Pereda y celebrados durante dos décadas por el imaginario nacional, la generación de Bebe hubiese decidido mantenerse en el limbo, o seguir viviendo una adolescencia perpetua. Es tragicómico el hecho de que, siendo un escritor reconocido, el Bebe no haya rehusado desde hace tiempo el emasculador apodo familiar, apodo que hace imposible imaginarlo como un hombre «hecho y derecho», y mucho menos viril. En la última visita de su hijo a la estancia, Pereda le sugiere que se case con una india y se venga a vivir al campo, recomendación que —lógicamente— a su hijo le parece absurda. El consejo, sin embargo, hace recalcar aún más el hecho de que ni Bebe ni (aparentemente) sus amigos, todos ellos hombres en la treintena y hasta en la cuarentena, no parecen tener ningún interés en formar una familia. La falta de interés de los hombres jóvenes en la paternidad se evidencia también, como he notado, en las jóvenes madres abandonadas a quienes Pereda encuentra en el campo y que no parecen tener otra opción que buscar la protección de hombres mayores como Pereda o como don Dulce para sobrevivir.

También es notable que a lo largo del cuento los únicos hombres jóvenes que aparecen y desaparecen de la escena son escritores, pintores o artistas que optan por permanecer al margen de la realidad nacional, o de acercarse a esta sólo a través de sus libros. La generación de Bebe debería estar buscando nuevos modelos de ciudadanía, y sin embargo ellos prefieren la compañía de otros escritores que han decidido extender indefinidamente su adolescencia.

Pero no sólo son los hombres de la generación de Bebe quienes deciden evitar la realidad del presente y la responsabilidad futura, anclándose en una adolescencia que rechaza los modelos adultos disponibles de masculinidad. Los gauchos prefieren revivir su juventud en las barras bravas o leer a Batman a enfrentar el presente; el alcalde del pueblo busca escapar a su depresión jugando al Monopoly (glorificación de la acumulación capitalista) con los adolescentes que quedan en el pueblo. Y el escritor que finalmente provoca a Pereda al único duelo que tiene lugar en el cuento no sólo cultiva una apariencia de adolescente sino que, en la opinión de Pereda, se comporta como tal. Quizás sea este rechazo de la seriedad que tendría que acompañar a un hombre de avanzada edad lo que termina provocando a Pereda a la pelea cuando éste no tenía otra intención que la de reunirse con su hijo.

La noche anterior a su viaje, Pereda había imaginado o alucinado dos posibles recepciones a su llegada a Buenos Aires. En una versión, o «escenografía» (2003: 48), se ve a sí mismo como Jesucristo, lo que le da a Bolaño otra oportunidad de citar a Borges (no sólo al Borges de «El Evangelio según Marcos», también el de «El inmortal», «La memoria de Shakespeare» y tantos otros poemas sobre la memoria «ancestral»). En el otro escenario que imagina, Pereda se ve entrando a Buenos Aires montado en su caballo mientras en la ciudad lo reciben con una lluvia de flores blancas, flores que, sin embargo, caen de edificios vacíos[43]. Lo que le espera es mucho menos épico (o trágico) y mucho más prosaico. Al bajarse en Constitución (la estación central de tren en Buenos Aires), Pereda es visto como un enmascarado, un pobre disfrazado que ni siquiera ha sabido compaginar bien el disfraz y lo ignora: «alguna gente lo miró como si estuviera disfrazado, pero a la gente no parecía importarle gran cosa ver a un viejo vestido a medias de gaucho y a medias de trampero de conejos» (49). El taxista, quien seguramente no ha visto a un gaucho (vestido de gaucho) en años y no asocia la indumentaria con la esencia nacional argentina, le pregunta «si sabía hablar español» (49). Su máscara o disfraz, como el de Batman, esconden y revelan al hombre que Pereda aspira ser –a su mejor Pereda–, pero ante los demás éste no deja de parecer un viejo disfrazado o un peón fuera de sitio. Nadie, sin embargo, deja de notar su avanzada edad. En efecto, el Pereda barbudo y con uñas de gato que regresa a la capital debe tener más en común físicamente con el anciano Moisés de Mel Brooks que con Jesucristo o con Martín Fierro.

Por otra parte, también el escritor cincuentón o sesentón es un enmascarado, y lo que enmascara es su propia edad. En este sentido es posible decir que ambos, Pereda y el escritor drogado, buscan renegar de su pasado, o de su historia. Lo que evidentemente irrita a Pereda del escritor –quien muy probablemente sea una parodia de Fogwill– es, precisamente, su falsa apariencia de juventud[44]. Hemos visto cómo, en el campo, a Pereda le irritaban los pasatiem-

---

[43] La imagen de la lluvia de flores recuerda a la lluvia de mariposas amarillas que coincide con la muerte del patriarca de los Buendía en *Cien años de soledad*. El contraste entre la lluvia de flores y los edificios vacíos le da una carga siniestra a la imagen, rescatándola del realismo mágico que Bolaño desdeñaba.

[44] Fogwill, quien fue un escritor icónico para muchos escritores argentinos de la generación de Bolaño, nunca negó su adicción a la cocaína. La descripción en esta escena de los escritores «que más bien parecían empleados de publicidad» podría ser una alusión a la novela de Fogwill

pos de sus peones y del alcalde en parte por ver en ellos una infantilización de las tradiciones gauchescas. Al ver ahora que un hombre seguramente admirado por su hijo, un hombre de la edad de Pereda, no sólo no acepta su edad sino que se droga como un adolescente, Pereda ha de considerarlo ofensivo. Para Pereda, todos ellos son pésimos ejemplos de cómo ha de comportarse un hombre –gaucho, alcalde o escritor– de verdad. Cuando el escritor se levanta con una «agilidad insospechada» y se le echa encima a Pereda, llamándolo un «viejo insolente», Pereda responde a la ofensa. En juego están su virilidad y su honor «gaucho».

Como bien ha sido notado, el «duelo» que tiene lugar justo antes al final del cuento es una parodia de inversión del final de «El Sur» de Borges, aunque una inversión más exacta hubiera requerido que Pereda acuchillara a un abogado o a un juez y de ese modo hiriera (seriamente o de muerte) al pasado que él mismo representó durante años y del que ahora reniega. La pelea entre Pereda y el escritor es también una «performance» de la enemistad a muerte entre el gaucho y el letrado que Sarmiento ya había anunciado a mediados del siglo XIX, y que la imaginación nacional siguió repitiendo, con variaciones, hasta avanzado el siglo XX. Sólo que en este caso la afrenta es personal por otra razón. Porque a través de la ventana Pereda acaba de presenciar también que el Bebe, habiendo rechazado como absurdos sus propios consejos (de formar una familia en una Argentina más «auténtica»), parece compartir, o al menos considerar, la opinión de un hombre que necesita drogarse y aparentar ser un adolescente para impresionar al joven Bebe y a otros de su generación con sus pronunciamientos sobre «literatura universal»[45]. Vista desde las preocupaciones históricas del cuento, pues, la pelea es también una contienda entre dos sesentones «enmascarados», dispuestos a defender dos modelos supuestamente opuestos de hombría. Y es, al mismo tiempo, una lucha entre dos padres (uno biológico, el otro metafórico o metafísico) por el Bebe y, por extensión, los «Bebes» que hasta ahora han rehusado crecer y se han negado a aceptar su propia responsabilidad cívica en la lucha por rescatar a una Argentina que en 2003 todavía sufría los estertores de la crisis.

Como las presenta Bolaño en «El gaucho insufrible», ambas masculinidades son deficientes; ambas están, por su edad pero también por los cambios cultu-

---

Help a él, una inversión paródica de «El Aleph» (el título de Fogwill es un anagrama del de Borges) en la que tienen un papel predominante las drogas y la publicidad.

[45] Es cierto que Bebe está en otra mesa, con otro escritor viejo («viejo como yo», pensó Pereda [50]), pero el escritor cocainita no sólo es parte de esta comunidad sino que parece –por su edad y a pesar de su «pinta»– capaz de seducir a los demás con su perorata.

rales que ocurren a su alrededor, en declive. A comienzos del siglo XXI la figura del escritor capaz de interesarse en la literatura universal es sólo algunos grados menos anacrónica que la del gaucho o del colono rural. Pero la preferencia de Bolaño por el gaucho sobre el letrado es evidente, no porque Pereda gane la pelea al herir (aunque solo levemente) al escritor, sino porque al recapacitar sobre su acto de violencia el protagonista decide que sus hijos adoptivos tienen más necesidad de su presencia que su propio Bebe, para quien Pereda ha dejado de ser un modelo de padre al abandonar sus privilegios de profesional (de letrado) cosmopolita.

Al final de *La vuelta de Martín Fierro*, un Martín Fierro más sabio, pero también más resignado a las leyes de la nueva civilización, vuelve para darles a sus hijos el modelo de paternidad del que habían sido privados con la huida (o «ida») de Fierro en la primera parte del poema. El consejo que les da a sus hijos –de atenerse a la ley aunque esto signifique para ellos una vida gris y sacrificada como peones– señala el fracaso y la desaparición del gaucho capaz de sobrevivir en las condiciones más adversas gracias a su fuerza, su tenacidad y su astucia. Es difícil imaginar cómo este fin podría no ser un infierno para el célebre personaje, y no precisamente el que él hubiera escogido (como dicen los versos citados al comienzo de esta parte). Para el personaje de Bolaño la ciudad a la que regresa quizás no sea un infierno, pero es un espacio en el que sus valores, y el tipo de hombría que él ha escogido, no tienen lugar. Con sus conejos salvajes, su aridez, su decadencia, el campo que Pereda ahora conoce independientemente de sus lecturas no deja de ser un desierto con tintes apocalípticos, pero es un desierto en el que aún nadie lo llama ni lo ve como un «viejo insolente». Dado el precio de los prejuicios culturales, la memoria literaria, y el estado de sus finanzas al final del cuento, las opciones de Pereda son bastante desoladoras. En la ciudad puede volver al anonimato pasivo pero cómodo de su anterior existencia, aunque para hacerlo tendría que depender del apoyo económico de su hijo. En el campo tiene que seguir luchando con la naturaleza inhóspita, la ignorancia de los gauchos que lo acompañan, la falta de medicina y de escuelas, la poca probabilidad de que la zona progrese. Pero allí Pereda ya no es un extraño con pretensiones literarias insufribles sino un colono paternal preocupado por la suerte de aquellos que dependen de él. Es un hombre «de provecho», lo que no es poco. Y algo más: en el campo Pereda conoce, y protege, a una madre. No una madre para la generación de Bebe y de ninguna manera una madre alegórica (para la nación): solo una madre sin marido, sin educación y con tres hijos. Pero para la tradición gauchesca, obsesionada como siempre ha estado con medir la virilidad de los contrincantes que terminan peleándose, es un comienzo.

Bibliografía

ALTAMIRANO, Carlos & SARLO, Beatriz (2001): *Literatura/Sociedad*. Buenos Aires: Edicial.
AMÍCOLA, José (2010): «Los gauchos insufribles». En *Revista Pilquen* 13: <http://www.scielo.org.ar/scielo.php?script=sci_arttext&pid=S1851-31232010000200012>.
ARCHETTI, Eduardo (1999): «Estilo y virtudes masculinas en *El Gráfico*: la creación del imaginario del fútbol argentino». En *EFDeportes.com* 4 (16): <http://www.efdeportes.com/efd16/elgraf3.htm>.
BLANCO, Mónica (2001): «Peronismo, mercantismo y política agraria en la Provincia de Buenos Aires (1946-55)». En *Mundo agrario* 1.2 (enero-junio): <http://sedici.unlp.edu.ar/bitstream/handle/10915/13374/Documento_completo.pdf?sequence=1>.
BOLAÑO, Roberto (2000): *Estrella distante*. Barcelona: Anagrama.
— (2001): «Encuentro con Enrique Lihn». En *Putas asesinas*. Barcelona: Anagrama, 95-98.
— (2003): «El gaucho insufrible». En *El gaucho insufrible*. Barcelona: Anagrama, 15-52
— (2008): *Nocturno de Chile*. Barcelona: Anagrama.
BORGES, Jorge Luis (1968): «Prólogo». En Hernández, José: *Martín Fierro*. Buenos Aires: Santiago Rueda Editor.
— (1993a): *El tamaño de mi esperanza*. Buenos Aires: Seix Barral.
— (1993b): «La poesía gauchesca». En Sarlo, Beatriz & Gramuglio, María Teresa (eds.): *Leumann, Borges, Martínez Estrada. Martín Fierro y su crítica (antología)*. Buenos Aires: Centro Editor de América Latina, 97-109.
— (1996a): «El Aleph». En *Obras completas I*. Barcelona: Emecé, 617-627.
— (1996b): *Evaristo Carriego*. En *Obras completas I*. Barcelona: Emecé, 101-172.
— (1996c): «Prólogo» a *El matrero*. En *Obras completas IV*. Barcelona: Emecé.
— (2005): «El sur». En *Obras completas I*. Barcelona: Emecé, 524-529.
BORGES, Jorge Luis & GUERRERO, Margarita (1953): *El Martín Fierro*. Buenos Aires: Néperus.
BUENO, Mónica (2001): «Borges, lector de Martín Fierro». En Hernández, José: *Martín Fierro*. Buenos Aires: Colección Archivos / Sudamericana, 635-653.
BUNGE, Carlos Octavio (1903): «El Derecho en la literatura gauchesca». Discurso leído ante la Academia de Filosofía y Letras de la Universidad de Buenos Aires el 22 de agosto: <http://www.biblioteca.clarin.com/pbda/ensayo/bunge/b-602230.htm>
CERVANTES SAAVEDRA, Miguel de (2004): *Don Quijote de la Mancha*. Barcelona: Galaxia Gutenberg.
CORTÁZAR, Julio (1970a): «Carta a una señorita de París». En *Bestiario*. Buenos Aires: Sudamericana, 19-33.
— (1970b): «Casa tomada». En *Bestiario*. Buenos Aires: Sudamericana, 9-18.
DI BENEDETTO, Antonio (2004): «Aballay». En *Absurdos*. Buenos Aires: Adriana Hidalgo.

Echeverría, Esteban (1970): «El matadero». En Rodríguez Fernández, Mario (ed.): *Cuentos hispanoamericanos. Antología*. Santiago de Chile: Editorial Universitaria, 27-45.

Faverón Patriau, Gustavo (2008): «El rehacedor: "El gaucho insufrible" y el ingreso de Bolaño en la tradición argentina». En Paz Soldán, Edmundo & Faverón Patriau, Gustavo (eds.): *Bolaño Salvaje*. Barcelona: Candaya, 371-415.

Fernández Bravo, Álvaro (1999): *Literatura y frontera: procesos de territorialización en las culturas argentina y chilena del siglo XIX*. Buenos Aires: Sudamericana.

Figueroa, Julio (2008): «Exilio interior y subjetividad pos-estatal: "El gaucho insufrible" de Roberto Bolaño». En *Revista Chilena de Literatura* 72: 149-161.

Fogwill, Rodolfo Enrique (2007): *Help a él*. Buenos Aires: Periférica.

Foster, David William (2005): «Masculinidades argentinas: Hombres de Silvio Fabrykant». En *Arizona Journal of Hispanic Cultural Studies* 9: 87-97.

Fresán, Rodrigo (2003): *Historia argentina*. Barcelona: Anagrama.

Fuente, Ariel de la (2005): «American and argentine literary traditions in the writing of Borges's "El Sur"». En *Variaciones Borges* 19: 41-92.

Gandolfi, Lucía (2011): «Bianco y Kohan: casos de narrativa indicial o narrativas del desciframiento». En *Actas del Cuarto Congreso Internacional Celehis de Literatura: Literatura española, latinoamericana y argentina. Mar del Plata, 7, 8 y 9 de noviembre*: <http://www.mdp.edu.ar/humanidades/letras/celehis/congreso/2011/actas/ponencias/gandolfi.htm>.

García Márquez, Gabriel (2003): *Cien años de soledad*. Madrid: Cátedra.

González-Stephan, Beatriz (2010): «Héroes nacionales, estado viril y sensibilidades homoeróticas». En Peluffo, Ana & Sánchez-Prado, Ignacio (eds.): *Entre hombres: masculinidades del siglo XIX*. Madrid: Iberoamericana, 23-58.

Hernández, José (1879): *La vuelta de Martín Fierro*. En Biblioteca Digital Argentina, <http://www.biblioteca.clarin.com/pbda/gauchesca/fierro/fierro_000indice.html>.

— (2001): *Martín Fierro*. Buenos Aires: Colección Archivos/Sudamericana.

McCarthy, Cormac (2005): *No Country for Old Men*. Nueva York: Knopf.

Lihn, Enrique (1973): *Batman en Chile: O, El ocaso de un ídolo; o, Solo contra el Desierto Rojo*. Buenos Aires: Ediciones De La Flor.

Ludmer, Josefina (1988): *El género gauchesco: un tratado sobre la patria*. Buenos Aires: Sudamericana.

Mallimaci, Fortunato (2006): «La dictadura argentina: terrorismo de estado e imaginario de la muerte». En *El ortiba*: <http://www.elortiba.org/pdf/mallimaci_terrorismo.pdf>.

Miller, Frank (2013): *Batman. The dark knight returns*. Nueva York: DC Comics.

Montaldo, Graciela (1993): *De pronto, el campo. Literatura argentina y tradición rural*. Rosario: Beatriz Viterbo.

Nitrihual Valdebenito, Luis (2007): «Borges y Bolaño: un juego intertextual desde la divergencia». En *Espéculo* 36: <http://pendientedemigracion.ucm.es/info/especulo/numero36/borgbola.html>.

— (2008): «Bolaño: ¿civilización o barbarie? "El gaucho insufrible": reescritura del tópico civilización-barbarie». En *Espéculo* 38: <http://pendientedemigracion.ucm.es/info/especulo/numero38/civibarb.html>.

Peluffo, Ana (2013): «Gauchos que lloran: masculinidades sentimentales en el imaginario criollista». En *Cuadernos de Literatura* VII (33): 187-201.

Pous, Federico (2008): «La ironía de lo político: reflexiones sobre "El gaucho insufrible" de Roberto Bolaño». En *Dissidences Hispanic Journal of Theory and Criticism* 2 (4): <http://digitalcommons.bowdoin.edu/cgi/viewcontent.cgi?article=1073&context=dissidences>.

Sarlo, Beatriz (1988): *Una modernidad periférica: Buenos Aires, 1920 y 1930*. Buenos Aires: Nueva Visión.

— (1993): «Borges, un escritor en las orillas». En Borges Studies Online. J. L. Borges Center for Studies & Documentation: <http://www.borges.pitt.edu/bsol/bse4.php>.

Sarmiento, Domingo Faustino (1967): *Facundo: civilización y barbarie*. Buenos Aires: Espasa-Calpe.

— (1968): *Recuerdos de provincia*. Buenos Aires: Troquel.

Sosnowski, Saúl (2000): «Memoria de Borges (Artificios de la historia)». *Variaciones Borges* 10: 79-95.

Yeats, William Butler (1989): «Sailing to Byzantium». En *The collected poems of W. B. Yeats. A new edition*. Nueva York: Collier Books, 204.

Autores

PAULA AGUILAR es doctora en Letras y traductora de inglés por la Universidad Nacional de La Plata. Se desempeña como profesora de literatura e investigadora en la Universidad Autónoma de Entre Ríos y es becaria posdoctoral del CONICET. Investiga los vínculos entre literatura, política, memoria y los cambios que en la tradición literaria latinoamericana se gestan desde la década del sesenta hasta el presente. Actualmente estudia los anclajes de la violencia urbana en el escenario neoliberal en la literatura latinoamericana reciente. Es miembro de la Red Académica de Docencia e Investigación en Literatura Latinoamericana Katatay. Próximamente aparecerá *Libros de arena, desiertos de horror: literatura y memoria en la narrativa de Bolaño* (2015).

CHRIS ANDREWS es doctor por la Universidad de Melbourne, donde enseñó hasta 2008. Actualmente es profesor de traducción y de literatura comparada en la Universidad de Western Sydney. Ha traducido al inglés diez libros de Roberto Bolaño y es autor de dos poemarios –*Cut Lunch* (2002) y *Lime Green Chair* (2012)–, de un estudio sobre la poesía de Raymond Queneau y de Francis Ponge –*Poetry and Cosmogony* (1999)–, y de *Roberto Bolaño's Fiction: An Expanding Universe* (2014). Sus líneas principales de investigación son la ficción latinoamericana reciente y la experimentación formal en literatura (sobre todo los experimentos constructivos: la invención de nuevas reglas y formas). Últimamente ha trabajado sobre la verdad, el riesgo y la confianza en *El material humano* de Rodrigo Rey Rosa, y sobre la ambivalencia de los juegos en *La dernière balle perdue* de Jacques Roubaud.

FELIPE A. RÍOS BAEZA es escritor y doctor en Teoría de la Literatura y Literatura Comparada por la Universitat Autònoma de Barcelona. Actualmente es profesor-investigador y Secretario de Investigación y Estudios de Posgrado de la Facultad de Filosofía y Letras de la Benemérita Universidad Autónoma de Puebla, además de pertenecer al Cuerpo Académico Consolidado «Intertextualidad en la literatura y cultura hispanoamericanas» y al grupo de investigación «La crítica como sabotaje y la red subalterna en América Latina», de la Universidad de Valencia. Es autor de los libros *Roberto Bolaño. Una narrativa en el margen* (2013) y *El delirio ilustrado: Ensayos sobre literatura hispanoamericana contemporánea* (2014), y ha colaborado en el volumen colectivo *Cuestiones al método. Atisbos a la crítica literaria* (2013). Además, es editor de los libros *Enrique Vila-Matas: Los espejos de la ficción* (2012), *Juan Villoro: Rondas al vigía* (2011), *Roberto Bolaño: Ruptura y violencia en la literatura finisecular* (2010) y, con Alejandro Palma Castro, del volumen *Con/versiones en la literatura hispanoamericana* (2009).

Teresa Basile es doctora e investigadora del Centro de Teoría y Crítica Literaria (CTCL) y se desempeña como profesora en la Cátedra de Literatura Latinoamericana II y en Seminarios de la Maestría en Historia y Memoria de la Universidad Nacional de La Plata. Es directora del Proyecto I+D Tetra anual 2015 del Programa de Incentivos del Ministerio de Educación de la Argentina, bajo el título «Violencia, literatura y memoria en el campo literario latinoamericano de las últimas décadas». Es fundadora e integrante del Comité directivo de la Red de Investigación Violencia y representación en América Latina (VYRAL), y de la Red Académica de Docencia e Investigación en Literatura Latinoamericana Katatay. Ha publicado los volúmenes colectivos *La vigilia cubana. Sobre Antonio José Ponte* (2008), *Lezama: orígenes, revolución y después...* (2013; con Nancy Calomarde), *Onetti fuera de sí* (2013; con Enrique Foffani) y *Literatura y violencia en la narrativa latinoamericana reciente* (2015), y preparó junto a Ana María Amar Sánchez el número especial de Revista Iberoamericana (IILI) *Derrota, melancolía y desarme en la literatura latinoamericana de las últimas décadas* (2014). Dirige, junto a Enrique Foffani, la revista *Katatay. Revista crítica de Literatura latinoamericana*. Su investigación aborda los vínculos entre literatura, violencia y memoria en las últimas décadas, y se centra en puntos claves del mapa latinoamericano, desde las literaturas de la dictadura del Cono Sur hasta aquellas de Centroamérica sobre el genocidio guatemalteco.

Laura Fandiño es doctora en Letras por la Universidad Nacional de Córdoba y docente investigadora de la Facultad de Lenguas de la misma universidad. Se desempeña como codirectora del equipo de investigación «Cartografía Literaria del Cono Sur» (Secyt UNC) y es coordinadora general del Programa de Formación de Investigadores de la Facultad de Lenguas. Su campo específico de investigación es la relación entre memoria y literatura en el Cono Sur. Participó de la compilación del volumen *Lenguajes de la memoria I* (2014) y ha recibido la beca posdoctoral de CONICET para desarrollar un proyecto sobre memorias emergentes en la literatura chilena y argentina. Su tesis doctoral versó sobre la obra de Roberto Bolaño.

MARÍA EUGENIA FERNÁNDEZ es Profesora en Letras por la Universidad Nacional de Mar del Plata, donde trabaja actualmente como Becaria de Formación Superior. Es miembro del Proyecto de Investigación «Latinoamérica y la contemporaneidad. Relatos de las últimas décadas», dirigido por la Dra. Mónica Marinone en dicha Universidad, donde desde 2004 ha venido desarrollando planes de investigación centrados en los textos breves de Roberto Bolaño. Ha participado en congresos nacionales e internacionales desde 2007 con ponencias sobre la obra de Bolaño, en especial sobre sus cuentos, y publicado en revistas especializadas varios artículos centrados en el volumen *Tres*, poco analizado por la crítica. Su tesis de maestría y su proyecto doctoral se ocupan también de la obra de Bolaño.

ALEJANDRO GORTÁZAR es doctor por la Universidad Nacional de La Plata y docente de literatura en la Facultad de Humanidades y Ciencias de la Educación de la Universidad de la República (Uruguay). Ha publicado *El licenciado negro Jacinto Ventura de Molina* (2007) y *Jacinto Ventura de Molina. Antología de manuscritos (1817-1837)*, este último en coautoría con Adriana Pitetta y José Manuel Barrios (2008). Editó y prologó *Intemperie, Sabina y apuntes para una novela inédita* (2011). Sus principales líneas de trabajo incluyen la recuperación de fuentes literarias de escritores afrodescendientes, el análisis de sus principales tendencias pasadas y contemporáneas, su inserción en el continuo histórico nacional e internacional y la construcción de categorías críticas y teóricas para su comprensión. Su producción se inserta también en el debate teórico sobre el nacionalismo, la globalización, la diversidad cultural y las políticas culturales.

BENJAMIN LOY cursó estudios de filologías románicas y germana en Saarbrücken, Potsdam y Santiago de Chile. Desde 2013 es profesor ayudante en la Universidad de Colonia (Alemania), donde está realizando un proyecto de doctorado titulado «La biblioteca salvaje o los (sin)sabores del verdadero lector: lecturas críticas de la modernidad en la obra de Roberto Bolaño». Ha publicado varios artículos sobre distintos aspectos de la obra de Roberto Bolaño y las narrativas postdictatoriales en América Latina. Sus líneas principales de investigación se centran en las literaturas latinoamericanas y francesa de los siglos XIX y XX, la historia de la filología, las teorías sobre la literatura mundial, la teoría de la traducción, la teoría del humor y las políticas afectivas y corporales en la modernidad. Trabaja como traductor, crítico y *scout* literario, y es coeditor de la revista de crítica literaria *Alba. leyendo latinoamérica*, editada en Berlín.

DIANNA C. NIEBYLSKI es doctora en Literatura Comparada por Brandeis University y profesora de Literatura Latinoamericana y Comparada y de Estudios de género en la Universidad de Illinois en Chicago. Ha sido profesora visitante en la Universidad de Chicago, Northwestern University, la Universidad de Valencia, la Universidad

Austral de Chile y la Universidad de Olomouc en la República Checa. Se especializa en letras y cultura latinoamericanas de los siglos xx y xxi, literatura comparada de las Américas, estudios de género y estudios de la globalización. Sus publicaciones más recientes incluyen los libros *Latin American Icons: Fame Across Borders*, coeditado con Patrick O'Connor, y *Sergio Chejfec: Trayectorias de una escritura*, así como artículos sobre Diamela Eltit, Sergio Chejfec, Tomás Eloy Martínez y Sabina Berman, entre otros. Sus monografías previas incluyen *Humoring Resistance: Laughter and the Excessive Body in Latin American Women's Fiction* (2004) y *The Poem on the Edge of the Word: Language and Silence in Mallarmé, Rilke and Vallejo* (1996). Actualmente prepara la publicación del volumen colectivo *Estéticas de la precarización: la pobreza en el imaginario latinoamericano actual*, y una monografía sobre la corporalidad interferida por los mecanismos de globalización en el cine y en la narrativa latinoamericana del siglo xxi, uno de cuyos capítulos aborda la figura de la obrera y la violencia fronteriza en *2666* de Roberto Bolaño.

Nanne Timmer es Profesora Adjunta en la Universidad de Leiden y ha sido profesora en las universidades de Utrecht, de Amberes y en la Universidade Federal de Santa Catarina. La literatura cubana más contemporánea ha sido uno de sus principales objetos de estudio, como también los discursos de la nación y las narrativas posmodernas, a los que dedicó su disertación *Y los sueños, sueños son. Sujeto y representación en tres novelas cubanas de los noventa* (2004). Artículos suyos sobre políticas de (des)subjetivización en obras latinoamericanas contemporáneas se han publicado en revistas como *Confluencia, Revista Iberoamericana, Ciberletras, Foro Hispánico, Discourse* o *Espéculo*. Además de las ficciones de la nación, también han recabado su atención los estudios interculturales –fronterizos en cuanto a disciplina, lengua y región–, los nuevos medios y el papel de los discursos sociales en la construcción de la ciudad –tal como refleja el libro *Ciudad y escritura: imaginario de la ciudad latinoamericana a las puertas del siglo xxi* (2013). Ha publicado dos libros de poesía, *Einstein's Three Fingers* (2011) y *Logopedia* (2012).

www.ingramcontent.com/pod-product-compliance
Lightning Source LLC
Chambersburg PA
CBHW020614300426
44113CB00007B/637